日本が直面する21世紀最大の課題である「少子化する高齢社会」の構造と機能を，
正確なマクロ社会学的手法により実証的に解明。さらにミクロ社会学的方法で，「生活の質」理論の観点から，
日本全国の高齢者の健康と生きがいづくりに配慮したアクティブエイジング調査の成果を体系化した。
厚生労働省「健康日本21（第2次）」に有益な政策情報にも富み，著者の個性が随所にみられる総括的研究書である。

Active Ageing in Japan
New Lifestyle in “Ageing Society with Declining Birthrate”

北海道大学大学院文学研究科
研究叢書

日本のアクティブエイジング

「少子化する高齢社会」の新しい生き方

金子 勇

北海道大学出版会

研究叢書刊行にあたって

北海道大学大学院文学研究科は、その組織の中でおこなわれている、極めて多岐にわたる研究の成果を、より広範囲に公表することを義務と判断し、ここに研究叢書を刊行することとした。

平成十四年三月

はじめに

一九七〇年に七％を超えた日本の高齢化率は、二〇一三年九月には二五・〇％にまで急増した。四〇年で三・五倍の伸びは世界史上空前の速度である。並行して小家族化が進み、国勢調査一九七〇年時点の平均世帯人員三・四四人が二〇一〇年の二・四二人にまで縮小して、家族力の低下が歴然となった。

家族が弱くなり、町内会・自治会などの地域集団が縮小して、労働組合加入率も減少傾向にあることにより、全体社会システムから個人を保護する各種の中間集団もまたその機能が衰え始めた。幸か不幸か組織に雇用されていた人が退職してしまうと、個人が析出された存在になる。封建制からの脱却を近代化ととらえる文脈で、一九六〇年代に「進歩的文化人」により繰り返し必要性が説かれた「個人の析出」は、本格的な高齢社会の到来で簡単に実現した。むしろ不幸なことに、析出された高齢者個人は共属する機能集団を失い、あらゆる共同体から離脱して非所属となった。現役時代の二重規範の要請に悩むことはないが、所属する組織共同体から無限の献身要求がないために、残り二〇年間の人生は自らの知識と責任で生きていかざるをえなくなった。その一つの道として、自己責任によるアクティブエイジング適応への方向性の探求がある。

幸いに、四〇年間で高齢化率が三・五倍にもなった超高齢社会でも、一九六一年から始まった年金制度、医療保険制度、二〇〇〇年からの介護保険制度はともかく機能している。世界的な視野でも高齢化は進んでいるので、多文化主義の台頭のなかで社会学における高齢化理論もまた豊かになった。そこには productive ageing、positive ageing、active ageing、successful ageing などが概念化され活用され、政策的にも学術的にも高齢者研究に活かされている。これら四概念をあえて分ければ、意識面が positive ageing、行動面が active ageing、成果面が productive ageing、評価面が successful ageing になる。

本書もまたこれらに負うことが多いが、とりわけ active ageing に準拠している。なぜなら、社会システムの変革には人間の行動体系を変えるしか方法がないからである。社会システムは全体的なワーキングメカニズムをもっているから、その一部を変えただけでは全体システムの変革には届かない。したがって本書では、全体的な視野のなかに「少子化する高齢社会」を位置づけたパラダイムで一貫している。

高齢社会の主役は確かに高齢者ではあるが、それを支える中年世代や若年世代までの目配りがなければ、たとえば「おひとりさまの老後」などは画餅に帰する。なぜなら、現存の介護保険や医療資源をうまく使えば、高齢者が一人暮らしでも困らないというのは正しいが、その「おひとりさま」が少子化対応を内包する次世代育成論を放置するのであれば、説得力に欠けてしまうからである。高齢世代の次世代ないしは次次世代のみが医療、介護、看護の分野での人的資源になる時代では、死の直前まで高齢者の暮らしを支える介護力は空気のように存在するのではなく、前世代と現世代が全力で育てた次世代のみから供給される。それを無視した「都市における老い」論は現状乖離でしかない。

高齢者のアクティブエイジングを論じる基本的な社会分析枠組みは、ジェンダー(性)、ジェネレーション(世代)、階層、コミュニティである。「少子化する高齢社会」論は次世代育成を包摂した理論概念である。私はこの立場から高齢社会の実態を明らかにして、高齢者のライフスタイルを解明し、少子社会の二つの原因を詳論し、児童虐待論まで視野に収めた少子化対策における「子育て基金」(一九九八年)などを提唱しながら、その社会学的枠組みを強化すべく研究を進めてきた。本書もまたそのパラダイムに準拠し、世界的なアクティブエイジング研究と二〇一三年からの厚生労働省「健康日本二一（第二次）」に近接した高齢社会研究の総括という含みもある。

数回の科学研究費に依拠した計量調査を日本一長寿県としての長野県と沖縄県で繰り返す傍ら、全国の都市で長寿者にそのライフスタイルの秘訣を質的インタビュー調査を通して尋ねてきた。そこでの成果や記録の一部は研究発表として活用することを各人に了承していただいてはいたが、適切な機会がつくれなかった。

今回初めて公表するアクティブエイジングとしてのライフヒストリーは、個人情報保護の観点からすべての人名と地名を仮名にしてある。個人的な知り合いだけではなく、各地の社会福祉協議会や老人クラブ、それに民生委員の紹介を受けた方々に協力いただいたからである。本書に収録するに際しては、当時のインタビュー記録と資料を再点検して、思い違いや誤解のあった個所を可能な限り修正して、仮名を除けば内容の正確な再現に努めた。

このような書籍の形式で、研究発表機会を与えていただいた北海道大学文学部・文学研究科には心からお礼を申し上げたい。そして本書が、ほぼ三〇年間お世話になったことへの精一杯の御恩返しになればと願うものである。社会学の応用研究として、勤務を始めたころから追究してきたアクティブエイジングとしての高齢社会の現状と課題が少しでも解明できて、今後一〇年間の「健康日本二一（第二次）」の推進にお役に立つところがあれば、大変幸いなことである。

二〇一三年一〇月

金子　勇

目次

序章　「健康日本二一」と高齢者研究

第一節　「健康日本二一（第二次）」

生涯を通じる健康づくりの推進

厚生労働省は二〇一三年四月から一〇年間の国民の健康を総合的に推進する柱として、「健康日本二一（第二次）」プランを位置づけた。これは日本人の健康増進策として「個人の生活習慣の改善と環境の整備」の両方を含み、個人の生涯（ライフコース）としての乳幼児期、青壮年期、高齢期という世代はもちろん、男女（ジェンダー）、居住環境（コミュニティ）、労働環境（職場）にも配慮している。

このような国策としての「生涯を通じる健康づくりの推進」は今回が初めてではない。かつて行われた「第一次国民健康づくり対策」（昭和五三年〜）や「第二次国民健康づくり対策」（昭和六三年〜）と同じであるが、「健康日本二一（第二次）」ではその内容が豊かになり、その分だけ細かな方策が記されている。

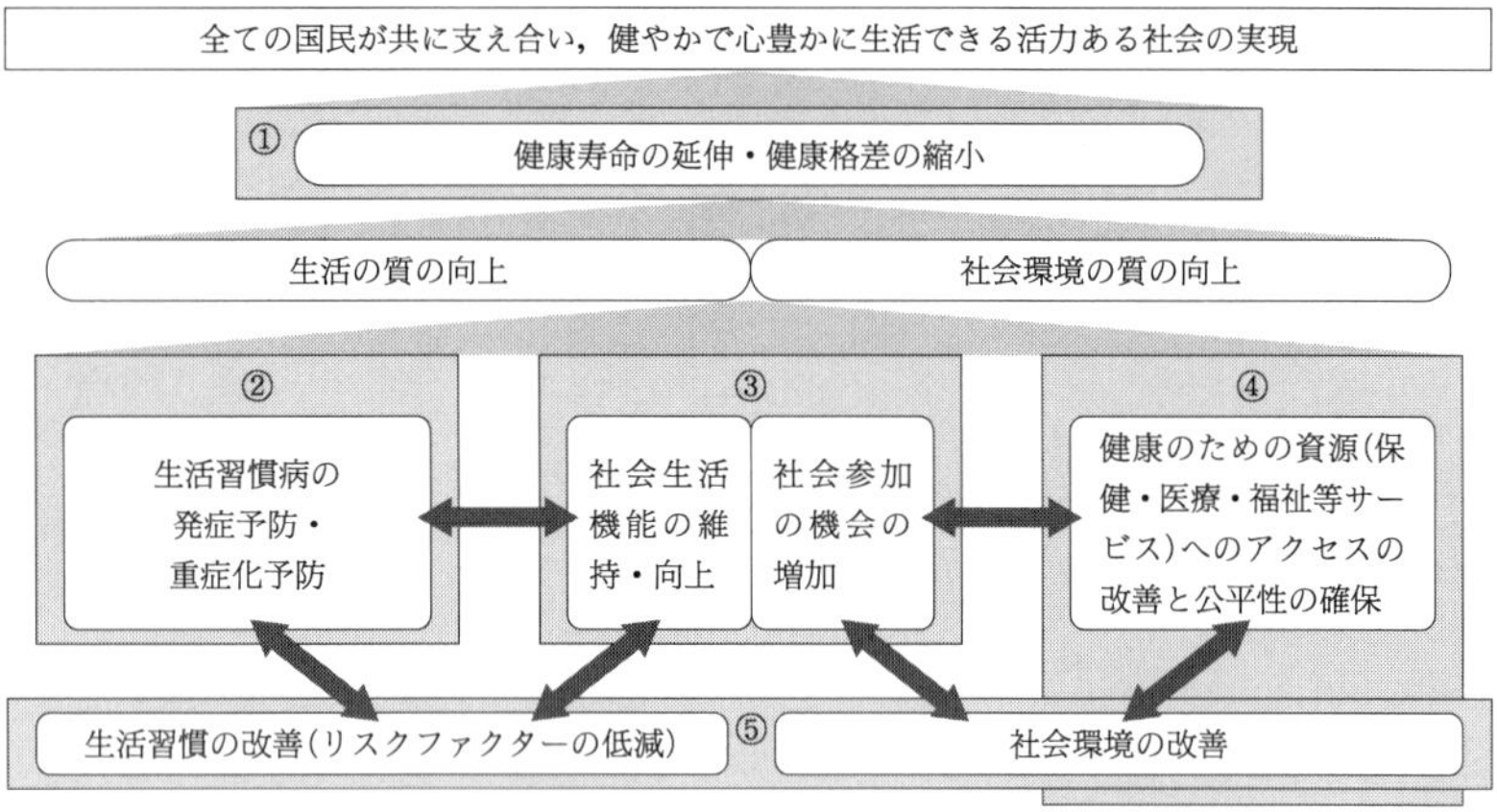

図１ 「健康日本二一（第二次）」の概念図

かなり包括的な「健康日本二一（第二次）」の概念図は図１の通りである。

大きく分ければ

（１）「一次予防」の重視と健康寿命の延伸、「生活の質」（ＱＯＬ）の向上

（２）国民の保健医療水準の指標となる具体的目標の設定および評価に基づく健康増進事業の推進

（３）国民の社会参加と健康へのアクセスの連結

（４）個人の健康づくりを支援する社会環境づくり

になるが、医学だけではなく、「少子化する高齢社会」を研究する社会学でも「生活の質」と「健康づくりを支援する社会環境づくり」に深い関連をもつようになった[1]。また「一次予防の重視」と「エビデンスに基づいた施策の展開」、さらに項目ごとに社会目標の提示が強調されたところは科学性の観点からも評価できる。理論的にも実証的にも社会学がエビデンスを提示しながら貢献可能な分野は、①「生活の質の向上」、②「社会環境の質の向上」、③「社会参加の機会の増加」であり、これまでも研究成果がかなり蓄積されてきた（冷水編、2009：Walker & Hennessey, 2004＝2009：河合、2009）。

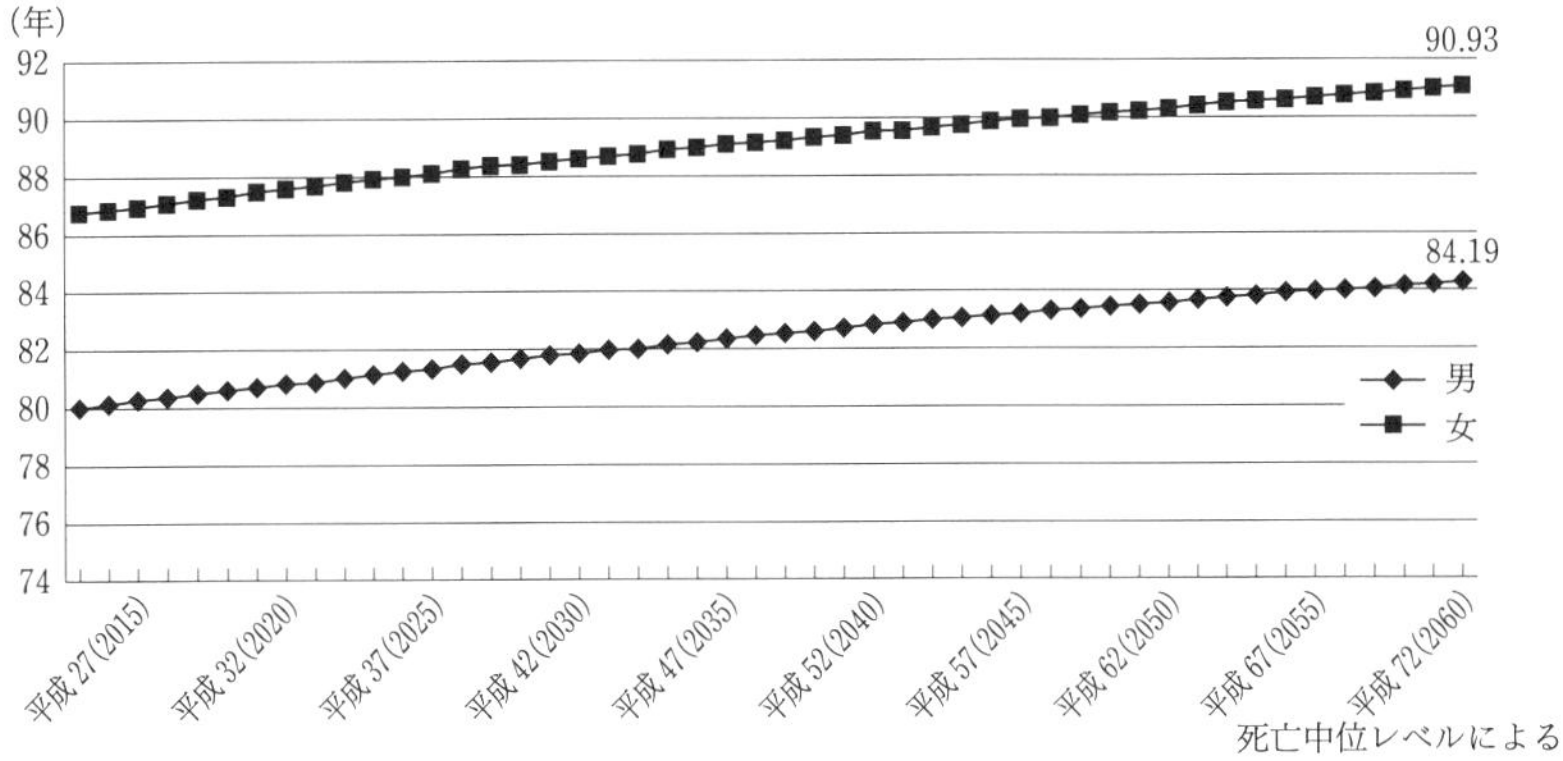

図2　平均寿命の将来推計

健康寿命の延伸

まず大目標として「健康寿命の延伸・健康格差の縮小」が掲げられている。健康寿命の延伸の前提には「平均寿命の将来推計」(図2)がある。これは現段階における死亡中位レベルでの推計値であるが、二〇六〇年では女性では九〇歳、男性でも八四歳に届くとされている。

健康寿命の延伸条件として、主要な生活習慣病の発症予防、重症化予防の徹底が目標値とともに掲げられた。ガン死亡率の減少、ガン検診の受診率向上、脳血管疾患や虚血性心疾患の減少、高血圧の改善、脂質異常症の減少、メタボリックシンドロームの該当者および予備軍の減少、糖尿病有病者増加の抑制、糖尿病合併症の減少、COPD(慢性閉塞性肺疾患)認知度の向上、こころの健康としてメンタルヘルスの重視、健康な生活習慣をもつ子どもの割合の増加、適正体重の子どもの増加などがあげられており、それぞれ医学や薬学の分野でもすでに成果が出ている。[2]

ただしこの年齢までの健康寿命の延伸は医学的にも容易ではない。なぜなら、高齢期を支える「三種の神器」である年金、医療保険、介護保険の諸制度が少子化による年少人口の減少、それに基づく総人口の減少という変化に対応できなくなるという社会的事情があるからである。[3] いわゆる体調不良を厚生労働省「国民生活基礎調査」の調査員に訴える高齢者の「有訴率」は常時半数程度あり、要介護の状態に陥った高齢者は漸増しつつあり、まもなく全高齢者の二〇%に届く勢いがある（金子、2013）。現今のままでは近未来の年金制度の破綻は確実である。

そのような社会的事情のなかで、「健康日本二一（第二次）」における高齢者の健康は、介護保険サービス利用者の増加の抑制、認知機能低下への対処、低栄養状態（BMI二〇以下）の高齢者率増加の抑制、足腰に痛みのある高齢者割合の減少、口腔機能の維持と向上などという医学的部門とともに、年金、医療保険、介護保険という三制度に支えられた高齢者の社会参加と地域活動の増加という社会学部門のテーマによって対応されようとしている。年金、医療保険、介護保険そのものは社会制度であるから、社会学だけの課題ではないが、社会システムのワーキングメカニズムのなかに正確に位置づける作業は社会学の領域になる(4)。

「生活の質の向上」、「社会環境の質の向上」

このうち「健康寿命の延伸・健康格差の縮小」の下位カテゴリーが「生活の質の向上」、「社会環境の質の向上」であり、社会学を主軸として前者は一九六〇年代から世界の先進国で国民生活の状態を測定する社会指標運動として試みられており、すでに五〇年の歴史をもつ（金子編、1986）。日本でもかつての経済企画庁が主導して、内閣府が引き継ぐ形で「国民生活白書」のなかで作成されてきた。都道府県独自の社会指標作成も各地で行われてきた。

後者は「生活の質」（QOL、Quality of Life）がともすれば個人レベルで活用される概念であることを踏まえて、もっと包括的な「社会の質」（QOS、Quality of Society）や「社会発展の質」（SDI、Social Development Index）までも論じようとした際に鋳造された新しい概念である。「社会の質」論ではややもすれば社会システム全体を論じかねないために、「生活の質」ほどの理論的な勢いはないが、それでもいずれも適正な指標にこだわ

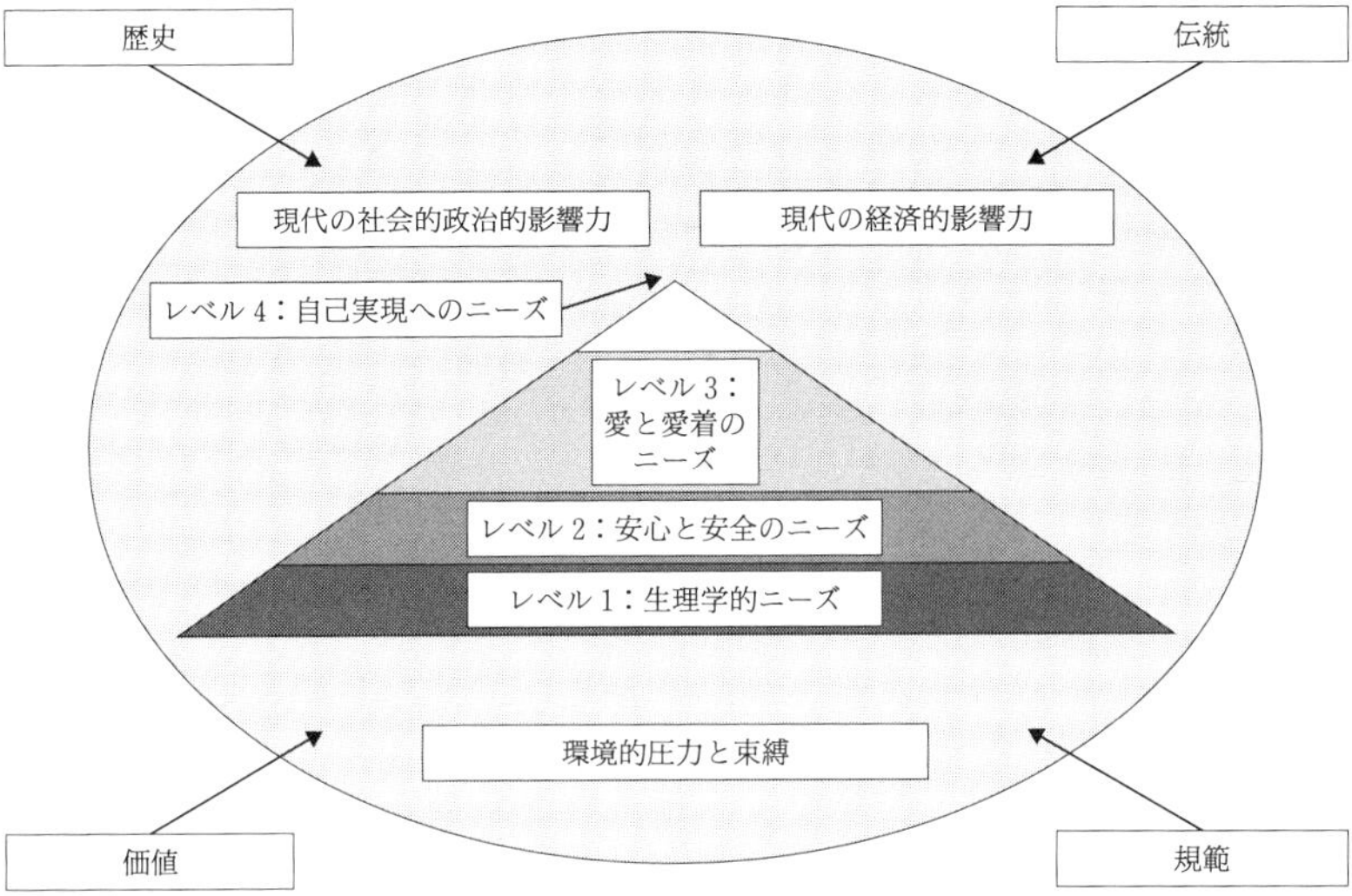

図3　社会発展指標モデル

（出典）Estes, 2004: 214.

り、たとえば図3のような包括的なモデルも発表されている。多くの場合、政治、経済、文化などを一括するために、国レベルでも地方レベルでも社会学的な標準モデルは得られにくいが、この図では社会発展を歴史、伝統、価値、規範という所与の条件のなかで、四段階のレベルに分けている。

具体的には、現代の社会的政治的影響力、経済的影響力、環境的圧力と束縛を踏まえて、レベル1が生理学的ニーズ対応、レベル2が安心と安全のニーズ対応、レベル3が愛と愛着のニーズ対応、そしてレベル4が自己実現へのニーズ対応を目指すモデルであり、マズローの欲求五段階説を髣髴とさせる。これも含めて「生活の質」モデルはそれぞれの立場から包括的に作成されてきており、問題意識に応じて取捨選択を余儀なくさせられる。

過去二〇年以上にわたり、「少子化する高齢社会」を総合的に把握しようとしてきた私の主題の一つは、「生活の質」の基幹としての「高齢者の社会参加と地域活動」の研究であったから、二〇一三年から始まった「健康日本二一（第二次）」におけるテーマの一部を、社会学の立場から期せずして追求してきたことになる（金子、1993：1997：2006b：2007、金子編、2011）。

なぜなら、日本一長寿県としての沖縄県宜野湾市と長野県諏訪市と佐久市の高齢者を筆頭に、千歳市、富良野市、小樽市、札幌市、白老町、伊達市、久留米市、鹿児島市などで、コミュニティ論（金子、2011）を基礎とした社会参加と地域活動面からの調査を継続してきたからである。それは層化二段無作為抽出法による高齢者五〇〇人規模の量的調査と、数名の高齢者のライフヒストリーを二〜三時間にわたり尋ねてその記録を作成して、それに基づいた分析を行う質的研究に分けられる。

第二節　人口変動と健康調査

三位一体の人口変化

人口論的には図4を念頭にして、高齢者の増大に伴う高齢化の進行、合計特殊出生率の低迷と年少人口の減少を表す少子化の進展、出生数と死亡数の差異による総人口の減少という三位一体の人口変化のなかに、それらの高齢者調査は位置づけられる。

さらに図5を意識した国民医療費の増大への社会的な対応として、医師の治療を受け、薬を飲みながらも在宅生活が可能な八〇％に属す高齢者層を対象として、その生きがい支援や疾病予防活動の支援の一部を研究課題にしてきた。そこからの知見はいくつかの著書（金子、2007：金子編、2011）で発表ずみであるが、一言で要約すれば、禁煙や減塩生活、有酸素運動などによる生活習慣の改善次第で、疾病の予防や治療をある程度は進めることが可能であることにつきる。そのためには自らが社会参加を通した生きがいを探求して、並行して親密な他者をもち

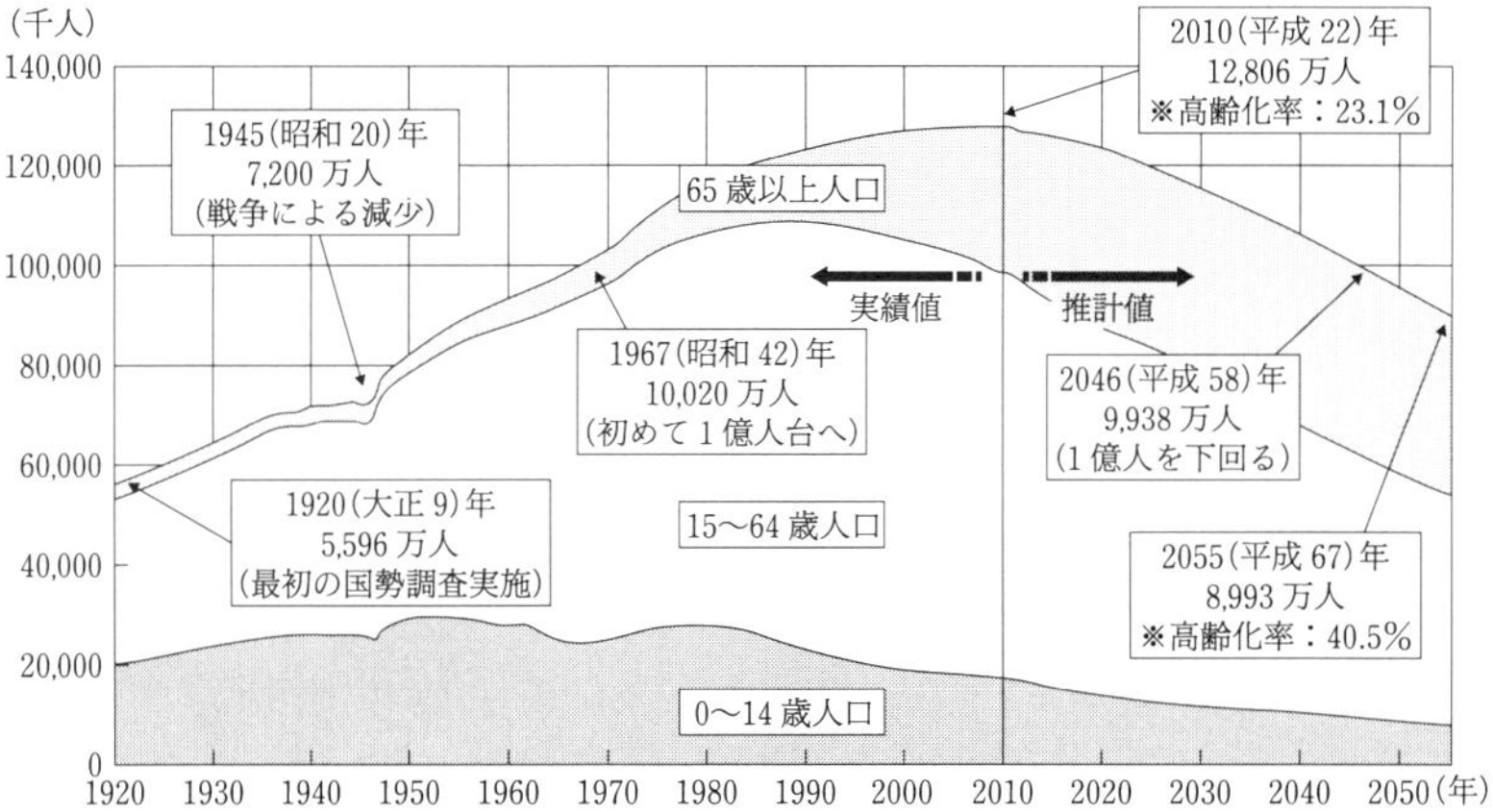

図 4 人口構造の変化

（資料） 実績値（1920～2010 年）は総務省「国勢調査」，「人口推計」，「昭和 20 年人口調査」，推計値（2011～2055 年）は国立社会保障・人口問題研究所「日本の将来推計人口（平成 18 年 12 月推計）」の中位推計による。

（注） 1941～1943 年は，1940 年と 1944 年の年齢 3 区分別人口を中間補間した。1945～1971 年は沖縄県を含まない。また，国勢調査年については，年齢不詳分を按分している。

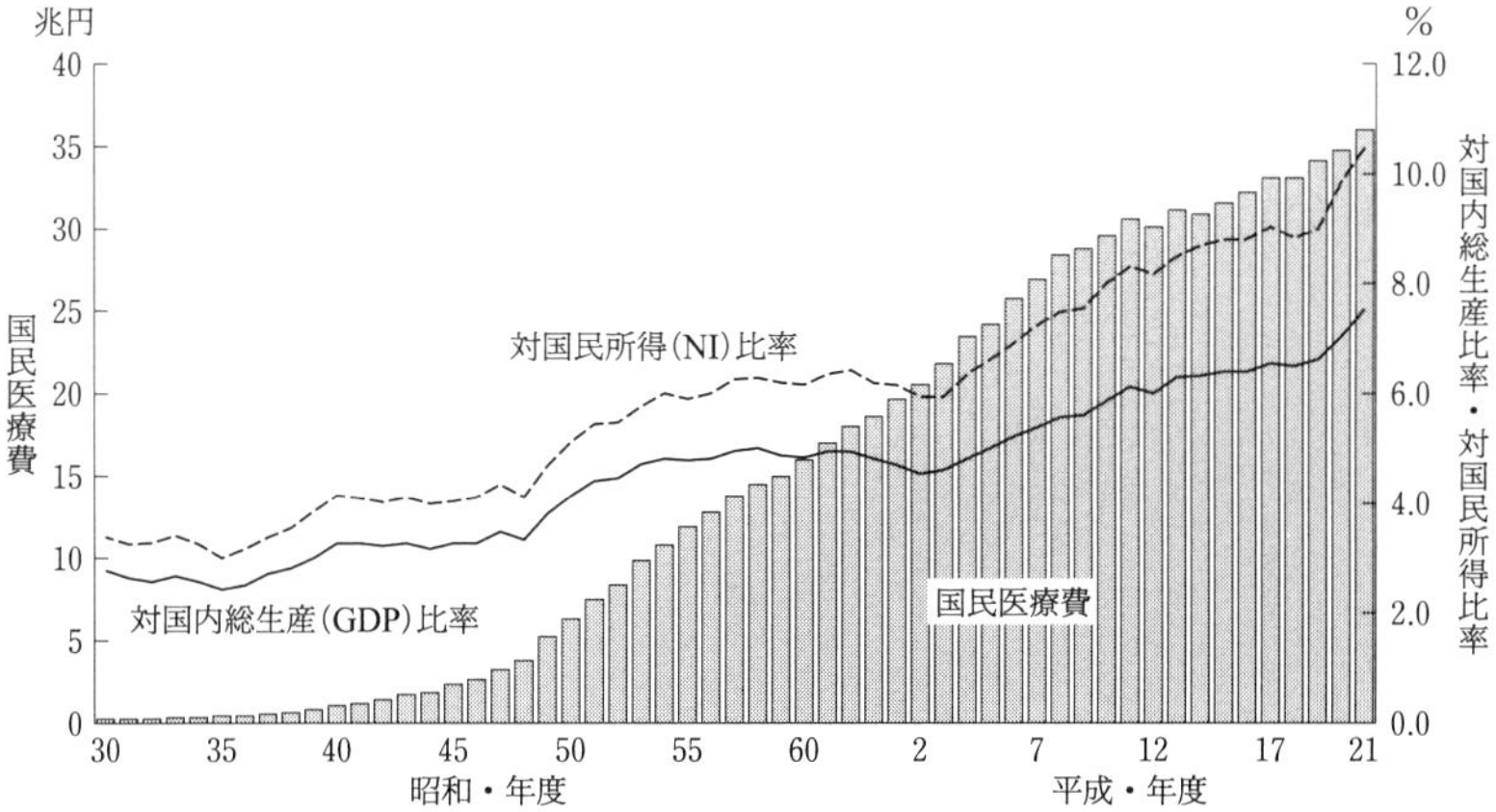

図 5 国民医療費の年次推移

ながら、生活習慣を改善することである。[5]

健康の社会的決定要因

社会学的には、自らの社会経済的地位が、健康の社会的決定要因の中間要因（物的環境、行動と生物学的要因、心理社会的要因）による影響に関連し、社会的な健康格差につながることを自覚したい。加えて健康状態の悪化が個人の社会経済的地位を悪化させるとともに、文化・社会・経済・政策的な機能に影響を及ぼすことも知っておきたい。

その意味で平成の時代における格差は何も経済面だけではなく、健康面でもすでに深刻化してきたといってよい。近年の社会経済的状況の変化を踏まえ、地域、職業、経済力、世帯構成等による健康状態やその要因となる生活習慣の差が報告され、こうした健康格差はこれからも拡大していくことが危惧される。[6] 個人レベルの健康情報に関するリテラシーの違いに加えて、実際にもつソーシャル・キャピタルの量的質的差異もまた、個人間の健康格差を助長することがわかっているからである。

二〇一〇年「国民健康・栄養調査」結果では、高い所得の世帯に比べて、低い所得の世帯の人々では、肥満（女性）や朝食の欠食、運動習慣のない人々の割合や、喫煙率が高いことが報告されている。これらのリスクを克服するには家族の支えが有効であることは間違いない。肥満者のカロリーコントロール、日常的運動量の調整、野菜や食塩の摂取量の調整、喫煙の注意や飲酒習慣のチェックなどは、独力で行うよりも家族との協力関係で成果が得られることが多いからである。

また表1にみるように、二〇〇六〜二〇一〇年の五年分の「国民健康・栄養調査」データを用い、都道府県別に、肥満および生活習慣の状況について、四区分に分け、上位（上位二五％）群と下位（下位二五％）群の状況を比

表1 都道府県別の肥満及び主な生活習慣の状況

	都道府県		
	全国平均	上位群	下位群
1. 肥満者(男性，20～69歳)の割合(%)	31.1	39.7	25.2
2. 野菜摂取量(g/日)			
男性(20歳以上)	301	339	272
女性(20歳以上)	285	321	253
3. 食塩摂取量(g/日)			
男性(20歳以上)	11.8	12.7	11.0
女性(20歳以上)	10.1	10.8	9.4
4. 歩数(歩/日)			
男性(20歳以上)	7,225	7,659	6,271
女性(20歳以上)	6,287	6,613	5,551
5. 現在習慣的に喫煙している者	37.2	42.2	33.5
6. 飲酒習慣者	35.9	43.3	31.4

(注) 5と6は男性で20歳以上の割合(%)。

較した結果では、肥満者の割合や喫煙率や飲酒などは上位群と下位群でおおむね一〇%程度、歩数については一〇〇〇歩以上など、地域格差がみられた。これは都道府県レベルの地域格差であるが、同じような傾向は大都市、小都市、町村でもありうるし、階層的な格差も鮮明になる。男女間でも世代間でも類似の傾向は存在するから、総論としての健康日本づくりとともに、各論としての世代間や男女間での健康格差にも留意しておきたい。

社会経済の変化への対応

「健康日本二一(第二次)」ではその方向性として、時代の変化へ対応した次期運動の方向性および課題があげられ、以下の内容が指摘された。

(1) 社会経済の変化への対応
①家族と地域の絆の再構築、助け合いの社会の実現(東日本大震災からの学び等)
②人生の質(幸せ・生活満足度等)の向上
③健康を守るための環境への積極的な働きかけの実現
④全ての世代の健やかな心を支える社会の在り方の再構築
⑤健康の基盤を築くことのできる家庭の在り方の再構築

⑥貧困等の様々な生活条件への配慮や健康格差の縮小
極言すれば、この六点はすべて社会学の課題に含めることができる。家族、地域社会、人生の質、世代、健康な家庭、貧困の生活条件などは、家族社会学、地域社会学、医療社会学、世代論、貧困論などの連字符社会学で長年にわたり追求されてきたテーマでもある。したがって、社会学の地位低下が叫ばれる今日、このような「健康日本二一（第二次）」への関与を進めることにより、高齢社会における社会学的知見の重要性を再度主張することの意義もある。[7]

科学技術のエビデンスに基づいた目標設定

今回の「健康日本二一（第二次）」の特徴の一つに、従来以上の科学的研究成果の活用が盛り込まれたことがあげられる。具体的には次の三点が指摘される。

（2）　科学技術の進歩を踏まえた効果的なアプローチ

①進歩する科学技術のエビデンスに基づいた目標設定

②個々の健康データに基づき地域・職域の集団をセグメント化し、それぞれの対象に応じて確実に効果があがるアプローチを展開できる仕組み

③長寿遺伝子の活性化、がんワクチン、テーラーメイド医療および予防等の最新技術の発展を視野に入れた運動の展開

これらについては医学の諸分野の貢献に期待するところが大きい。

（3）　今後の新たな課題（例）

①休養・こころの健康づくり（睡眠習慣の改善、働く世代のうつ病の対策）

②将来的な生活習慣病発症の予防のための取組の推進(低出生体重児の出生の予防、子どもの健全な食生活、運動・活発な余暇身体活動の実践への強化)

③生活習慣に起因する要介護状態を予防するための取組の推進(年代に応じた食事の質の改善、生活機能低下予防、ロコモティブシンドローム予防、認知機能低下予防)

④高齢者、女性の健康

⑤肺年齢の改善(ＣＯＰＤ、たばこ)

⑥重症化予防および三次予防(重症化した疾患から社会復帰するための行為を意味し、機能低下防止やリハビリテーションなどを含む)での対応後の再発防止に向けた予防方策の在り方

⑦健診データに基づく国民一人ひとりの自己健康管理の積極的な推進

(３)に関してもその多くは医学と薬学の分野に内容は収斂しているが、④については社会学でも貢献が可能な分野とみなせる[8]。

高齢期における仕事(就業)、ボランティア活動、趣味・得意などによる社会参加・社会貢献活動は、将来のＡＤＬ(日常生活動作)障害のリスクを減少させる。同時にそのような社会参加は、高齢者の心理面にも好影響をもたらすほか、玄関から第一歩を踏み出すという外出の機会の増加にもつながり、身体活動や食欲の増進効果もある。そのために「健康日本二一(第二次)」においては、何らかの地域活動をする六〇歳以上の者の割合を増やすことが目指されたうえに、就業の要素を加え、「就業または何らかの地域活動をする高齢者の割合を増やすこと」までも社会指標として設定されることになっている。

高齢者の社会参加

なかでも「高齢者の健康の現状と目標」では、高齢者の社会参加の促進（就業または何らかの地域活動をしている高齢者の割合の増加）が社会目標に据えられている。これは多くの老年社会学者に共有されてきたテーマであり、成果の蓄積も多い。本書もまた、この延長線上にある。(9)

しかも「健康を支え、守るための社会環境の整備」における現状と目標では、ソーシャル・キャピタルが取り上げられている。地域のつながりが健康に影響することについて、ソーシャル・キャピタルと健康との関連が報告されている。したがって、地域のつながりの強化をソーシャル・キャピタルの水準を上げることと同列視して、そこに「いいコミュニティ」づくりをみて、最終的には地域レベルでの健康づくりに貢献させるという図式が貫徹している。

アクティブエイジング

ＷＨＯは活動性に「社会的、経済的、文化的、宗教的、市民的な事象への継続的参加」を含めており、それは肉体的な活動や労働力としての参加の能力では必ずしもない。だからアクティブエイジングとは三本柱として健康、参加、安全性をもつものになる。

このアクティブエイジングの操作概念としてＥＵと世界銀行は労働市場参加に焦点を置き、ＷＨＯは予防的な健康ケア、生涯学習などの側面を強調するが、これは高齢者個人を力づける手段でもある。比較考慮したうえで、本書では基本的にＷＨＯのアクティブエイジングに準拠する。

「健康日本二一（第二次）」におけるソーシャル・キャピタルの指標としては、継続的に調査が可能である国民健康・栄養調査の調査項目である「居住地域でお互いに助け合っていると思う国民の割合」（二〇一一年調査）が指

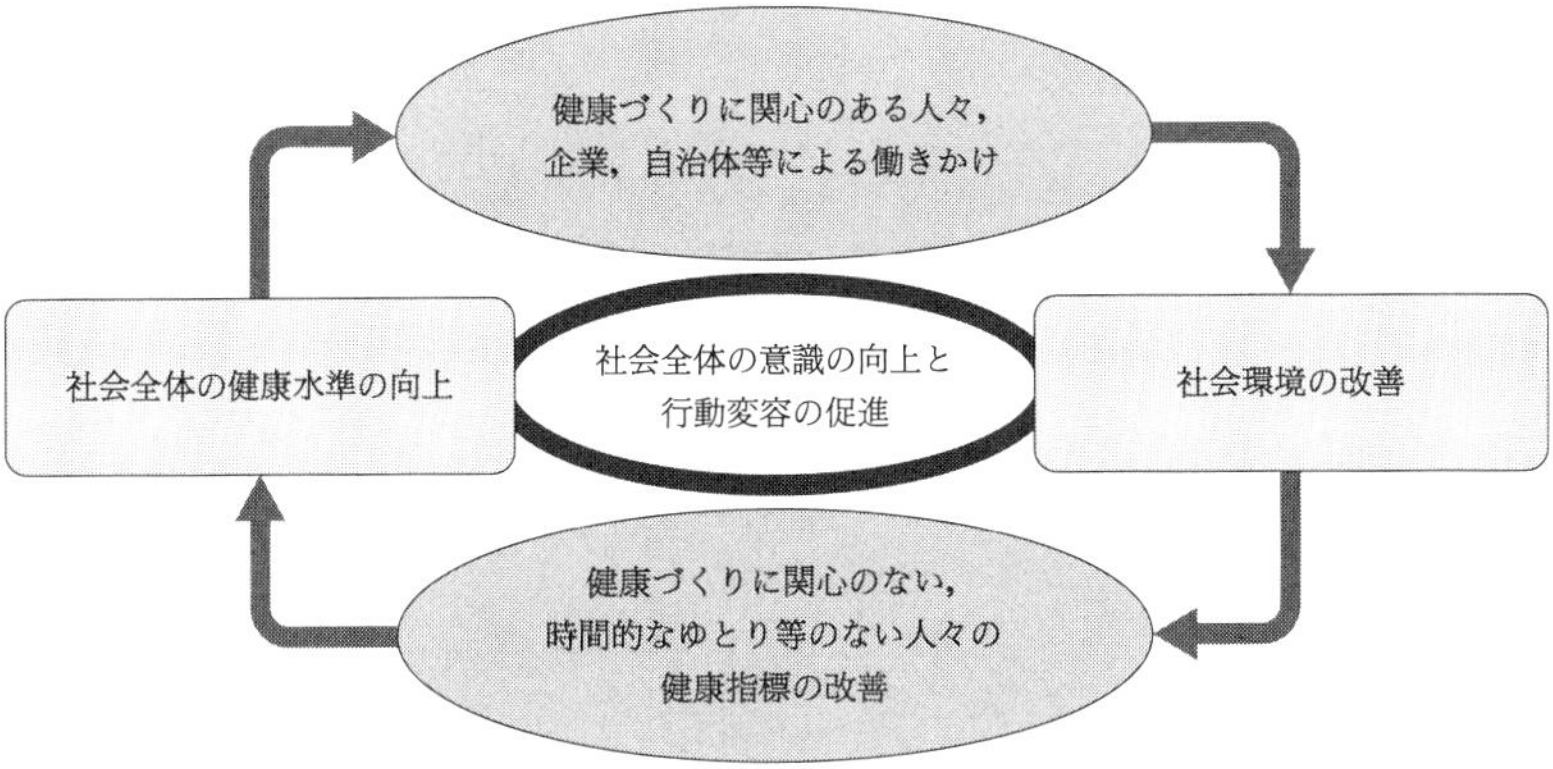

図6　良好な社会環境の構築に向けた循環

標として設定された。その準拠点は、二〇〇七年「少子化対策と家族・地域のきずなに関する意識調査」(内閣府)で、自分と地域の人たちのつながりについて「強い」と答えた者の割合が四五・七%(「強い」一五・三%+「どちらかといえば強い」三〇・四%)であり、この設問および回答率を参考値にしている。また、自分と地域の人たちのつながりについて「強い」と答えた者の割合について、ジェンダーとジェネレーション別にみると、七〇歳以上で男性六六・七%、女性六五・四%ともっとも高いことから、全世代がこの割合に達することを目指して、社会目標は六五%と設定された。この設定には疑問の余地もあるが、エビデンス至上主義の一環としては新しい動向としても読める。

いずれにしても「健康日本二一(第二次)」が図6を示しながら、繰り返しの循環により最終的に「社会全体の意識の向上と行動変容の促進」を掲げたことは、久々に社会学の側からも大いに発言できる可能性に富んでおり、本書でも関連した提言を随所で試みている。

（注）

（1） 日本社会は、すべての団塊世代が六五歳を超える二〇一五年をすぎると、これまで以上の速さでの高齢化が予測されている。その状況は予見され、さまざまな警鐘があったにもかかわらず具体策の欠如により、年金制度や国民皆保険制度や介護保険制度の崩壊が危惧されるようになった。新たな「少子化する高齢社会」システムの構築がなされなければ、二一世紀後半へむけての将来展望が描けないという閉塞感が強まってきた。その意味でも「少子化する高齢社会」における公共性があらためて問いかけられる（盛山ほか編、2012；武川編、2013）。しかし社会学の分野から「健康日本二一」への言及にはなかなか進まないように思われる。

（2） これらは医学面でも心理学面でもそれぞれにリスクであり、社会的要因を加味してそのリスクに立ち向かい、学問分野としてのタスクにつなげると発想すれば、「少子化する高齢社会」のリスクとタスクが同時に揃うことになる。

（3） 年齢構成の割合、生産年齢人口の減少、地域別高齢化率の格差、人口動態としての自然動態と社会動態の不均衡、町内会・自治会の加入率低下、老人クラブ加入率低下、過疎地域、限界集落問題など、社会的リスクとタスクは山積している。

（4） 地域包括ケアや老老介護問題などは緊急の対応が求められる福祉社会学のテーマになっている。

（5） これはアクティブエイジングの一環である。この概念はサクセスフルエイジングのあとに登場した比較的新しい用語であり、最近の一〇年間では活用されることが多くなってきた。サクセスフルエイジングは「高齢期の始まりを否定して、高齢者のもつ関係を再配置することで、活動と生活満足を維持するために新しい役割を獲得する中年の活動と役割」に焦点を置くものである。この視点は社会的離脱理論への応答として登場した。離脱理論では、個人が歳を重ねるにつれて、たくさんの領域から撤退して、社会的に果たしている役割を次第に縮小させると論じた。アクティブエイジングは二通りの使い方が行われており、WHOでは高齢者の「暮らしよさ」（QOL）を向上させる幅広い要素に焦点を置いて、とりわけ健康、社会参加、安全性を含んでいる。他方、EUや世界銀行のような組織は、大部分は労働市場への参加の観点から高齢者の「活動性」に主として集中している。

（6） これらの中心には家族力の差異がある。家族力は平均世帯人員数の減少で左右されがちであり、多くの場合、小家族化では家族力が弱くなるので、介護や児童虐待や高齢者虐待などの問題を生み出しやすくなる。さらに小家族化が進めば家族として健康づくりなど何かをやろうという意欲が低下する。

（7） 一九六八年に造語した'ageism'により「年齢差別」問題を提起し、ピュリッツァー賞受賞の名著 *Why Survive? Being*

Old in America, 1975(＝1991)で、世界の「老人問題史観」に終止符を打ったバトラーが二〇一〇年に亡くなった。医師なのに、社会科学への配慮が豊かであったバトラーの功績の一つに productive ageing 概念の提唱がある。

その後も類似の概念がつくられ、高齢者全体の八〇%を占める自立高齢者も二〇%に達する要支援・介護高齢者のどちらでも、生きがいや満足感や幸福感がもてると評価される状態が successful ageing とされた。ここでの基本は、「サクセスフルエイジングは関係性のなかで一番うまく達成される」(Vaillant, 2002: 308)というものである。

加えて、優雅な年の取り方(graceful ageing)としては、

①社会的有用性(social utility)、②過去からの継続性(sustenance from the past)
③楽しみとユーモアの才(capacity for joy and humor)、④自助(self-care)
⑤関係性の維持(maintenance of relationships)

などがあげられ、successful ageing はこれらの複合という認識が示されることがある(*ibid.*: 313)。

私もまた、これらの諸概念に学び、時には互換的に使用しつつ、一九九〇年代から全国の都市高齢者を対象とした五〇〇人規模の訪問面接法による量的研究とインタビュー手法を重視した質的研究を並行させてきた。両者は、①テーマ設定が明確である、②設定されたテーマが社会学の概念で論じられている、③学術的研究である、④主要な論点もしくは結論が明示されている、などを実質的要件とする。

このような原則に沿った二〇年に近い実証的研究から、successful ageing には、①家族との良好な関係、②仲間の存在、③働くこと、④外出すること、⑤得意をもつこと、⑥趣味をもつこと、⑦運動散歩などが有効であると確認されている。

また positive ageing では、①できることは最初にやる、②暮らしをシンプルにする、③毎日を楽しむ carpe-diem (enjoy the day)、④コミュニケーションを保つ、などが指摘されている(*ibid.*: 307)。

(8)　福武(1963)をみると、一九六〇年代の社会学への期待は非常に大きいものがあったが、五〇年後の今日ではむしろ何も期待されていないような気がする。

(9)　五五歳以上のアメリカ人が、ボランティア活動、生産的活動、職業活動、子どもたちへの支援活動などを通して、いかに社会貢献しているかというような研究書は非常に多い(Bass, ed., 1995)。また加齢によって、高齢者の創造性や生産性が若いときに比べてどのように変化するかについては賛否両論が併存する(Moody, 1994: 367-371)。

第一章　「生活の質」(QOL)と社会指標

第一節　「生活の質」指標運動史

「近代社会」の「生理」と「病理」

外国産の学説輸入・紹介を乗り越えようという時代では、「社会学者にとって大切なのは、ハードな科学の真似をして、事柄の生きた実質を捨ててしまうことではなくて……現代の切迫した諸問題について、事実に関する多くの知識を蓄積することと、人間というものについて深い理解をもつことである」(清水、1972：297)。清水は同じ著書のなかで「社会の幸福は個人の快楽に分解され、個人の快楽は、強さ、長さ、近さ、確さという成分に分解される」(同右：87)という指摘も行っている。これはもちろん、周知のベンサムの快楽計算を踏まえているが、ベンサムでは快楽の条件として、①強さ、②長さ、③確かさ、④近さ、⑤多さ、⑥純粋さ(Bentham, 1789＝1979：114)があげられていることを意識したうえでの議論である。ベンサム自身のくどすぎる類型のなかから、快楽と

苦痛のキーワードを引き出せば、

快楽：利益、便宜、有利、恩恵、報酬、幸福

苦痛：害悪、危害、不便宜、不利、損失、不幸

になる。しかしこれら快楽も苦痛も指標化しないと、具体的な議論ができない。

そしてその数年後に出されたコントについて清水がのべた「観察された事実」の重みと、そこからの「大いなる帰納」(une immense induction)が結局は「進歩」をもたらすことを学問の入り口の段階で私が学んだことは非常に有益であった(清水、1978：94)。

観察された事実

私は「観察された事実」の収集を時代の最先端に位置する都市に求め、都市化の研究に志し、コミュニティ論を基盤としてそれを開始した。そしてきわめて自然に「事実」を指標として認識することを学んだ。当時の日本社会は、高度経済成長の負の側面が公害や都市問題として日常生活に顕在化しており、学問分野でもそれらへの対応が議論されていた。そこに登場したのが社会指標やＱＯＬという概念であった。この両者は元来別々に彫琢されていたが、速やかに統合された。大きな影響力は「社会変動の人間的意味」を問いかけたキャンプベルとコンバース(Campbell & Converse, 1972)と社会指標モデルをいち早く提唱したランドとスピラーマン(Land & Spilerman, 1975)がもっていた。その後「ソーシャル・コンサーン」や「ウェルビーイング」(OECD, 1977＝1979)、「ヒューマンベターメント」(Boulding, 1984＝1989)などが相次いで提唱され、ＵＮＤＰの「人間開発指標」や総務省統計局の「社会生活統計指標」も継続的に毎年出されてきた。学界レベルでは一九七四年に*Social Indicators Research*が創刊され、今日に至っている。

「除苦求快」を目指したＱＯＬ概念

このような動向を受けて、社会指標のなかで「除苦求快」を目指したＱＯＬ概念が、一九六〇年代の日本を含む先進社会の学界、行政、財界、労働団体などで急速に問題意識として共有された背景には、経済成長に必然的に伴う社会変動の測定への希求があり、さらにいえば先進社会における近代化の「功罪」についての事実解明とその判定への意欲が濃厚にあった(1)。

そこでは社会的レベルにおける科学的な快楽と苦痛の確認、および両者の原因の探求が課題になった。すなわち「近代社会」の学問である社会学が、どこまで「近代社会」の「生理」と「病理」を把握できるかの試金石としての位置づけが、一九六〇年代から七〇年代の社会指標論には強かった。換言すれば、「何のための社会学か」への回答の一つに社会指標研究があったのである。この認識に依拠すれば、「主観的暮らしよさ」のみにテーマを絞り込む試みは、社会学の側からは限定的にすぎる印象を与える(2)。

このように、現代資本主義国における近代化の頂点という時代の反映もしくは負の反映としてＱＯＬ概念は登場したのであるが、その当初から指標化に内在する困難な課題を抱えていた。次にこれを考えておこう。一般に指標とはあるもの(物的、生物的、社会的)の観察可能な特性であり、通常は観察できない他の特性のもつ価値を正確に代理表現すると仮定される。

ＱＯＬ概念の難しさ

その概念の理想は logical で general であることが求められ、それに依拠する政策では、明快で、首尾一貫性があり、包括的であることが課題とされてきたが、歴史的には「言うはやすく、行うは難し」の連続であった。

まずは分野の流動化がある。健康とＱＯＬ、レジャーと健康、犯罪と犠牲者、フェミニズムとＱＯＬなどは比較的共有されたが、包括的分野になると、人口、健康、犯罪、政治、科学、教育、レクリエーション、環境、天然資源、交通、住宅、経済、宗教、道徳などの領域が併存することになった。さらに分野ごとに主観指標と客観指標が強調され、時系列データと一時点の調査結果にも正確な区別が強調された。ここにいう主観指標とは個人的感情、態度、選好、意見、判断、信念などの総称であり、客観指標は比較的に容易に観察できて、しかも測定可能なものである。

客観指標

とりわけ客観指標としてのプラス指標(positive indicators)とは、指標の水準が高まれば、「生活の質」のある側面が改善されると国民の大多数が期待するものであるとされ、社会的にも期待が寄せられた。その対極にはマイナス指標(negative indicators)があり、指標の数値が大きくなれば、「生活の質」のいくつかの側面で劣化が進むと判断されるものとみなされた。

主観指標

一方の主観指標には満足感や幸福感があり、現状と欲求の二点から測定される。詳細には、生活満足と幸福感さらに家族への満足感などが調査票では多用された。ここまでは学問的にも簡単に合意できたが、領域が社会面、経済面、環境面に分散する指標群の統合問題は最終的に未解決のままであった。社会指標の活用で望まれているのは、広範な多様性をもつ人間の暮らしよさの諸側面を改善し、維持する手段としてだけでなく、それを測定する単一の包括的機能であったが、集計問題(aggregation problem)が社会指標システムでは結局のところ解決さ

表1-1 社会指標の類型(健康分野の事例)

	プラス(P)	マイナス(N)
インプット(I)		
客観(O)	IOP(毎日の運動時間)	ION(一日の喫煙本数)
主観(S)	ISP(運動への積極的態度)	ISN(喫煙への態度)
アウトプット(U)		
客観(O)	UOP(通常の人体スコア)	UON(しみの出た指や歯)
主観(S)	USP(体重への満足感)	USN(しみへの不満感)

(出典) Michalos, 2003: 242.

れなかったから、指標を通してのgood societyへの合意は不可能とみなされるようになった。

そのために「生活の質」という単一変数の測定への希求は放棄されて、歴史的にはそれぞれの問題意識に応じて、公共サービス、住宅、犯罪、環境などの特定分野にだけその概念を適用して、それを主観指標としての評価、信念、態度などを国民(県民、市民)レベルで測定して、この結果をQOL評価とみなす方法が研究の主流となった。

したがって、一方では「生活の質」概念は客観指標を中心として記述に特化し、他方では主観指標として望ましさや価値に言及する部分を存続させることになった。その時代の代表的な指標分類として表1-1を示しておこう。

これは縦軸でインプットアウトプットに分け、そのなかに客観指標と主観指標を併存させ、横軸にプラスとマイナスの軸を設けて、合計で八種類の指標を分類整理した表である。しかしここまで精密化すれば、集計は健康分野内でも容易ではない。ましてや健康をはみ出した犯罪や住宅や環境などで同じような手法により作成された指標との総合的集計は絶望的に困難であった。

第二節　事実の思考による秩序づけ

事実の思考による秩序づけ

そこで、その考え方を受け継ぎながら、別方向への転進が開始された。この立場からの時代変動を事実に基づき理論的に考える出発点は、「事実の思考による秩序づけ」にあった(Weber, 1904＝1998: 47)。これは時間と場所から独立した普遍化を目指すために、社会的事実を選定して一般変数化を試みることである(図1-1)。これを指標化と呼ぶが、英語では indicator、index、emblem、sign、signal、symbol、token、surrogate などが互換的に使用されてきた。個人の健康しかり、安全またしかりであり、社会の統合や文化についての議論でも同様な術語が用いられてきた。

客観指標も主観指標も、各種のセンサスや行政調査それに標本調査によって収集されたデータの加工から得られる。表1-2によって指標作成に依拠する調査の性質を概観しておこう。判断基準は、内容の豊富さと多様性、正確さなど六項目に及ぶ。ただし、強、普通、弱という結果は私のこれまでの経験によるので、相対性を免れない。ここでいう客観指標とは「社会指標」でも「国民生活指標」でも実物指標を意味し、住民一人当たり公園面積や一万人当たり医師数、さらに十万人当たり犯罪発生率や火災発生率などとして表示される。特に、公園面積などをインプット指標、犯罪発生率などをアウトプット指標と呼び、二種類に区別することもある。これらは生活関連社会資本を中心とする既存の行政調査に基づく統計資料から、一定基準の加工を経て作成される。

従来も、センサスと各種の行政調査の両者はおもに客観指標のデータベースになってきた。[3] しかし、標本調査や事例調査は違う。むしろこれは、その両者がカバーできない主観指標、人間関係指標、行動指標などの作成に

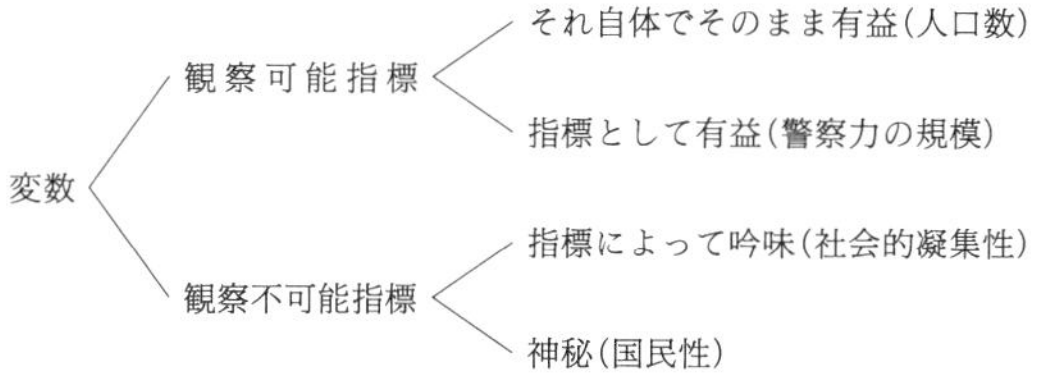

図 1-1　変数と指標

表 1-2　センサス，各種行政調査，標本調査，事例調査の性質

性　　質	センサス	各種行政調査	標本調査	事例調査
1. 内容の豊富さと多様性	弱	弱	普通	強
2. 内容の正確さ	強	強	普通	普通
3. 精密さ(誤差が少ない)	強	強	普通	普通
4. タイムリーなデータか	弱	普通	強	弱
5. 収集データ利用の費用	安	安	高	普通
6. データ収集の煩わしさ	弱	普通	強	強

威力を発揮する。したがって、標本調査は調査目的に合わせて設計されるから、内容の多様性が確保されやすい。ただし、データ収集には研究者の費用負担や時間的負担が大きいこと、収集時点の煩わしさが強いこと、精密さの点ではやや劣ること、などに留意しておく必要がある。

インテンシブな調査

本書で依拠した個別事例を最大限に活かすインテンシブな調査は、研究者が調査票を用いずに対象者と数時間のインタビューを行うものである。これは対象者との信頼関係を維持し、規律を必要とする研究方法である。しかし、ホモ・ソシオロジクスに関する非合理的な行動の記録は、調査票配布により得られた計量データよりもずっと得られやすい。文字通り、研究者によって書き込まれた記録がまさに、データそのものになる。

かりに、研究に用いる科学的概念を、直接的観察が可能なものと観察不可能なものとに分けた場合、指標を利用せざるをえないＱＯＬ概念は、直接的観察が不可能な性質をもつものとして分類される。社会学では何の操作も加えずそのままで社会分析にとって有効な指標になる人口数や年齢構成もあるけれども、

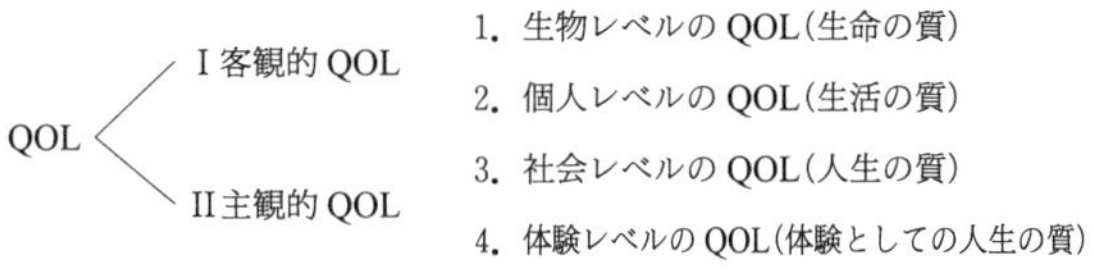

図1-2　QOL の構造

（出典）上田・大川，1998：56。

多くは指標化したほうが有益な情報に昇華する。たとえば、秩序(order)や社会的凝集性(social cohesion)や統合(integration)は重要な社会学的概念だが、直接的な観察や測定は不可能であるために、実証的レベルでは犯罪率や警察力の規模や検挙率それにソーシャル・キャピタルの水準や集団参加率、さらに国民・市民レベルでの「まとまり意識」などの指標群で代替することになる。

ＱＯＬ研究における下位概念

従来からのＱＯＬ研究で論理的な展開のために多用してきた下位概念には、①ゆとり、②アメニティ、③効用などがあり、実質的な議論に不可欠とみなされてきた下位概念にも、①豊かさ、②自己実現、③社会システムの柔構造などがある。

同じＱＯＬでも医学での「生命の質」ならば、多くは病室や手術室などの空間的な限定があり、しかもその対象は「患者」なので、社会学の「生活の質」に比べれば、比較的操作化も容易である。「術後の快適さ」の測定も、患者が答えた調査結果によるいくつかの主観指標から可能になる。ただし、医学の側からＱＯＬについてのシンプルな定義もある(図1-2)。もちろん、社会システムレベルのＱＯＬが「人生の質」だけでは成立しえないように、社会学の側からの応用指標を追加する必要性があるが、このような簡単なモデル化の試みは有効である。そして通常、概念の包摂性が豊かであれば、対応する指標は一つにはならない。むしろさまざまな指標の合成に依存して概念の操作化が進む。社会学で取り上げるＱＯＬ概念もまた、多様な指標群によって具体化される。

社会指標運動

社会指標研究において今後とも重要な課題としては、その政治的・政策的意味の探求があり、同時に方法論的な諸問題の整備解決があげられる。前者の機能は、国政でも地方政治でもそこでの政治力学を押さえ込んで、政策の優先順位への基礎情報を社会指標によって作成し、そのうえで行政テクノクラート主導による政策の科学化を促進する。この分野の研究活動が「社会指標運動」と世界的に呼ばれた背景もここにある。そしてこの「社会指標運動」が、全体社会分析にも分野別の社会分析にも貢献し、また公的部門の政策決定過程に対して有効な情報源を提供するという二つの希望は、この五〇年間の歴史で少しは満たされたといってよい。しかし、日本社会の政治・行政の現状からすれば、さらなる政策科学化の重要性も強く主張できるはずである(宮川、1994)。

社会指標の機能と限界

政策科学への第一の論点は、社会指標が広範囲な政策形成過程に関与するために、その情報価値が特定の立場からの価値判断結果に応じて変化するという性質をどのように理解するかにある。すなわち、社会指標は決して価値中立的ではなく、むしろいつも作成者と利用者の双方による価値判断にさらされている。たとえば、連合総合生活開発研究所が作成した「生活の豊かさ指標」であれば、「勤労者」の「生活の豊かさ」を測定するという目的が鮮明である(連合総合生活開発研究所編、1993)。旧経済企画庁の「新国民生活指標」ならば、国民全体の「生活の豊かさ」に焦点が置かれる(経済企画庁国民生活局編、1999)。

第二に政治力学が作用する政策決定(decision-making)では、往々にしてまったく非科学的な決定がなされる危険性を孕んでいるが、その点の緩和をも目指す社会指標研究は、特定の政策決定に該当する分野と指標を増加させ、重要ないくつかのパラメーターを確立することによって、その所期の目的に寄与できる。ただしパラメーターの重要性の議論そのものが、社会学的な調査研究によって規定されるし、時代の推移に応じてその重要性は変更されることにも留意しておきたい。たとえば、都市化、高齢化、少子化というように、ほぼ一〇年刻みで私は主要な研究テーマを推移させてきたが、これも時代が抱えると私が認識する最大の社会問題に対処しようという狙いからであった。

その他たとえばパラメーター議論では、「名目的」と「等級的」との具体化分類が重要である。「名目的パラメーター」は、水平的な分化または異質性を提示する、等級的パラメーターは縦の分化、あるいは不平等を示す」(Blau, ed., 1975＝1982: 339)。これはコミュニティ内部における構造的単位と下位システム間の相互の結びつきを意味する水平的パターンと、コミュニティ外部の構造的単位と下位システム間との結合を表す垂直的パターンに対応していて興味深い(Warren, 1972: 24)。この整合性によって、社会システムの現実展開部分が都市コミュニティであるという観点が得られる。

データリテラシー

第三に、ＱＯＬや「暮らしよさ」の客観指標でも主観指標でも、得られた指標は量的情報に変換されているから、それを質的情報に読み替える能力が指標を利用する研究者やマスコミそれに国民には必要である。すなわち統計的処理能力を含むデータリテラシーの問題である。特に「量化主義」の落し穴には気をつけたい。反面で、量的に集計できないデータへの着眼にも大いに意味がある。社会学のキー概念の一つである社会統合をはじめとして権力、連帯、秩序、活性化、発展などの社会学の基礎概念にはこのような性質が濃厚であり、洗練された量化の方法だけでは分析に限界がある。

第四に、社会指標研究は政策決定構造における政策モデル体系と接合を心がけることになるが、総合化指標は今日まで無意味な努力に終わっている。単位も性質も大きく違う指標を総合化することはできない。「問題なのは手段は操作的なのに、あたかもそれですべてが把握されてしっかりした実態があると考えているところに、データに根ざす社会科学のおとし穴がある」(林、1984：27)。単一指標だけでは政策決定のための判断情報源としては不十分であり、ある程度の領域別の総合化が求められる。しかし、健康分野の社会システムと学習分野の社会システムとを接合させるようなマクロ社会学理論は、依然として開発されてはいない。

中央行政も地方行政も単年度主義であるから、ある社会システム分野(たとえば福祉分野)の測定作業が時間切れになり、社会指標化が困難な場合も生まれる。すなわち、社会システムのモデル化は、時間的な制約、社会現象との近似的な対応とその操作化という問題に直面する。もし、社会現象とそれを表現する概念そして客観的な代理指標との間に、相関を厳密に確定しなければならないのなら、社会指標作成そのものがかなり困難になり、近似値で代替してきた社会指標の歴史評価が変わる。

科学的政策判断のために

「流動社会」とも総称される今日では、ますます不透明で複雑になる政策決定過程に対して、改善された説得的な政策情報の流れを求める国民的なニーズは持続的に増大してきている。説明責任(accountability)は国民にも共有されるようになった。これは制度化された政策関連情報としての社会指標づくりにとっては追い風になる。ただし、社会指標モデルが特定政策(例、高齢者の社会参加推進のための予算)と特定の社会現象(例、実際に社会参加が進むこと)の間に、ある種の因果関係を確定できるかどうかが問われる。また、客観的社会指標による政策効果の予見能力を向上させられるか、政策的に制御可能な変数(例、保育所の増設の予算)とその他の非制御的な構造変数(例、社会変動としての少子化)とが区別できるか、という大きな課題を背負っている分野もある。

もっとも、主観指標と客観指標はともに有効な社会情報を国民に対して提供するのだから、これらが公的な政策問題に関する有効なコミュニケーション情報源になり、合わせて政治的な多元主義を増進するものであることはいうまでもない。

第三節　QOL指標の論点

QOL概念の特定化

ここで、社会指標に伴う一般的な論点を整理しておこう。医学の分野のQOL調査では対象者として「患者」を想定しておけばほぼ間違いないが、社会学で用いるQOL調査では対象の特定化が特に重要である。(4) その指標は生活満足度や充足度であるから、多くは都市レベルでの市民全体からのサンプル調査の結果がこれに充当する。したがって、分析する側に情報処理リテラシーがなければ、性別、年齢別、健康の度合い、職業の相違などが考慮されないまま、著しく平均化された全体像しか提示できなくなる。個人判断を合成する際に、平均化によって必然的に悪が良に（または良が悪に）包摂されるという過ちが生まれる。

この個人判断結果の総体を主観指標と呼ぶが、これはある現実についての「意味ある」側面に関して、個人からの報告に基づいて、通常は序数尺度で作成される。その内容は、ある特定環境を個人が認知し、それに依存した判断結果である。たとえば医療環境における小児科医院の状態についての満足度か認知度かを住民に尋ねた結果の集約になる。ベンサムの快楽と苦痛にも「幸福と不幸」が含まれているように、主観指標は心理的満足感、充足感、認知度、幸福感などで代表される。満足感ならばたとえば、①大変満足、②やや満足、③どちらともいえない、④やや不満、⑤大変不満、という序数尺度として測定され、集計される。

合成の誤謬

ただし操作化の方法のもつ宿命により、主観指標においては合成に伴う誤謬が不可避である。全体的には「どちらともいえない」評価のなかに、一〇％の強い不満が隠れていたりする。平均値だけでは議論しにくい分野なので、標準偏差や変動係数などを用いた統計学的な分析が欠かせない。

同時に、対象者がいる都市社会環境、自然環境、世界システムの動向などのいわば対象者個人外要因と、事故や犯罪の被害者であるか否か、家族内に小・中学生がいるか、要介護の高齢者を抱えているか、などの対象者自身が抱える内的要因によっても、対象者の回答の集合としての主観指標は大いに変化することを承知しておきたい。

一般に主観指標には、所与の現象を特定の公式で算出する客観指標が対置される。これには、環境的刺激に対する個人の行動反応や、外部の観察者にとって直接調査で得られた資料から作成できる指標も含まれる。離婚率、窃盗率、火災発生数などがそれぞれに該当する。しかし、離婚率のように個人ごとに善悪の判断が異なる項目は、社会指標に加えないという意見(連合総合生活開発研究所編、前掲書：11)もあるし、アメリカやイギリスと同じく日本の「国民生活指標」(ＰＬＩ)のように、指標に加える立場も存在する(経済企画庁国民生活局編、前掲書：210–213)。

また、行政が作成する年次統計書のなかの情報で代替できることも多い。重要なのは一定の方法でデータを加工することであり、住民一万人当たり(十万人当たり)に還元する方式がよく利用される。「住民一万人当たりの医師数」などは周知の客観指標である。

尺度不一致の必然性

しかし、これら主観指標と客観指標の間には尺度不一致がある。なぜなら、個人の主観的評価の地域的基盤が、客観的データの収集に用いられる地域社会単位の境界と一致していないからである。たとえば、「防犯」に関して住民の大半が主観的には「安全」とみなしても、これとの関連が密接な「各種犯罪」や「交番数」などは、自治体レベルでの「統計」にしか見当たらない。かつて「東京の社会地図」により、五〇〇メートルごとのメッシュデータが作成されたことはあるが、主観指標との接合の試みには至らなかった（倉沢編、1986）。このように、主観指標と客観指標との間には、直接的な対応が想定される場合とそれが不可能な場合が存在する。

統計的に洗練された概念のヒエラルヒーのなかで、客観指標は所与の社会現象の発生を計算することによって得られ、主観指標は感情、知覚、反応についての諸個人からの報告に基づいている。どちらかのみを使用すれば、社会指標はリアリティ溢れる正確な「社会の窓」にはなりにくい。両者の併用がもちろん理想だが、理論的な組み合わせにもなお未解決の問題が残っている。というのも、「人々は、生命、名誉、愛情などを何物にも換え難いものとして、況して、貨幣によって測ることの出来ないものとして貴んで来た。しかし、それらが失われ、傷つけられ、裏切られた場合、そこから生じる苦痛を辛うじて贖い得るものがあるとすれば、それは、いかに私たちの感情に背いても、結局、貨幣であるほかはない」（清水、前掲書：91）からである。ＱＯＬを構成する生命、名誉、愛情の代替物として、資本主義社会ではとりあえず貨幣しかないことも事実なのである。

ＱＯＬの水準の高さは、その主観指標では心理的満足感、充足感、認知度、幸福感などの強さであるから、政策科学的には主観指標の水準を高めることに寄与する客観指標の水準を上げることにつきる。ただし、客観指標と主観指標との間には正の相関だけでなく、逆相関も無相関もある。たとえば、ある水準以上の収入は、個人のＱＯＬ評価に強い相関をもつわけではない。「報酬の多いことよりも、労働の少ないことの方が彼を動かす刺激だった」(Weber, 1905＝1989: 64-65)とは、ヴェーバーの鋭い洞察である。このような意見は現代日本でもみられるので、比較の視点や先行研究の学習を踏まえた主観指標の解釈が求められる。個人の報酬よりもむしろ、行政が提供する都市的サービス(ゴミ処理、除雪、不法駐車の排除など)の水準の高さが、個人のＱＯＬ評価には有効なことが多い。

関係指標

「人びとの生活の質は、一般に、かれらが親密な集団――頼ることができ、道徳的な支持と拘束の双方をあたえるような集団――に所属しているかどうかに左右される」(Fischer, 1984＝1996: 209)というフィッシャーの指摘は真実であるが、社会学的なＱＯＬ研究史のなかでこの考え方は中心的な位置を占めてはこなかった。私がこれを提起したのは一九八九年であるが、長らく無視されてきた(金子、1989 : 201-205)。ようやく二一世紀になって、たとえば連帯性を表す関係指標は「ＱＯＬ測定に適切な分析視点を提供している」(保坂、2001 : 617)と社会福祉学の領域でのべられるに至った。

しかし社会学の歴史では、親密な集団関係と社会的ネットワークから構成される関係指標ないしはソーシャル・キャピタルを省略する形で、主観指標と客観指標の二つのみでＱＯＬの全体像が議論されてきたといってよい。何よりも関係指標の作成が困難であったことに加えて、法学、経済学、工学、農学出身者が多い行政組織では、社会学的な集団関係を調査するという問題意識が皆無であり、社会的ネットワークが具体的な数値で確認できる研究方法があることについての認識も行政にはなかった。また行政への社会学者の働きかけも確かに不十分であった。

ソーシャル・キャピタル

ところがソーシャル・キャピタル概念の登場で事情が変わり始めた。その代表的存在のパットナムのソーシャル・キャピタル(社会関係資本)概念は、ボランタリーアソシエーションへの参加と社会的ネットワークを同時に含んでいたからである。彼によると、これらが豊かであれば、コミュニティにおける共同の利益のための行為が促進される。なぜなら、豊かなソーシャル・キャピタルは社会的規範や社会的な信頼を形成させ、積極的な政治文化を醸成し、最終的に地方政府のパフォーマンスに影響を与えるからである。

「社会関係資本がもたらす正の影響——相互扶助、協力、信頼、制度の有効性——がいかに最大化され、派閥、自民族中心主義、汚職といった負の発現がいかに最小化されるかを検討することは重要である」(Putnam, 2000＝2006: 19)。その最大化の促進条件に自由意識があげられている。ここには関係指標と主観指標との接点がある。

ややもすると、パットナムが強調する「社会関係資本」が水戸黄門の「印籠」になりがちな印象をその著書全体に感じ取ることもあるが、少なくともアメリカの州レベルのセカンドハンドデータで明らかにされた「正の影響としての相互扶助、協力、信頼、制度の有効性」と自由意識との関連を具体的に研究することの意義は、日本の都市レベルでのコミュニティ研究でも大きいと思われる(金子、2007：129)。私は、複数の日本都市コミュニティレベルで、自らのファーストハンドデータによるボランタリーアソシエーションと社会的ネットワークを指標化して比較する試みから、このパットナム命題の有効性を判断してきた。

ここでいうボランタリーアソシエーションとは、日本だけではなく世界の社会学でも合意された内容であり、特定目標の達成のために任意につくられる集団、団体、組織を意味する。これらのなかには目標を達成したら消失するアソシエーションもあるし、そのまま半永久的に存続する場合もある。具体的には、教会、政党、ＰＴＡ、文化的なサークル、学術団体、ＮＰＯ、商業業界団体、スポーツ団体、レクリエーション団体、運動集団などの総称であると理解される(金子、1993)。

社会的ネットワークは、友人、知人、近隣、同僚、親戚、その他の関係者を総称する。「社会関係資本が指し示すのは、社会的なつながりのネットワークであり、すなわち『共にする』ことである」(Putnam, *op. cit.*: 135)であれば、考えられる限りの多種多様な社会関係が該当する。(5) したがって、ボランタリーアソシエーションと社会的ネットワークを調査票で具体化する際には、かなりな指標の限定を行わなければ混乱してしまうであろう。

評価の高いパットナムの『孤独なボーリング』は、「アメリカコミュニティの崩壊と再生」を副題としており、鮮明なソーシャル・キャピタル論を体系化しながら、何よりも一定の強い主張を最後まで貫徹したすがすがしさを兼ね備えている。資料の多くがセカンドハンドデータからの利用ではあるが、あくまでも「観察された事実」を基にした学術的推論も納得できる部分が多い。ただしセカンドハンドデータ使用のために、データの質に精粗のムラがあり、また論述の水準にも均衡が取れていないところが残念である。

「社会関係資本の暗黒面」で彼は自由と寛容を同義的に解釈して、アメリカ合衆国の州単位において社会関係資本と寛容性の比較を試み、「正の相関」を読み取っている。すなわちそこでは豊かな社会関係資本と自由な意識とが結びついており、「米国で最も寛容なコミュニティは、まさに最も市民的関与の高い場所である」(*ibid.*: 438)と結論している。これは日本都市のなかで果たして正しいかという疑問を禁じえない。なぜなら、私が自ら調査した経験からすると、正反対の結果を得ているからである。

私は二〇〇六年に調査した伊達市と鹿児島市におけるデータ分析に依拠して、パットナムのこのくだりとは異なる解釈をもっている。この二都市の調査結果では、ソーシャル・キャピタルの定義を構成するボランタリーアソシエーションとのかかわりの多さ、並びに親戚や同僚や友人などの社会的ネットワークの豊かさが、測定された「自由意識」と正の相関をもっていなかった。(6)

「結合定量の法則」

今日では関係指標やソーシャル・キャピタル指標の素材として「結合定量の法則」(高田、1949＝2003：177)を利用できるという共通認識が芽生え、都市コミュニティ調査で開発されてきた「近隣関係の質と量」の測定が応用できる(金子、1993：金子編、2003)。高田により指摘されてきた

（1）結合程度の相関「その有する結合の強度に定量あるが故に、一方の人人に強く団結すれば他方の人人との結合は弱からざるを得ない。団結弛緩すれば他方の結合はまた強さを加える」(高田、前掲書：168)

（2）結合強度と数「接触する人人の範囲の大なるほど他人との結合は薄からねばならぬ。狭き範囲の人のみが相交わるとき相互の結合は緊密」(同右：169)

などは、今後の関係指標やソーシャル・キャピタル指標作成にとって考慮に値する「法則」といってよい。

このような高田社会学における「結合定量の法則」を活用すれば、関係指標は豊富になっていくであろう。そして、かりに関係指標への目配りをしておけば、フィッシャーがいうように、具体的な集団関係や社会的ネットワークそのものを主観指標へ影響を及ぼす要因の一つとして積極的に扱えるようになる。

「暮らしよさ」指標の限界

しかし、歴史的には関係指標化への試みがないままに、客観指標は主観指標への作用因に止められ、最終的にＱＯＬ概念は「暮らしよさ」といった主観指標のみで議論されるか、または客観指標だけの測定になるかがこの分野の特徴であった。そして、客観指標からみて低水準と評価された埼玉県や千葉県の抗議と黙殺により、国が作成する「国民生活指標」(ＰＬＩ)作成は一九九九年版で終了したのである。(7)

すなわち、客観指標に基づく全国的な測定は二〇世紀末に終わりを告げ、社会的なＱＯＬ測定とは、ある時点と地点で人々がもつ満足感、充足感、認知度、幸福感の確認か、または医療分野における「患者」の生活満足度にすぎなくなった。たとえば、「生活のどの領域で満足しているか」は調査票でもよく用いられる設問である。この領域としては、従来のＰＬＩにおける「住む」、「費やす」、「働く」、「育てる」、「癒す」、「遊ぶ」、「学ぶ」、「交わる」の八分野が便宜上利用されている(8)。

もう少し詳細にはＳＤ法による生活分野測定がある。具体的には、かりに「生活が退屈か否か」を尋ねれば、①たいへん退屈、②やや退屈、③どちらともいえない、④やや面白い、⑤たいへん面白い、のなかからの選択結果を合成して、「退屈」を軸とした生活の主観指標がつくり上げられる。その他よく利用されるキーワードには「悲しさ」、「束縛」、「困難」、「失望」、「落胆」、「空虚」、「孤独」などがある。これをアノミー指標(絶望感、無意味感、無力感、無規範性、孤立感)で代替することも多い。

しかし、マスとしての大衆、住民、市民、公民などと命名された異なる人々が、同じ状況にどのくらい同じまたは違った反応を示すのかについての普遍的な認識は得られていない。この点で、「効用というのは、物の性質には違いないけれども、物に属する性質ではない。人間の必要との関係から生まれる物の意味(a circumstance of things)と考えた方がよい」(清水、前掲書：98)という指摘は刺激的である。なぜなら、「暮らしよさ」という主観的判断そのものが真空の世界では不可能なのであり、「暮らし」を支える制度や装置や環境などとそこで「暮らしている」人間との関係からしか生まれないからである。そして同じものでも人間同士は異なっているから、そこからの効用が違うことは当然ありうる。環境への個人満足度も同じであろう。

かりに調査のサンプリングが確実になされても、回答者がそれらの設問に積極的な関心を示したり、十分な知識をもつとは限らない。ある施設(例、生涯学習施設)に効用を感じる場合もあり、感じないこともある。「老人福祉施設」にでさえ、「在宅元気老人」は関心をもっていないのであるから(金子、1995：59)。

年金や医療保険などの領域では住民全体の積極的反応がみられる一方で、特定分野では消極的な場合も少なくない。この問題も合成の誤謬の典型だが、平均化する際の危険性はどこまでもつきまとう。

ＱＯＬは個人化された満足度や認知度を含み、地域のＱＯＬは総体として合成されたものである。もちろん回答者自身の体験に左右されがちな反応も出やすい。そこから、ＱＯＬについての全称命題は不可能であり、すべては特称命題づくりにならざるをえない。さらに、この特称命題は少なくとも

①地域による特定化(大都市、地方都市、町村)
②階層による特定化(上、中、下)
③世代による特定化(若年、中年、高年)
④性による特定化(男、女)
⑤特定場面による特定化(個人の健康度、家族類型)

に再分類も可能ではあるが、どこまでいっても一本化された総合化指標は不可能である。

第四節　社会変動とＱＯＬ指標

代理指標の正当性

ＱＯＬ研究にせよ、Well-being 測定にせよ、それら概念の直接的な指標化は困難なので、客観、主観、関係の各分野は、研究者によって適切と考えられる代理指標による測定と診断がなされてきた。客観指標を中心に作

成された良質の統計資料集は、①生データの統計集、②人口統計を中心にした包括的統計集、③主要な生活分野ごとに加工された行政統計集、④社会調査結果を導入した資料集、に大分類できる。

ただし、「指標は問題群を隠し、過去の政策を多少とも成功したかのようにみせ、特定方向に世論を操作するために用いられる」(Carley, 1981: 13)危険性への目配りがほしい。これは統計一般にも該当するので、肝に銘じておきたい。

ＱＯＬ測定の大半は量的情報への還元が不可欠なので、社会システム理論を基盤とするかどうかの以前に、概念の意味を的確に表現する指標が存在するか、利用できるか、作成可能かなどをきちんと整理しておきたい。特定の立場からの政策や改革の視点では、快楽と苦痛による評価は「大体の近似」(清水、前掲書：104)しかないという原則が有効である。具体的測定に際しては、量的変化の指標を計量的に分析するだけでは、量の後ろに隠れた質的な変化を見落としがちであり、注意しておきたい。ＯＤＡがいくら増大しても、日本の外交オンチは変わらないし、都市町内会の組織率が低下してきたといっても七〇％前後は維持しているので、安全で確実な都市行政補完の情報ルートとしての町内会は健在である。

価値自由を超えて

ＱＯＬ研究が測定に基づく判断を内在させる以上、常識的な価値自由からは距離を置くことになる。そこには研究者の価値観が色濃く反映されるのだから、内容的にも指標化されやすい現象と指標化困難な現象が両立する。前者には、行政が担う教育分野での「小学校教師一人当たりの生徒数」が該当し、後者ではシャドーワークやアンペイドワークと呼ばれる「家事時間」や「家庭内介護」などが代表になる。

満足感や充足感それに認知度の高さが調査対象者全体に認められても、客観指標の動向とは無縁な場合も多い。

図1-3　「主観的」暮らしよさの要因

準拠集団や相対比較の問題を抜きに主観指標を論じることはできない。一般的レベルでの国民(市民)の評価はおおむね肯定的な反応を示すことが多い反面、福祉や教育や外交などの特定分野での評価は不満が出やすく、批判的な様相を現しやすい。だから、かりにＱＯＬ全体の水準を回答者に判断してもらっても、それは曖昧さを払拭できないので、実質的にはほとんど有効になりえない。

かりにＱＯＬ概念を「個人が感じる満足の関数」と位置づけても、満足自体が状況的に浮動するので、正確なＱＯＬ分析にはならないし、平均値の誤謬が解消される見込みもない。限定された同じ事態に対して、性、年齢、職業などのＳＥＳ面で異なる人々は異なった反応をすることも多い。この点についてもデータを蓄積して大体の「近似」を求めていくより方法がない。

客観指標と主観指標の二本立てを超えて

社会指標分野の研究に関わり始めて以来、私は、図1-3に示されているように、「客観的」状況と社会的統合性を「主観的」暮らしよさに結びつけたほうが、リアリティに富んでいると考えてきた。いわゆる都市コミュニティ研究の観点から、モノ(客観的側面)、ヒト(関係的側面)、ココロ(主観的側面)そしてイベント(行事・運動面)の個別指標化を主張してきた(金子、1993：1997)。これについては、二一世紀になってからコミュニティケアの領域で「実践的に応用の高いモデル」(平野、2001：7)という評価が与えられた。

このうち図1-3の「社会的統合」と「個人的行動」は関係的側面に該当する。四側面の指標化の努力こそが、社会学の世界を豊かにするであろう。これは社会指標だけの問題でもない。

実証的な社会学の研究では、精粗のむらを問わなければ、「原則的にはどんな概念でも量的方法によって操作化することはできる。だが、そうした操作化を進めるためにも、概念そのものをより練り上げることが社会学者に求められている」(Glaser & Strauss, 1967＝1996: 23)。日本社会学の実証研究において、指標化の問題はどこまで自覚されてきたのだろうか。

おそらく世界的な社会指標運動のなかでは、「主観的暮らしよさ」を標榜する研究者の意図に反して、中央政府や地方政府や学界内部で評価されてきたのは、社会指標がもつ簡単な社会統計機能と現状認識の機能であった。前者は主に客観指標が受けもち、後者は主観と客観の両指標がその機能を果たしてきた。したがって客観性を欠落させた心理主義的な分析は、行政主導の社会指標運動では効果に乏しかった。

医学の側からのＱＯＬ

ただそれは快楽と苦痛を科学的に測定する試みとして世界的に再生し、一九八〇年代以降では、表1-3のような医学や公衆衛生学の領域においてその頻度が高くなってしまった。医学の側からは、「身体的活動性、社会的活動性、精神・感情状態、症状、健康であるという感覚という概念を尺度化したことによって初めて、ＱＯＬ概念の測定や健康の測定が可能となった」(Spitzer, 1995＝1996: 84)という特有の事情がある。だから、今日ではＱＯＬ概念は「生活の質」ではなく「生命の質」と訳されることが多い。その意味では、ＱＯＬ概念は社会システム全体に関わるよりもほんの一部の医療分野で重要な概念とみなされている。むしろ、「社会学者の見解と臨床医の見解との間に大きな乖離がある」(永田、1992：94) ことが当然視されている。

しかし、高齢者のＱＯＬになると、社会老年学を主力とするから、ＱＯＬは社会学的な類型への親近感が増幅する(柴田、1996：943)。そして保健医療の観点から、最終的にＱＯＬは「適応」とどう違うのかという疑問が提

表 1-3　病気による悪影響カテゴリーと選択項目

次元	行動を表現する項目	選択された項目
I．肉体面	歩行	短くは歩けるが，しばしば休む 全く歩けない
	移動	一つの部屋にいる 短時間なら，外出する
	入浴と動き	自分では入浴できず，手助けが要る 身体の動きはぎこちない
II．心理社会面	社会的相互作用	人々と一緒の社会的活動はほとんどしていない 完全に孤立しており，家族のなかでは余計者である
	機敏な行動	計画を作ったり，決定したり，新しいことを学んだりするような，理屈づけや問題解決したりするのは困難。場所や時間に関して，自分がどこにいるか，誰が周囲にいるか，方角がどちらか，今日はいつかなど，混乱したり方向が分からないことが時にある
	感情的な行動	突然に笑ったり泣いたりする 自らを悪く言ったり，罵ったり，起きたことに対して自分を責めたり，自分にいらいらして我慢できない
	コミュニケーション	書いたりタイプを打ったりできない ストレスの際には，はっきりと話せない

（出典）Brock, 1993: 118.

示される（中川、1995：116）。学問の性質によって領域も指標も変わるのが当然であり、ともかくもＱＯＬ概念の定義を行い、可能な限りのふさわしい指標を作成して、具体的な議論ができればそれでよいというのが私の立場である。「通俗語を生かして、常識的見解のうちに存する矛盾や不一致、不明確を是正し、その語が究極に意味している事象の事実を正確に見極め、その事実に存する基本的特性によって、その語の科学的概念を規定する」（鈴木、1969：68）ことしか打開策はなく、社会学者はそれを行うだけである。この点は、ＱＯＬ測定に新機軸を出したドレヴノフスキが「日常会話からとられた、漠然とした、変化しうる意味をもつ表現が、分析的で測定可能な概念になるときには、それらはきっと新しい意味を獲得するだろう」（Drewnowski, 1976＝1977: 11）とのべたことにも整合する。実証的学問の出発点は概念の定義とその指標化にあるのだから。

個別的な測定

おそらく、初期の社会指標運動の趣旨を今日的に継承するためには、日本人とその生活分野をもっと属性的に類型化する作業が必要であろう。これには、都市類型ごとに地域住民の就業タイプ別のQOL情報を入手することがあげられる。具体的には、使用者、自営労働者、被雇用者、無給の家族労働者、その他などに簡略された就業者類型によって、客観指標、関係指標、主観指標によるそれぞれのQOLを測定する。同時に性別ごとの情報も得たい。また、年齢別の情報とともに、ライフステージごとのQOL情報も欠かせない。

これらの基礎情報と都市政策をリンクする試みがQOL指標の社会学的意義を再確認することにつながるという立場から、本章の最終整理をしていこう。

まず対象として設定した都市において、地域社会レベルでの客観指標によるQOL構造と、地域住民の関係指標やソーシャル・キャピタルの構造および住民が感じるQOL構造とを合わせて把握することが重要である。客観指標は行政統計の加工、残りの二指標はきちんとしたランダムサンプリングによる質問紙調査結果の応用から得られる。それがまた、二一世紀における都市社会学的なQOL研究の目的になる。これは医学医療関連のQOL研究を超えるための必然的な試みになる。

かりにこれまでの検討から、社会指標を「社会事実についての量的質的記述」と簡単に規定して、それを

T：時間的構造　過去、現在、未来
H：水平的構造　近隣、都市、全国
V：垂直的構造　個人、集団、社会

とみなすと、TとHとVとのなかで研究者に都合のよい三次元の社会事実の選択が可能になる。「直接に自己が

経験し得る事実こそもっとも正確に把握し得べきであるから、空間的には国内の社会、時間的には現在に調査の第一の焦点は向けらるべきである」(鈴木、1977：10)。このＴＨＶを応用すれば、たとえば都市社会学においては、「現在―都市―集団」の軸が得られる。

新しい都市統合政策モデル

そうすれば、新しい都市統合政策モデルにおける自然生物環境、建造環境、社会環境という分類を応用できる。図１-４のような関連を意識して、ひとまず指標化が進むであろう(Bailly et al., eds., 2000: 149)。

新しい都市統合政策モデルでのＱＯＬ指標作成においては、自然生物環境と建造環境の両者のうちから適切な客観指標を選択することになる。この特徴は、環境の周囲にいる観察者にとって直接接近できる証拠資料によって把握される。福祉環境で例示すれば、「人口一万人当たりの特別養護老人ホーム数」や「住民一人当たりの訪問介護者利用日数」などがあげられる。ただし、統計の不備や論者の好みによる恣意性(arbitrariness)はどうしても避けがたい。

社会環境では、さらに行動指標と関係指標と主観指標をも含む多数の指標の策定と測定が控えている。このうち医療系でのＱＯＬ概念測定では、研究者の大半が主観指標を利用しているといってよい(長嶋、1997：22-23)。そして主観的な幸福感や満足感をＱＯＬ指標に転用する傾向が強い。ただし、「生活満足度」は国民や市民に受け入れられやすいが、「幸福感」(happiness)が調査票においても日本語としてはいささか気恥ずかしさを伴う語感があることに象徴されるように、「ＱＯＬは文化依存性が強く、他の文化圏で妥当性や信頼性が証明されてい

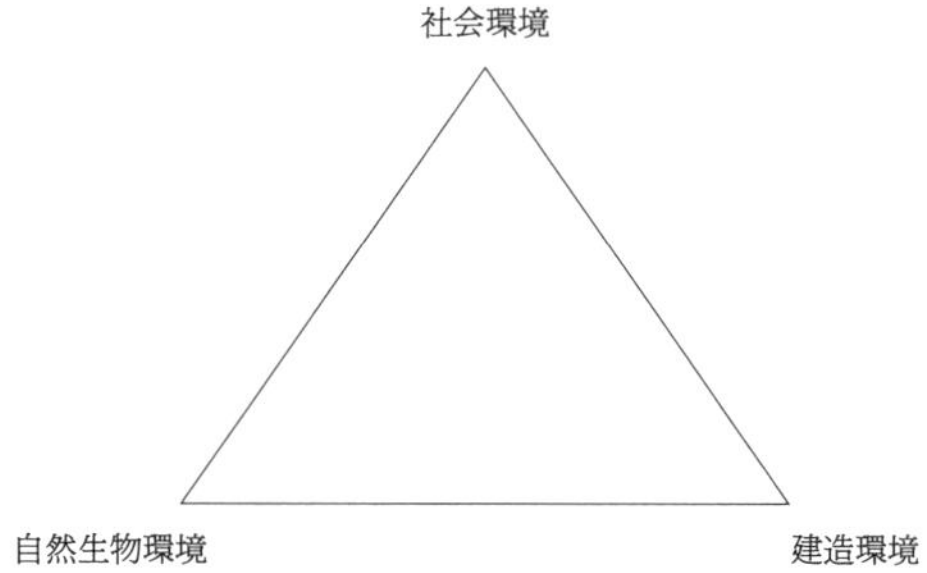

図１-４　都市統合政策モデル

ても、わが国で同等の特性を示すとは限らない」(萱場、1997：30)ことも事実である。

しかし、「一般大衆のすべてに馴染みがあると思われる唯一の社会指標は失業率であり、それさえもどの地域社会でも有用であるとは限らない」(Vogel, 1997: 105)状態も社会指標の一面を表しており、その意味では五〇年前の期待に満ちた指標化への熱い視線は、今日の社会指標運動にはもはや向けられていない。

QOL社会指標の有効性の条件

そこで、QOL社会指標が二一世紀でも有効性を維持するための条件として、ボーゲルによる以下の提案を吟味しておこう(*ibid*.: 105)。
①国全体と国際的なレベルの両方での開発を跡づけつつ、限定された意味での社会指標の利用を促進すること
②指標の構成を新しくすること
③個々の生活水準がもつ主要な新しい一般的な決定因を確定すること
④調査結果や社会報告を統合する方法論を刷新すること
すなわち、一つは指標構成内容の刷新、もう一つは方法論的な難点の克服であるが、両者ともに、社会指標運動の高揚期から指摘されてきた難題である。

しかし、「もし、政治のもっとも重要な課題は、すべての人にとってと同時に特に不利益を被っている集団にとっての生活条件を改善させることである、というその根本的な観念を私たちが受け入れるならば、社会指標はその目的にむけての進歩を評価する本質的な用具としてみなされるべきである」(*ibid*.: 108)ことは当然であり、都市レベルでの具体的な資料に即して議論を展開していくためにも、継続的な社会指標化への努力がほしい。

ただしQOL測定を患者と病室に限定せずにもっと市民各層に拡大するためには、いきなり全体社会レベルのQOL測定ではなく、やはり都市レベルに限定してそれを行うことが可視性にも優れ、現実的でもある。

二一世紀の現代社会学は少子化研究を通して、初期からの正当な課題である社会的凝集性問題を再発見し、社会的凝集性の水準が高ければ社会の質(QOS)も高まることに気づいた。これは「市民の暮らしよさを高め、個人の潜在的な力を高める状況のもとで、市民がコミュニティの社会生活と経済生活にどの程度参加できるか」として定義され、以下の四条件で向上する。これらの諸条件も一段上のQOS研究課題を構成することになる。

（1）社会経済的安全性の程度
（2）社会的包摂の程度
（3）世代間と世代内における社会的凝集性と連帯性の強さ
（4）市民がもつ自律性とエンパワーメントのレベル

QOS概念は個人に還元されたQOLの統合された概念ではなく、新しい福祉概念として社会的凝集性や統合性を総括するために考え出されたので、少子化克服のための実証的研究にも威力を発揮する。戦後七〇年になろうとする時代においては、QOS研究に触れて、連子符社会学志向の私たちもまたかつての理論社会学の本流に回帰せざるをえなくなる。(9)

結局のところ、総合化指標を止めた瞬間からのQOL指標の応用は、社会学概念の指標化の意義、個別分野における客観指標、関係指標、主観指標の作成による現状分析を促進する実証研究の手段に限定される。本書では、長寿化と少子化が同時進行する都市高齢社会において、そこでの社会変動に関する独自の概念を鋳造して、その現実的な展開手段としてインタビュー記録を活用して、その成果を公表する。この成否は読者に判断していただくしかないが、この試みが現代社会学の想像力を豊かにして、創造力の強化にも貢献できる道と考えている。(10)

第五節　実証編　信仰と趣味が生きる張り合い

人生は不同な、不規則な、多様な運動である(モンテーニュ・原二郎訳『エセーII』筑摩書房、一九六八年、一五八頁)

(1)　信仰が能動的ライフスタイルの原点

一九二〇年(大正九年)六月に秋田県八橋市に生まれた斎藤ヨキさんは、九四年の調査時点で七四歳であった。九年前に夫の勇作さんに先立たれ、現在は一人で暮らしているが、彼女の健康状態は非常に良好である。

秋田県八橋市の高等小学校に在学中、父の転勤で北海道石狩町へ移住してきた。そこで卒業後、父の会社の上司のお手伝いさんとして就職する。その後二〇歳のとき、札幌の池田かまぼこ店に入社した。そこで斎藤勇作さんに出会い、三年後に結婚する。太平洋戦争の最中で、かまぼこ店そのものが小樽市に移転したのに伴って、夫婦二人揃って退社した。勇作さんは当時軍事工場だった雪印乳業勤務を経て、最終的には斎藤鮮魚店を始めるに至った。二〇年間ほど二人で続けたが、勇作さんが体調を壊して閉店した。彼は昭和六〇年に他界し、ヨキさんは一人暮らしになった。長い間、主婦をしながら同時に鮮魚店の家族従業員としても働いてきた。

現在一人暮らしのヨキさんが、社会活動の母体として所属している団体は「一心会」である。一〇年くらい前から彼女は熱心な宗教の信者で、「一心会」はその信者たちで構成する婦人会である。鮮魚店だったので、商売優先となってしまい、ヨキさんの地域活動歴はほとんどない。いわゆるコミュニティ活動に参加することはきわめて希であった。だから、商売をやめて一〇年近くになると、職縁による結びつきがきわめて乏しくなってしまった。そのなかで唯一ともいえる社会関係の絆が宗教であり、そこでの信仰とその結びつきが今のヨキさんのなかではかなり大きなウェイトを占めているのだ。

趣味のビーズ細工やブローチづくりも、「一心会」のバザー行事に展示するためのものだし、毎月の例会で行うエスペラント語の学習や御神書の拝読、ボランティア行事などを非常に楽しんでやっている。ヨキさんの生活面における能動的な活動の半分は信仰生活にあり、それから派生する社会関係にある。そしてそれは、ヨキさん自身の大きな支えとなっている。「お蔭様でいい友だちがたくさんいるよ」と楽しそうに語ってくれた。

生きるうえでの強さ

宗教に依存するような社会関係は、高齢者調査の対象者のなかでは特例といえるかもしれない。インタビュー対象者の大半は、地域の老人クラブや町内会などに対する受動的もしくは消極的な結びつきをのべることが多かったのだから。その点で、非常に自発的で能動的なヨキさんの関わり方は、宗教が媒介する「生きるうえでの強さ」を感じさせた。

特筆すべきことは、ヨキさん自身がこのような社会関係と活動の仕方に非常に満足している点だ。分析軸に「受動性」と「能動性」とを対比させて用いると、宗教が媒介するライフスタイルでは、その活動領域は限定的ながら強い「能動性」を確認することができる。ヨキさんもまたこの傾向が強く、宗教を通した自己意識内部への深化よりも、外部の活動や社会関係へと向かう意欲が感じられる。ヨキさんには何かを始めたり、外部に働きかけたりするエネルギーが感じられる。

そのほかにも気になったこととしては、「近くの老人クラブに入りたいっていったけど、会員がたくさんいて、七五歳以上でないとだめなんだって」という言葉であった。これを聞いたとき、全般的には老人クラブへの加入率が減少するなかで、積極的に入りたい高齢者もいること、およびせっかくその気になってもクラブの都合によって入れず、さみしく一人で暮らしている高齢者もいるはずだと思った。福祉のサプライサイドとニーズとの典型的なミスマッチだ。やはりまだまだ地域福祉の水準は低いと痛感した。一人暮らし高齢者の生活上の恐れは社会的な孤立とその結果としての孤独にむけられるとよくいわれるが、実際には予想されるほどの孤立は認められない(金子、1993)。ただ、持続的に地域福祉の水準を高める必要はもちろんある。高齢者同士の結びつきを強くしかも多くしていくことで、相互扶助能力だけでなく、自助能力の向上をも図ることができるのだから。

まずは友人との関係であるが、これはおもに先の「一心会」の仲間に象徴されるほかに、「小学生のころからの友だち」もけっこういる、とヨキさんはいう。「突然電話がかかって」くることもある。遠方の友だちとの交流は通常電話ですませるが、三カ月に一度くらいは旭川市の友人とは会うことがある。

「一心会」の仲間とは毎月の例会で必ず会うし、多方面にわたる話にも満足している。一人暮らしになってからの友人関係全体にも不満はない。

長女宅が徒歩二分

次に兄弟姉妹との関係に移る。ヨキさんは三人兄弟姉妹の長女で、妹と弟がそれぞれ恵庭市と札幌市南区に住んでいる。恵庭市に住む妹とはたまにしか会えないが、弟は近くに住む自分の長女宅にほぼ月一回程度来るので、しばしば会うことができる。彼は会計事務の手伝いをしている。自分との仲もとてもよい。夫の勇作さん方の兄弟はみんな亡くなっていて、その子どもたち(甥や姪)との親戚づきあいはほとんどしていない。このあたりに親戚関係の難しさが感じられる。

勇作さんとヨキさんとの間には三人の子どもがいて、長男と長女と次男すべてが札幌市内に住んでいる。別居とはいうものの、長女は歩いて二分のところに住んでいる。文字どおりスープの冷めない距離である。だから、毎日のように長女の家には顔を出し、長女の夫が営む会社が忙しいときには家事を手伝い、何かと世話を焼いている。長女もヨキさんに非常に感謝しているし、ヨキさんにとっても、どこかへ行くときには声をかけてもらい、一緒に行ったりしている。夕食の料理などのやりとりができ、なによりも実の娘が徒歩二分の近くにいる安心感は代えがたいという。しかも一方的に依存するのではない。

長女も何かとヨキさんを気にかけてどこか出かけるときにも、お互いにひとことといってからだ。何か買ってくるときも「おばあちゃんの分」を数に入れている。近くに住んでも、娘でないとこんな細かい配慮はなかなかできないのでは、とヨキさんはいう。

次男の家も近いが、徒歩では一時間くらいのところだ。彼は自宅近くで整骨院を開院している。ヨキさんはそこへ二週間に一度行っているので、最低そのくらいは会っていることになる。次男もけっこうヨキさんには電話をかけたりしている。次男の子どもには長女と次女と長男の三人がいるが、ヨキさんとは正月や盆など一家の行事のときしか会えない。正月初詣の帰りに次男一家はお年始のあいさつに必ず寄るし、新年会やお盆の墓参り、勇作さんの命日などの行事にも集まる。世間一般に比べれば、おそらくはよく会っているほうだろう。

長男は車で一時間弱の滝川市に住んでいる。長男は早く結婚したが、現在は離婚して娘が一人いる。この娘がヨキさんにとっての初孫であり、二九歳の独身であることを心配している。現在彼女は実母のところで暮らしている。母子二人暮らしであり、彼女は看護師をして生計を立てているので多忙な毎日をすごしているために、ほとんど会えない。長男自身は最近心臓病で突然倒れてかなり危ない状態になった。今はやや回復したが、無理はできない。それでヨキさんは「一緒に暮らそう」というのだが、その申し出も断り、自由な一人暮らしを続けている。そんな、少し手の焼ける長男だが、ヨキさんは「やっぱりいくつになっても自分の子どもだからね、心配だよ」という。子を思う気持ちも生きがいになっているのだろう。

同居が理想だが

ここで相続がらみの親子関係について尋ねてみた。「長男またはあととりは親が暮らしに困っている場合、一番責任をもって世話すべきである」かどうかと聞いてみたのだ。「そんなこと聞いても、現実は違うんだからしょうがないよ」という回答がただちに得られた。考え方としてはよく分かるが、現実にはありえないことが多いし、「それに誰に養ってもらうでもない年金暮らしで十分に満足している」といったニュアンスが感じられた。

次に、調査票でよく用いる「長男またはあととりは他の兄弟姉妹より親の財産を多く相続するのは当然である」や「子どもが一人もいない場合には、養子を迎える必要がある」という質問には、「うちには財産なんてないしねぇ。財産があるイエだったら、長男の嫁は大変だから、全部あげちゃうよ。あとは場合によって公平に分けることもあるサ。養子だって別にもらわなくてはならないとか、イエを存続しなければ、とは思わないネ」と答えてくれた。ヨキさんの身に迫った問題じゃないからだろうか。実にあっけらかんとしている回答だった。

「子どものうち誰か一人は、結婚しても両親と同居すべきである」や「親が高齢になった際、子どもはどんなことをしても歳とった親を扶養すべきである」という質問には、「基本的には育ててもらった親の老後を子どもは世話するべきだとは思うけど、どんなことをしてもとはいえない。お互い望んで同居するに越したことはないけどね。それぞれお互いの生活があるんだから」という回答だった。

とにかくヨキさんは、子どもとの関係の点では非常に良好な状態を保っている。「つかず離れず」でお互いの生活をもち、それを維持しつつ、少し距離を置きながら必要なときに助け合うような、一方的でない関係が理想だろう。そうみたとき、三世帯住宅や同居よりも、むしろ近居のほうが理想的といえるかもしれない。

本人によれば、勇作さんと昭和六二年に死別してから、ヨキさんの気持ちや生活が大きく変わったようだ。「最初はね、じいちゃんが亡くなったらどうしようって、一人で生きていけるんだろうかって不安だったけど、時間が解決してくれた。いつまでもさみしがっていてもしようがない。やっぱり自分の気持ちっていうものを変えなきゃ、誰も助けてくれないのよ。このように思ってつらさを乗り越えた」。夫の死はヨキさんにとってかなり大きなショックだったようだ。しかし、自分なりに乗り越えて、自分でも「乗り越えた」という自信もついて、これからのことや死についての不安も落ち着いてきたようだ。

健康と信仰が支える人生

ヨキさんは若いころ、心臓が弱く、しばしば発作を起こしては家族を驚かせたという。それからもずっと高血圧には悩まされ、病院通いが続いていたが、次男の営む整骨院に通い、その勧めで「野菜スープ」を始めてから、すっかり血圧も下がり、今ではほとんど病院へは行かなくなった。そして最近は毎朝三〇分のウォーキングは欠かさず、そのあとに朝風呂に入って一日が始まる。買い物やボランティアなどの「一心会」の行事にも精力的に参加し、よく外出している。インタビューでも非常に活動的な印象を受けたし、顔色などみても「元気だなぁ」と思われる。まだまだ人生これからなのだ。「ありがたいことによく『元気だね』といわれるよ。何ごともやっぱり健康が第一だよね」。「野菜スープ」に秘訣がありそうだ。

最後に「死」についても少し触れてくれた。「生かさしていただいてるときは元気なのよ。そして、死ぬときはポックリといきたいよ」。「死ぬっていうことを考えたことはないよ。何度も三途の川はみてるけどね」。「多少具合悪くなっても子どもには連絡しないから。神様にお守りいただいてるからね。逝くときは神様の思し召しなんだから全然心配してないよ。私が冷たくなってるのをみつけても、びっくりしないでほしい」。信仰も多分に関係しているだろうし、これもまた一つの老後の考え方なのだろう。

また、病気に関しては「結局は気持ち次第さ。治るんだって思ってないと病気の下敷きにされちゃうよ」と語ってくれた。こういう高齢者自身の生き方が、周囲においてどれだけの人を励ますだろうか。

ヨキさんはもちろん現在は働いていない。かつては夫の勇作さんが始めた鮮魚店の家族従業員だったので、国民年金に加入しており、それが今の唯一の収入源である。その金額は月額一二万円程度であり、「楽ではないよ」ということであった。

ヨキさんとのインタビュー全体を通しての感想をまとめておく。まず、近居の子どもとの関係が非常にうまくいっていることが指摘できる。「近からず、遠からず」なのだ。お互いに必要とし、同時に必要とされ、しかもプライバシーが保たれている。子ども家族が年に数回ながら揃うことも、ヨキさんにとって精神的な支えとなっているのだ。この例からは、高齢者の「役割縮小過程」というイメージは顕著にみられない。自分なりに、自分が必要とされている場所をみつけ、その自覚をもって暮らしている。また、できるだけ自立しようとしていることがあげられる。信仰が寄与する部分が大きいのかもしれない。

買い物などの外出も一人でできるし、少ないながらも年金のみで自立している。精神的にも他者依存は強くない。これも健康であるからこそだろう。健康を損なうと、多かれ少なかれ、精神的なもろさにつながるからだ。

「高齢者」総合分析にとって、健康と経済と生きがいと役割の四領域が必要であるというのは私の年来の主張であるが、ヨキさんの事例はこの仮説を補強してくれた。

(2) 和服コンサルタントで一人息子を育てる

一九二七年(昭和二年)に現在も住み続ける大阪府川西市で、東山幸子さんは生まれた。生家は江戸堀で呉服の卸問屋を営んでいた。

旧制高等小学校を卒業後、高等女学校である聖母女学院に入学する。「今じゃ、有名な学校になってんねんよ」と彼女がいうこのミッション系スクールへの入学は、「親の勧め」があったためらしいが、子どものころ身体の弱かった彼女が、空気のきれいな山の上の学校へ行きたがったということもまた、その理由の一つであった。

現在は四年制大学も聖母女学院にできているが、このことから、高等教育の必要性に関して質問すると、彼女からは「やっぱり必要やと思うね」との答えが返ってきた。当時、もちろん向学心はあったし、そのためにも高等女学校まで進んだのだと彼女はのべたが、「学業だけを考えてるヒマはなかったからねえ」と彼女がいう通り、太平洋戦争のまっただ中に女学校卒業の年を迎えた幸子さんは、卒業後すぐに、「お国のための」仕事につくことになる。そして間もなく終戦となり、昭和二三年に今は亡き夫の二郎さんと結婚した。

夫の家は開業医で、その兄も大学医学部の教授を務めるほどの人物だったが、彼自身は身体が弱く、医者は無理ということで、大学を卒業後、薬品会社を経営するようになった。結婚後一年で息子が生まれるが、夫は昭和三〇年に亡くなってしまった。夫の死後、一人娘だった幸子さんは、籍を実家に戻し、そのことが原因で、夫の親族たちとのつきあいはほとんど断たれてしまった。

それから二年の間、服飾の勉強をしたのち、東京青山で和服コンサルタントという仕事を始めた。住宅はあくまで大阪にあったため、頻繁な東京行きで当時は非常に多忙だったという。こうして得た収入により、昭和四二年に、息子の大学入学に合わせて、川西市内に現在の住まいを購入する。仕事のほうはそれからさらに一〇年ほどのちにやめて、現在はそのたくわえと年金で生計を立てている。

現在の暮らしについて尋ねると、「暮らし向きいうたら、中の上ぐらいやろかね」との回答だった。彼女の言葉通り、経済的には特に心配のない幸子さんだが、まったく何の不安もない生活を送っているというわけではない。第一に、健康状態のことがある。三年前に乳ガンの手術を受けた幸子さんは、現在もその病院で月二回の検診を受けており、手術後は無理がきかなくなったと話してくれた。「とにかく疲れやすくなったしね、手術する前みたいに元気が続けへんのよ」。

また、このインタビューの数週間ほど前に、彼女は老人性白内障にかかり、手術している。白内障自体は珍しい病気でもなく、手術も簡単で回復も早いのだか、三年前の乳ガンのこともあり、彼女自身はそれが眼に転移したのではないかと心配になったという。病気の性質上、その心配は仕方のないことではあるが、三年前の手術はさまざまな方面に影響を及ぼし続けているようだ。

一人でいる不安

もう一つの心配事は「一人でいる不安」である。昭和三〇年の夫の死後、彼女は自分の母と息子の三人で暮らすようになった。そうして家事と息子の世話は母にまかせて東京に働きに通っていたのだが、息子の結婚後は母との二人暮らしになる。近年になって自分も体力のおとろえを感じるようになったため、高齢の母の世話を孫である米子市にいる息子に頼んだ。そして、彼女自身はまったくの一人暮らしになってしまった。

昔の思い出がたくさん残っている川西市を離れず、逆に息子夫婦とは離れて暮らすことになってしまった幸子さんは、仕方のないこととはいえ、やはりさみしいようだ。「私には兄弟姉妹もおらんし、近くに親戚がおるわけでもないからねえ。やっぱり離れてる家族とは頻繁に会って話がしたいわ」。つけ加えて、彼女はいった。「死ぬんが恐いわけやないけど、最期は誰かに看取られて死にたい」。とにかく、一人ぼっちで死ぬのは嫌だ、ということだろう。死後、何週間もたってお年寄りの死が確認されるというようなニュースが報じられるのをみて、老人の孤独死が彼女には身近に感じられるようになったのだ。

信仰仲間とのつきあい

これらの心配を取り除いてもらう意味で、彼女は自分の信仰する宗教施設へのお参りを欠かさない。もともと彼女がその宗教を信じるようになったのは、親の影響があってのことらしいが、今では毎月一日の「お一日」はもちろんのこと、何かことあるたびに大阪の教会へ足を運んでいる熱心な信者である。「何も、神サンにお願いしたかて、うまくいくわけやないけどな」ともいうが、信仰が彼女の心の支えとなっているのは間違いない。加えて、信仰することは、ほかにもいろいろな面で役に立っている。彼女自身、「特に大切にしてるのは信者さんらやね」というほど、信者仲間とは親しくしている。教会のイベントで、去年の冬に有馬温泉に出かけたし、五年前にはやはり教会の企画でイギリスへ行った。こうした旅行のことも含めて、信仰そのものが、彼女の娯楽にまで影響しているといってよい。

「旅行は好き」という彼女の旅仲間は、信者仲間を除くと、ほとんどが女学校時代からの友人である。「働いていたときの仕事仲間はいないの」という問いに対しては、「仕事してたんは東京やったしねえ、今でも続いている友達っていうのはおらんわ」との答えだった。「もう一度働いてみたいと思うことはないですか」という質問に対しても首を振ったところを見ると、もはや仕事へのこだわりといったものはないらしい。

また彼女は、ＮＨＫのカルチャーセンターに入っていて、日帰りの旅行にも出かける。城跡や仏閣などの名所旧跡を歩いて回り、教養を高めるものらしいが、ほぼ月に一度のこの行事も、最近は体調不良で休みがちになっている。

観劇や映画をみに出かけることも多く、「明るいホームドラマとか、動物ものが好き」という。また、博物館や美術館に行くのも好きだったが、これらもこの数年間の病気で、なかなか行けなくなってしまった。

ところで、町内会では交代で仕事が回ってくる。たとえば、冬場に拍子木をたたいて「火の用心」を呼びかけたり、清掃活動に参加するのも、最近はひと苦労だ。「体が弱っていくいうのは年寄りやったら誰でも心配すること」と彼女はいうが、それも健康面での不安感が強くなってきたからだろう。

歳を取るとともに、人生が悪くなってきたとも思わない

ただ、インタビューをしながら救われたような気がしたのは、幸子さんが洩らした「歳を取るとともに、人生が悪くなってきたとも思わない」という言葉であった。

ここで、彼女の家族との関係についてまとめておく。幸子さんは一人娘で、兄弟姉妹がいなかった。そして彼女の実母も一人娘であったため、親戚といっても、息子夫婦と孫、そして実母だけということになる。幸子さんは夫の親族とのつきあいに関してはあまり話したがらなかった。

結局、幸子さん夫婦にも一人息子のみである。彼は大学を卒業して就職後、二年で結婚した。最初の勤務地は岡山にあったが、全国規模の会社であるためにこの後各地を転々とし、インタビューのときには米子市に住んでいた。息子が結婚してからは別居するようになったわけだが、現在は川西と米子という距離的な遠さもあって、息子夫婦との行き来はあまりなくなってしまった。たまに電話でのやりとりはあるものの、「身内に会うことが一番の楽しみやね」という彼女にとって、現在の家族関係は決して満足のゆくものではないだろう。

宗教の関係や女学校時代からのつきあいで友人はいるものの、近所に特に親しい人がいるわけでもなく、「子どもが一人もいないときには養子を迎える必要がある」とか、「やっぱり身内やないと心を許せない」という彼女には、当然のことながら家族・身内が一番大切な存在であり、すべての基礎となりうるものなのだ。だから、老人施設には「みじめなイメージ」をもっているので、歳を取ったときにこそやはり子どもはそばにいてほしいという。幸子さんにとって、身体のことを除くと、やはり息子夫婦との関係のことが一番の気がかりだ。

別れ際の「現実はなかなか思うようにならへん」という彼女の言葉には万感の想いが込められていた。

(3) 俳句に打ち込む毎日

吉本利明さんは一九二六年(大正一五年)七月、釧路市に生まれた。旧制中学卒業後、小学校の教員になり、職場で出会った美子さんと職場結婚した。美子さんは教師を退職した。「当時はそれが普通だった」。道北の各地で四二年間小学校教諭を務め上げ、定年退職後に石狩市へ移住し現在に至っている。調査時点で六八歳であった。

利明さんは妻の美子さんと実母の三人で暮らしている。週に二日は近くの工場の清掃をしているし、近くの高校でも土曜日曜の二日だけ管理人のパートをしている。利明さんは「これらは働いているうちに入らないよ」といったが、なかなか元気であった。「老人クラブへの参加はどうですか」という質問に対して、「まだそんな歳じゃないよ」という答えからも仕事への意欲がうかがえる。外見からも、身心ともまだまだ若いといえるだろう。

仕事のない日は、その余暇時間を読書で埋めるという。「将棋や囲碁またはトランプや麻雀をするか」という質問には「しないね。というよりできない。教えてもらわなかったから」。「体操、テニス、ゲートボールなどのスポーツをしたり、居酒屋やスナックなどに飲みに行くか」という質問にも「しない」。とにかく特に道楽はなく、遊ぶというより読書していたほうが楽しい人なのだ。

身体を動かすこともあまり好まず、動くのは働いているときのみだという。「さすが小学校の先生らしい」と感心してしまった。というのも、今までは「しない」続きであったが、図書館や文化講演会にはしばしば出向いているからだ。さらに利明さんが今最も熱心に取り組んでいるのは「俳句」である。休日には一人で俳句づくりをする。自分の所属する俳句の結社「ゆひ」と「新雪」の発行する俳句誌に投稿するのが楽しみなのだという。新聞の日曜版の俳句コーナーを切り抜いてつくったスクラップや、俳句年鑑に載った自分の作品を楽しそうにみせてくれた。

創作が楽しい

利明さんが参加する団体活動はこの両者のみであり、釧路市から石狩市に移住してきた関係で、ほかには地域的な結びつきもなく、職縁的なつながりももっていない。町内会・自治会にもマンション住まいということもあってか加入していない。俳句結社の活動としては、札幌の「新雪」の定期的な集まりがあり、月一回の例会は必ず参加することにしている。俳句仲間に会って情報交換をするのだ。また、俳句仲間が近所に一人住んでいるのでたまに会って話をすることがある。あとは自宅での創作活動に終始している。

この俳句が利明さんにとって大きな生きがいとなっていることは間違いない。ただ、本人は「まだ六八歳なのだから、高齢者の生きがい研究の対象ではない」と私に力説した。彼によれば、それはもっと上の七五歳以上に必要なものらしい。利明さんは、俳句に生きがいを感じているのではなく、これに全力で打ち込んでいるのだった。このニュアンスは大切だろう。

インタビューのなかで、日々の暮らしのなかでもっとも「楽しみ」にしていることを特に話してもらった。

「自分が趣味としている俳句の世界を究めることのやりがいを強く感じている。その他にも文化的なあらゆる面に少しでも多く触れる可能性が得られれば、それが一番の幸せだ。石狩移住の動機もまたそこにある」とのべてくれた。また、「休日には本を読むよ。俳句もつくるけど奥が深すぎていくらつくっても終わらないから、キリがないんだよ」。「創作も楽しいけど、人の本を読むのも楽しい。私は俳句仲間の作品に素直に感動したり、ほめたり、よさを認めるほうだよ」と言った。本当に俳句の世界が好きのようであり、話のなかでそれがよく伝わってくる。これからも、俳句づくりは利明さんの支えになってゆくことだろう。

次に家族のことだが、利明さんと同居しているのは妻の美子さんとお母さんである。私がインタビューにうかがったとき、二人は近くの夏祭りだとかで揃って出かけており留守であったが、曾孫もいる八〇歳をすぎたおばあちゃんにしては非常に活動的で元気なことに驚かされた。家事全般はほとんど二人が担当しているが、利雄さんもたまには手伝う。三人家族のこのようなあり方に、利明さんはけっこう満足しているそうだ。

孫が来ると疲れるが楽しい

子供は長男、次男、長女の三人いて、全員が結婚して、孫も生まれている。長男は仙台に住んでいる。次男は札幌市北区に住んでいるので、利明さんの家にもクルマで二〇分程度であり、週に一回は必ず孫を連れてくる。利明さんは「孫が来ると相手するだけで疲れるよ。うれしいことはうれしいけど、半分半分だなあ」といっていたが、けっこううれしそうだった。たしかに、孫がいても「おじいちゃん」の自覚がないという。気持ちが若いからだ。長女は岩見沢市に住んでいて、正月くらいしか来ない。

子どもや孫についてもいくつか質問をしてみた。箇条書きにしてまとめてみる。

金子の質問「長男またはあととりは、親が暮らしに困っている場合、一番責任をもって世話すべきであるかどうか」

利明さんの答え「そう思うね。というより、長男だけでなく子どもみんなで育ててもらった親を世話するのは当然だよ」

金子の質問「長男またはあととりは、他の兄弟姉妹よりも、親の財産を多く相続するのは当然であるかどうか」

利明さんの答え「うーん、あんまり思わない。けど、やはり長男の嫁っていうのは大変だよ。当然だとは思わないけど多く配分することをするべきではないともいえないな。話し合っていいようにするのが一番だろうな」

金子の質問「子どもが一人もいない場合には、養子を迎える必要があるかどうか」

利明さんの答え「あまり思わないな。別にいないならいないで、そこまでしなくていいんでないのかい？　今はそういう時代じゃないでしょう」

金子の質問「子どものうち誰か一人は、結婚しても両親と同居すべきであるかどうか」

利明さんの答え「それもあんまり思わない。子どもには子どもの世界があるでしょう。尊重するしないより、そういう生活があるんだから」

金子の質問「親が高齢になった際、子どもはどんなことをしても歳を取った親を扶養すべきであるかどうか」

利明さんの答え「それは思うね。どんなことをしてもという程度の差はあるがね。それぞれ事情があるからね。でもやっぱりできる限りしていくべきだと思うよ」

金子の質問「炊事や洗濯などの家事に、男性も参加すべきであるかどうか」

利明さんの答え「そう思うね。いつもじゃないよ、ときどきでもね。奥さんができないときとかにできる限りやったほうがいいと思うよ。私もやってるよ。たまに茶わん洗ったりしてるよ」

家族のあり方についてはその考え方がはっきりとしている。こうみていくと、年老いた親を養うべきだという一貫した考え方が基本にあり、あとは意外と柔軟な姿勢といえるだろう。
次に、孫についてもいくつか聞いてみた。
金子の質問「孫のよいお手本となるよう、いつも心がけていたいと思っているかどうか」
利明さんの答え「あんまり意識しないよ。自然であればそれでいいよ」
金子の質問「孫がいるおかげで若々しい気持ちになれ、うれしく思っているかどうか」
利明さんの答え「半々だなあ。やっぱり孫と相手してるとそれに合わせなきゃいけないから童心に帰れるしねぇ。だけど疲れるんだよねぇ。子どもは元気でしょう」
金子の質問「孫がいるおかげで、社会に対する責任を果たしたように思えるかどうか」
利明さんの答え「そう思うよ。子どもをきちんと育てたってことだけでも」
金子の質問「孫がいるおかげで、生きていてよかったように思えるかどうか」
利明さんの答え「うん、思うね。やっぱり楽しみだよねぇ。先のこととか、まだまだこれからだからね」
孫に関していえば、とにかくかわいいというよりは先が楽しみな存在というような見方が感じられた。かわいいことには変わりはないのだろうが、特に入れ込んでいるという感じは受けなかった。俳句を軸とした自分の役割が健在なためか、自分の世界から子どもや孫の世界を鳥瞰する態度にみえた。
「持病というものはあるよ。腰痛とか、血圧はやっぱり高いほうだし」。やはり元気な利明さんでも六八歳なりの持病があるようだ。体調はすこぶる良好とはいかなかった。一方では「とりあえず老人パスがもらえるまでは生きたいな。老人パスで行きたいところがたくさんあるんだよ。交通費もバカになんないからね。それからの先はその場で考えるよ。どれだけ生きられるかわかんないけどね」。死に対しても非常に漠然とした考えのようである。

三人家族のなかで唯一の収入源は利明さんの年金とパートの給料である。小学校教員を定年まで続けたので年間二〇〇万円程度の年金と週四日のパートで、年収合計が二五〇万円程度になる。それでも「やっぱりそんなに余裕はないよ。中の中かな」と話してくれた。

歳を取ることは若いときに考えていたよりもずっとよい

インタビューの最後に「現在の気持ち」を尋ねたら、「今の生活にとても満足している」という回答が即座に得られた。「歳を取るということは若いときに考えていたよりよいか悪いか」という問いに対しても、「よいと思う。いろんな余裕が出てくるから。時間的にも金銭的にも、気持ちものびのびしてくる」と答えてくれた。その通りだろう。

このインタビューを通じて、非常に生き生きとした利明さんがみえてきた。何ものに依存するでもなく、自立して、気持ちを非常に若く保っている。「そんなに若々しい気持ちでいられるのは、やっぱり長い間教員として子どもたちと接していたおかげでしょうか」と聞くと、「そうだね、それは多分にあると思うよ」。

それから、利明さんの俳句がある。何といっても、利明さんの一番の楽しみである俳句に打ち込むことが、若さの秘訣なのだ。ただ「俳句はねえ、好きではないんだよ。好きじゃないんだけど、なんか魅力があるんだよね。もう、好きとか嫌いとかそういう次元の問題じゃないんだよ。奥が深いんだよねえ」。

俳句のことを話す利明さんはインタビューのなかで一番生き生きとしていた。彼は「役割縮小過程」のなかで自分の役割を模索するというよりはむしろ、自分の新しい役割を積極的に創造することに生きる喜びを探すことができる人なのだろう。

（4）お金と健康と余暇が人生を楽しくさせる

中山寿さんは一九一八年（大正七年）に、札幌市内中心部の屯田地区に生まれた。生家は羽後国つまり今の秋田県の佐竹藩の家臣として、代々つかえてきた武士の家系であったが、明治四年の廃藩置県に伴い彼女の両親は北海道へと移住してきて、札幌に屯田兵として入植し、開拓を行った。中山家の長男で実兄の義男さんは、屯田兵の末裔として歴史書を執筆し、自費出版している。

寿さんは七人兄弟姉妹の末っ子であった。長男で実兄の義男さんは子どもに恵まれなかったため、末っ子の寿さんを養女にした。義男さんは師範学校を卒業し、学校の教員をしていた。寿さんも女学校を卒業した。当時の修学旅行の費用は一二円くらいであったが、級友の半分は経済的な事情のため行けなかった時代である。女学校を卒業したのち、昭和一二年、今でいうデパートに就職した。当時の給料は一五円くらいであったが、毎日、交通費節約のため、会社まで歩いた。このように倹約して、毎月給料から七円預金していた。生家は果樹栽培などの農業を営んでいたので、農作業が忙しくなる時期には、仕事を休んで手伝いをした。

太平洋戦争中は、家が農家であったため、物々交換などで食糧にひどく困ることはなかったが、配給でもらえる米はごくわずかであり、大根や麦を加えたりして食べた。この世代に共通の体験である。また職場も軍需工場となり、軍服などをつくらされた。着物をもんぺにつくり変えて着ていた。

終戦直後の昭和二一年三月寿さんは結婚し、ほぼ一〇年勤めた会社を退職した。当時寿さんは二九歳で、夫となった通雄さんは二七歳であった。通雄さんは岩内の農家の出身で、中山家の一員となり、厳格な舅との間でかなり苦労をした。

通雄さんは平成六年一一月病死した。消化器系がもともと弱く手術のために入院したのだが、そのまま帰らぬ人となったのだ。彼女は五〇年近くも連れ添った夫を亡くし、精神的にかなりつらかったという。食欲もなくなり、一〇キロ近くも体重が減ったそうである。

長男との同居

しかし、寿さんには三人の息子と一人の娘がいて、長男の雄一さん夫婦と同居している。次男と三男は関東でそれぞれ家を構えているが、長女の和子さんは近くのマンションで一人暮らしをしている。寿さんの家は典型的な二世帯住宅であり、玄関もそれぞれ別にしてある。共有部分はエレベーターだけであり、一階を寿さん、二階を長男夫婦が使っている。ただ、家の維持管理費はすべて寿さんが負担している。なぜなら、寿さんは、アパートを五つももっており、その他にも土地を貸したりしているので、年収が一〇〇〇万円にも達するからである。

五年前までは近郊に農地をもっていたため、毎朝通って、農業を続けていたのだが、病院用地に売ってほしいと頼まれ農地は売ってしまった。けれども、寿さんは両親が開拓した土地は売りたくないと決意している。

長男の雄一さん夫婦は、倉庫を改造した建物を使って、一五年程前から喫茶店を経営している。倉庫は一五〇坪ほどの敷地の角にあり、その隣に自宅が建っているので仕事中でも用事があれば、いつでも行けるようになっている。長女の和子さんは病院に勤務していて、ほとんど毎日寿さんの家を訪れてくれる。先日は母と娘の二人で登山をしたという。

次男はさいたま市に住み、二人の子どもがいる。三男は東京に住んでいて二人の娘がいる。長女は中学生で、次女はまだ小学二年生だが、モデルなどで雑誌やポスターに載ることもあるという。最近では地方銀行のＣＭに登場するそうだ。四人の孫たちは、盆と正月の年二回、寿さんに会いに来る。やってくるときにはとても楽しみであり、指おり数えて孫たちの来る日を待つのだけれど、帰っていく日はとてもさびしい。

寿さんはとくに夫の通雄さんが亡くなったあとは一人でいるため、孫たちが来てくれることが何よりもうれしい。

東京にいる三男は、特に平成六年は気をつかって、ゴールデンウィークにも札幌へ帰ってきた。三男の中学一年生になる長女は、通雄さんが亡くなったときは小学六年生だったが、お通夜に集まった客に対する接待は大人顔まけで、驚く人が多かったという。

ただ残念なのは、身近にいる長男や長女には子どもがいないことである。今はまだ寿さんも、身体に不自由さはなく、自分の身の回りのことはすべて自分でできるが、先のことを考えるとやはり不安なのではないか。次に近隣とのつきあいについて尋ねてみた。

寿さんは近くにとても仲のよい友だちがいるし、知り合いもかなり多く、ほとんど毎日、訪ねてくる人がいる。また、アパートの住人なども家賃をもってくるついでに家に入って話をするらしい。

寿さんは、調査のときには七六歳という高齢だったが、その割にとても物覚えがよく、話し方もしっかりしていた。やはり、日ごろから、人とのコミュニケーションを絶やさないことが、若さを保つ秘訣なのではないか。常に、親戚や近隣とのつきあいを大切にしている寿さんだからこそ、いつも人が訪れるのだろう。

亡くなった夫との思い出

亡くなった夫の通雄さんは生前には町内会長などを務めた。また交通指導員をやったり、地元の消防団員を三五年も務め、消防署長に表彰されたこともあり、誇りにしていた。寿さんも現在は町内会の婦人副部長を務め、日本赤十字社のボランティアも一〇年間続けている。そのボランティアの内容というのは、神社の草取り奉仕、時計台の掃除、赤い羽募金などだ。しかし、老人クラブなどには参加していない。寿さんは、日本赤十字社や町内会に、多少の寄付もしていて、困っている人に自分は少しでも役に立ちたいと熱弁をふるった。

通雄さんが生きていたころは、夫婦で年に数回は道内の温泉に出かけていたという。また、日本各地、東北、四国、中国、九州、沖縄など、いろいろな名所旧跡を訪ね歩き、広島の宮島、京都の天の橋立、宮城の松島の日本三景もみたという。もっとも寿さんは海外旅行はあまり好きではないらしく、香港とハワイしか行ったことがない。

通雄さんは旅行が大好きで、海外へもよく一人で出かけた。彼は「旅行にはお金と健康と暇の三つが揃っていなければならない」という信念をもっていた。これにはまったく同感である。若いときには、健康だけれどお金と暇がなく、歳を取るとお金と暇はあるけれど、健康であるかどうかはわからない。人生とは、都合よくいかないものである。

通雄さんは、生前に詩吟をやっており、準師範までいった。一方、寿さんは特に趣味はないが、通雄さんが花好きだったため、今でも庭の手入れには気をつかっている。ベランダから庭をみると、たくさんの木や花があって、小さな池にも鯉が泳いでいた。半年に一度、庭師に手入れをしてもらっている。猛暑には、庭を半分ずつに区切って交互に、一日に四時間くらいは水をやり続ける。

そして、最近の寿さんの楽しみといえば、長女の和子さんや友だちと一緒に、ディナーショーやミュージカルに出かけることだ。昔はよく歌舞伎を観に行った。「なつかしいねえ」といいながら、寿さんは楽しそうに話してくれた。

寿さんは、夫の通雄さんを亡くしてから、いろいろ思い出してさびしくなることもある。しかし、長男や長女が近くに住むから心強いという。お盆には、次男と三男も関東から帰ってくるので、四人の孫たちに会えると、とてもうれしそうにしていた。高齢者夫婦の場合、夫婦がどちらも健康で身体に不自由がないときには問題がないが、一方が病気になったり身体が不自由になったときは大変である。

寿さんの場合も、通雄さんが入院してから看病や心労で一〇キロ近くも痩せた。通雄さんが亡くなったときのショックが非常に大きかったのだ。彼女は「ぼけると誰にも相手にされなくなるから、ぼけるのだけはいやだねえ」といつもいっている。

心がけ次第の若さ

寿さんは、急に一人になってしまって、はじめはさびしかったけど、最近はようやく落ち着いてきた。やはり、同じ年齢の高齢者でも、配偶者が健在かどうかや、家族構成それに友人・近隣との交流等によっても、大きな差が出てくるのではないか。

若さを保つには、自分の心がけによるところが大きい。彼女はいつもはきはきと話してくれた。それにたくさんの友だちもいて、いつも家でおしゃべりをしたり、一緒に出かけたりしている。彼女のライフスタイルから、人との交流を絶やさないことが、若さを保つ秘訣なのかもしれないと思う。

そして、最期は自宅で、家族に見守られながら死んでいきたいという。寿さんは今のところはとても健康であり、身の回りのこともすべて自分でできるが、身体が不自由になったり、病気になったりしたら、身近にいる長男夫婦や長女の温かい介護を心から望んでいる。女性高齢者のライフスタイルには血縁関係への期待と願いが最後までまつわりついているようだ。

（注）

（1）　社会指標運動が一九六〇年代に世界的な流行をみせてから、すでに五〇年以上が経過した。一九二〇年代のオグバーンの社会変動論にまでその源流を遡及させるかどうかは別として、社会学の歴史でも社会指標の研究分野は一定の位置を占めている(Ogburn, 1923＝1944)。このＱＯＬ志向の「除苦求快」を目指す社会指標運動には、研究の開始時点から今日まで、①社会のさまざまな領域でのＱＯＬの変化を発見する用具であること、②政策的制御になじむ対象となじまない対象を区別できること、③特定化された社会目標にむけての前進を評価するための追跡装置であること、④簡単な時系列の社会統計にもなることなどが、主要な機能として期待されてきた。

（2）　ここにいう主観指標(subjective indicators)は、現実のある断面に対してもたれる「評価」について、研究対象者としての国民や市民からの報告に基づき、序数尺度に変換される心理的情報である。しかし結局は、人間の心理に根ざす情報だから、社会制御という発想がなじまないのはむしろ当然である。にもかかわらず、ＱＯＬは何らかの「評価」から得られるために、体系としてはともかくも主観指標を含まざるをえない。もちろん状況に応じてそれは変容しやすいので、社会認識機能としても政策支援機能としても限界が存在する。ＱＯＬ領域におけるこの基本的なジレンマの認識は重要であり、今日でも解決されずに残っている。

（3）　客観指標(objective indicators)とは、自然環境と社会環境におけるさまざまな現象を間隔尺度か比例尺度で測定・集計した情報をさす。ただし、これに該当する現象は無数にあるので、研究者や行政担当者の問題意識によって利用可能な客観指標は変化する。

（4）　もちろん生活領域ごとの指標化の方向性が前提にある。ゼーナーは livable environment の分野に、生活水準、余暇時間の使い方、健康、家族生活、結婚、仕事、家事、住居、近隣、コミュニティをあげている(Zehner, 1977: 110)。

（5）　櫻井はソーシャル・キャピタルと宗教縁との関連をアジアレベルで考察している(櫻井、2012)。

（6）　私の伊達市、富良野市、白老町、鹿児島市の四都市比較調査では、パットナム命題は否定されたが、それに関するコメントは野沢(2009)や飯田(2013)に詳しい。なお、最新のソーシャル・キャピタル研究については、三隅(2013)が便利である。

（7）　理論的体系が乏しくても、現状の正確な把握がその指標でも可能であったので、この終了は日本社会論の観点からも残念なことであった。なぜなら、その後、これに代る指標体系が作成されていないからである。ただし時系列の指標データだけならば、毎年の総務省の『社会生活統計指標』がある。

（8）最近の特徴としては、たとえば「社会的健康」指標だけを取り上げて、その下位次元に、収入、仕事と雇用、教育、健康、住宅、物的安全性、社会的絆と個人的絆を位置づけている(Jany-Catrice & Marlier, 2013: 29)。

（9）一つの試みがマンハイムの「時代診断」(diagnosis of our time)に回帰することである(金子、2013)。

（10）「健康日本二一（第二次）」に社会学の側からどのような学的貢献が可能かを考えて、本書では中野卓が切り開いた「口述の生活史」を活用することにした。これは統計資料によるデータだけを使った研究成果への批判、およびランダムサンプリングを基にした質問紙法による計量的調査への疑問を同時に内包した社会学の方法論である。使い方を間違えると、インタビューのテープ起こしと変わらないという逆批判が待っている。柳田國男のいう「常民」も一般的な「庶民」もその範疇は広く、かつ深いものがある。調査の際に尋ねる対象者はさまざまな経歴のもち主であり、「個性ありまた自立した存在」(中野、2003：25)であるのは当然である。

　そのインタビューから明らかにされる社会的現実の世界も歴史的「なまの史料」になる。「個性をもった個人は、どのように人間形成されてきたのか、あるいは、死に至るまで、どのように自己形成を続けていくものなのか。統合的で内的な『自己』という意識、セルフ・イメージは、どのように形成され再形成されていくものであるか。人々はどのように価値・規範を身につけ自分の価値体系を作り上げ作りかえていくのか。……人々は、どのようにして彼ら自身の『根源的な立願』というか『根源的投企』というか、自分自身の『生きる目標』、『生きがい』を握ま(ママ)えるのか」(同右：67)。

　本書で示した個性豊かなライフヒストリーには、これからの高齢社会やアクティブエイジングに有効な「健康」づくりや「生きがい」追求のヒントが数多く読み取れるはずである。ただし、個人情報の保護のために、人名は私の責任ですべて変えていることに注意してほしい。

第二章　高齢者の事例研究法と少子高齢社会の実状

第一節　質的調査と事例研究法

インタビュー調査法

社会調査には計量的手法とともに質的調査に属するインタビュー調査法があり、本研究の主軸となる高齢者調査では後者をおもに用いた。これには、①対象者の「言葉による語り」が得られる、②インタビュー相手との質疑応答の繰り返しにより、精錬された「ニーズ」が発見できる、③調査対象者の考え方や日常生活行動がきめ細かく把握できる、④調査結果を整理し、総合して、加工すると、有益な情報(仕分けされたデータ集合)になる、というようないくつかの特徴がある。[1]

質的調査法としてのインタビュー調査法と整理法について、特に以下の四点に留意した。

①データの把握(生の声の記録、背景の記述)

②データの整理(問題意識の確定、仮説の設定)
③データから情報へ(何を明らかにするのかを明示する、記録データの並べ替え)
④情報の記述と蓄積(何が明らかになったか、調査項目ごとの結論)

質的研究は対象事例のもつ意味、定義、形状、象徴、描写などに焦点を置く。そこでは社会的世界(social world)の諸側面から新しい問題を発見することに力点が置かれる。

これまでの私の例でいえば、日本一長寿県である長野県で八〇歳代の高齢者へのインタビュー調査で得られた「近所姑」(きんじょ・じゅうと)がある。これは、ある家の嫁の働きぶりを、その姑だけではなく、姑と親交のある近所の同世代の女性たちもまた常時観察していることを意味する言葉であった。コミュニティの連帯性をインタビュー調査する際に、回答者の発言として出てきた表現としての「近所姑」の機能的等価性をもつ言葉はどの地域にもなく、長野県で高齢者調査をしなければ、決して遭遇しえなかった関係性の形状である。(2)

「観察された事実」の分析

調査技法における視点は、専門性の強調による「観察された事実」の分析と「観察された事実」の理解・解釈の重視度で分けられる。調査対象者から一定の距離を置いた社会学的研究では、比較調査や継続調査を意識して設問項目を作成する。先行研究との関連でいえば、普遍性に富むような法則性の発見も期待される。質的な調査は、研究者の経験から発展したアモルフな知恵に依存する。質的な調査では利用する方法論が他者には正確には再現できない傾向をもち、それは歴史的な比較調査でも同じである。なぜなら、かなり特殊な研究に合わせて仕立てられた個人専有のやり方が用いられるからである。これは特別のテーマでなされるフィールド調査でも似たようなところがあり、ともに実査の手順も使用される用語もほとんど標準化されない。そのために、師匠の職人芸を学び盗むことが次世代の研究者には暗黙裡に期待されている。

個別事例を最大限に活かすインテンシブな調査

個別事例を最大限に活かすインテンシブな調査は、研究者が調査票を用いずに対象者と数時間のインタビューを行う。これは何よりも対象者との信頼関係を維持し、規律を必要とする半構造化された研究方法である。(3) しかし、人間類型としてのホモ・ソシオロジクスに関する非合理的な行動の記録は、調査票配布により得られた計量データよりもずっと得られやすい。文字通り、対話を通して研究者によって書き込まれた記録がまさに、データそのものになる。

方向性のある会話

インタビュー調査は方向性のある会話(guided conversation)だが、そこからの人間記録という資料は、理論化や問題発見には有効だが、検証には適さないという主張がある。なぜなら調査対象の代表性が証明されないからである。したがって、調査の目的が理論化なのか問題発見なのか仮説検証なのかを事前によく理解しておきたい。

通常の質的調査研究では、まず調査員や研究者が会話記録やその他の資料から、そのもつ意味を把握するところから始まる。利用される諸概念は、日常会話の言語を社会学専門用語に翻訳し、あらかじめ定められていた主題やモチーフに沿った分類を試みることが多い。具体的なインタビュー会話は、研究目的に利用される概念の妥当性だけのためにつくられた様式でなされる。収集され分類された会話記録は一級の資料になる。記録の精査から当初の理論仮説や通説が補強されることもあるし、棄却されて新しい問題が発見されることもある。実査の手続きは研究者の個性によって特殊化され、完全な他者による模倣は困難である。それは職人芸に近いので、後継者はその方法を自分なりに習得するしかない側面がある。

結果の分析は、作成された会話記録と収集された資料からトピックに沿った一般化を引き出し、一貫したストーリーを提示することによって進められる。

インタビュー調査の方法と意義

1．一つの事例から詳細な情報が得られ、そこから新しい仮説と理論を開発できる
2．予期しない諸発見にたどり着く場合がある
3．統計的結果を解釈するときに役に立つ情報を含む
4．長年開発されてきた指標の有効性が確認され、観察結果の再解釈に有効である
5．標本データに隠されている個人や状況の特定の型を描き出せる
6．回答者の主観的意味を示すことで漠然としてはいるが重要な回答を明確にする

このような実状のなかで、質的研究に志向する研究者はそれまでに刊行された膨大な報告書や著書に学び、自らのテーマに合わせた方法を試行錯誤して経験を積み、先行研究者の方法を模倣して、その業績に見習いつつ、調査方法を工夫してきた。

本書で実施した質的インタビュー調査の方法についてまとめておこう。まずインタビューによる記録は、問題発見(heuristic)には有効だが、検証(testification)には適さないという大原則から出発したい。

'emic' データ

そこで得られる調査データの種類は周知の'emic'データになる。'emic'データを使って私たちは、調査対象になった人間の行動を分析し、細やかな記述を行う。基本的にはインタビュー調査で得られたデータをそのまま生に近い形で利用するために、会話の内容やそこから引き出される意味などを自然な形で考察する。この形式のインタビュー調査は質的調査データとして読み替えられるので、私は情報機器を活用する地域福祉研究を課題とした富良野調査(二〇〇五年)でも行った(金子、2006b)。

インタビュー調査では次のような成果に出会えることが少なからずある。

①調査票からは得られない「対象者の言葉による語り」に遭遇する。

②日常生活の現実そのままの積み上げられた「語り」が得られる。

③対象者の行為とそれを支える考え方や属性がきめ細かく把握できる。

④インタビュー調査結果を収集し、整理し、加工すると、有益な情報(仕分けされたデータ集合)になる。

有益性は問題意識によって異なるので、記録を整理する際にはあらかじめ自分の問題意識を最初にまとめるようにする。

少人数のインタビュー調査の手順は、対象者の選定から始まり、依頼状の郵送を経て、当日に至る。そこではインタビュー調査対象者に趣旨の説明をして、実際にインタビューを実施し、その日のうちに調査結果の記録としてノートを整理する。研究室に戻ってからは、調査結果の分析とともに、調査結果の報告会を繰り返して、最終的な執筆へと向かう。聞き取り内容を忘れることは避けられないから、可能な限り記憶が新鮮なうちに記録だけでもまとめておきたい(4)。

インタビュー調査での留意点

実際に行う際のインタビュー調査での留意点は以下の通りである。調査票を用いた三〇分程度の訪問面接調査では謝礼・謝品も出さないが、二時間以上も相手を拘束するインタビュー調査の場合、私はボールペンや鉛筆などを謝品としてきた。その際

①調査協力への謝品を最初に差し出す。
②この調査が文部科学省などの科学研究費補助金による調査研究であり、結果は学術的目的と地域福祉充実のために厚生労働省や道庁や県庁、地元市役所などにも還元されることを説明する。
③対象者一人に最低二時間は質問して会話する。
④相手の非言語的な表現、話し方、訴え方、表情や身振りにも注意する。
⑤インタビュー調査中にお茶や菓子などが出たかどうかで協力度がわかる。
⑥対象者の意見と他者の意見を正確に区別して聞いてくる。
⑦インタビュー当初の意見と違った見解が後半で表明されたら、それを聞き取りながら実際にはどちらかを確認する。

インタビュー調査が終わってからの点検と整理法は次の通りである。まずは点検として、データの把握レベルを確認する。その際には対象者の「生の声の記録」かどうかの判断が重要である。さらに会話の内容が生まれた時代背景の記述を可能な限り追加しておく。その際には「問題をたずねることは……設問者が生きている社会の価値構造によって、決定される」(Stark, 1958=1960: 314)に留意しておきたい。

この作業が終わればデータの整理として、インタビューにあたって抱いた自らの問題意識を確定して、そのなかでの仮説の設定を行う。それに照らして、得られたデータを精選することにより情報へと昇華させる。これに

よって、インタビューで何を明らかにするのかを明示することになる。多くの場合、相手との会話では起承転結が混乱しているから、収集したデータの並べ替えが必要になる。そのため実際に行った会話の順序が乱れるのは仕方がない。

記録の作成法

インタビューの結果何が明らかになったかを調査項目ごとにまとめて、結論を下し、今後の課題につなぐ。事実の代りに言葉を置き換えない（Bernard, 1865＝1970：303）のはいうまでもないが、記録の作成法の一つとしてはパーソンズの「パターン変数」の利用も有効である。インタビューの際に得られた語りから、

①感情性（喜び、怒り、あきらめ、未練、慕情、無情）……感情中立性
②集合体指向（家族、地域社会、日本社会のことを考えている）……自我指向（自己中心である）
③個別主義（自分の年金だけ、健康だけに関心）……普遍主義（社会の年金制度や医療保険制度にも関心）
④帰属性（親が何であったか、自分は何であるか）……業績性（自分が何をしたか、何をするか）
⑤無限定性（あれもこれも優先順位の発想なし）……限定性（あれだけ、これだけ、優先順位の発想あり）

などに分けてみる。語りの整理には、バーズアイビュー（鳥瞰）で始めて、ウォームズアイビュー（虫瞰）で補う。詳しい記録作成の努力が研究成果を保証する。

生の語りを通した生きがいの言説と実態

「高齢者の生きがいと健康」研究を主眼とする本書では、その先行研究と社会統計からの社会的事実の分析を主軸としたうえで、高齢者一人の人生にも徹底して向き合うという趣旨で、長い時間をかけて継続的に行ってき

たインタビュー記録を利用して、生の語りを通した生きがいの言説と実態にも肉薄しようと試みた。(5)

第二節　社会分析法としての事例研究

生の事実

一九世紀の中期にコントが構想した社会学(sociologie)は、その世紀の終わりまで、哲学的総合性と歴史性とを色濃くもつものであった。しかし、二〇世紀への転換期前後から、個別テーマを選択して、「なまの事実」(Poincaré, 1905＝1977: 243)を拾い上げながら、実際の家族、親族、地域社会、階層、集団や団体や社会現象などを分析するという試みがフランスでもアメリカでも台頭してくる。その先駆けはデュルケムが一八九七年に発表した『自殺論』(*Le Suicide: étude de sociologie*)であり、統計的データを駆使しての実証的研究であった。そして個別テーマの実証的研究というスタイルは、一九二〇年代に開花したアメリカシカゴ学派で最盛期を迎える。

一九五一年に『社会システム』(*The Social System*)でパーソンズが理論社会学分野に登場し、社会学の動向が転換するまでの約三〇年間に、シカゴ学派が生み出した業績は社会性に富み、しかも問題解決志向が強かった。それは政治やマスコミなどの現実的な部門にも有効な成果をアメリカ社会学にもたらし、その影響は世界的なものとなり、一九五五年以降の日本社会学にも及んだ。

シカゴ学派全盛の時代は、草創期の社会学に特有だった歴史性こそ後退したが、現実感覚に優れた学問としての社会学が主流であった。それはパーソンズ登場以降の包括的理論社会学とも違うし、今日の日本社会学の一部にある「間主観性」概念などに代表される非社会的なミクロ社会学とも著しく異なり、データに基づく社会分析を軸とした社会学の実践であった。要するに、コント以来の流れのなかで世界の社会学史を振り返ると、総合社会性と歴史性が徐々に後景に回り、部分社会性と現実性が強くなり、最終的には社会性も現実性も薄れてしまったと総括できる。

公共社会学

二〇〇四年のアメリカ社会学会会長就任の演説で、ビュロウォイが公共社会学(public sociology)を提唱した背景には、誕生時点から公共性に富んだはずの社会学が、次第に非公共性ないしは非社会性を強く帯び始めたことへの危機感が確かに存在する(Burawoy, 2005)。おそらく程度の差はあっても、テーマ設定にみる非公共性への傾斜は、日本だけでなく先進諸国の社会学の共通に抱える悩みであろう。

本書で取り組んだ高齢者事例研究は、対象者が暮らす都市や階層をしっかりと位置づけ、誇大理論(grand theory)とは無縁であり、先行研究を踏まえつつも、独自のデータ分析からの帰納的一般化ないしは理論化を試みようとした。

そのために、問題意識を明らかにして、膨大なデータを収集し、そのデータ分析から一般化への明瞭な道筋と結論を鮮明に描くように配慮した。いわば

(1) 問題意識(何のために・何を)
(2) 研究方法(どのように研究するか)
(3) 大要概括(その結果、何が明らかになるか)
(4) 理解(出発点からどこまで進んだか)
(5) 成果の汎用性(general purpose があるか)

などに留意したことになる。

時代の制約を受けた社会状況の一断面を記録して、問題が提示され、社会調査による大量のデータ収集とその分析を通して、設定された問題に対する解答が試みられる。ここでいう問題は、理論社会学面でも社会問題の解決に関連するもの、あるいはこの両者に重なるものであり、既存の理論または知識または実践（社会問題解決あるいは社会政策）の体系のなかに見出される「課題」について一定の言及が存在することになる。

要するに
（a）「問題」（problem）を発見し、定式化する。[6]
（b）その問題への「解答」（solution）を模索する。
ことにつきるが、これが問題追求型の必要十分条件になる。そのうえでテーマによっては、政策（policy）提言も可能である。その観点から古典的名著の代表例として、ベラーら五名による『心の習慣』（Bellah et al., 1985＝1991）を取り上げておこう。

『心の習慣』からの知見

コミュニティ社会学での知見によれば、個人とコミュニティとの関係は、どちらかが強くなれば、他方が弱くなるようなゼロサム状況にあるのではなく、むしろ、ある種の強い個人主義を支えるには、ある種の強いコミュニティが必要であることが定説になっている。強い個人は強いコミュニティに支えられ、逆もまた真である。この考え方はオーストラリアでは国策の一部としてすでに活用されており、強い家族（strong family）や強いコミュニティ（strong community）が盛んに論じられている（金子、2006b：99-101）。

この定説に依拠して、ベラーらは功利的個人主義を批判して、個人と共同体が相互に支え合い強化し合う倫理的個人主義を鮮明にした(Bellah et al., *op. cit.*)。

最初にその「問題意識とテーマ」をあげておこう。認識の背景には個人主義が癌的な増殖を遂げていることへの危機感が存在する。そして、大きな課題として「どの程度まで私的生活は、人々を公共的世界への参加に導くものか」を明らかにしようとする。二〇〇四年のビュロウォイの公共社会学講演に先立つ二〇年前になされた質的研究である。

「自由な諸制度を存続させる鍵の一つは、私的な生活と公共的な生活との関係にあるので、市民が公共の世界に参加するやり方」を解明するために、私的生活と公共的生活の本質に到達するための調査を研究者五人が分担した。

まず、「愛と夫婦生活の形態」を受け持ったのは、スウィドラーであり、彼女はカリフォルニア州サノゼ市とその周辺郊外の住宅地区の男女に調査を実施した。対象者は中産階級か、比較的に豊かなブルーカラー(三〇代、四〇代が中心)であり、ほとんどは既婚者で、半分は離婚歴があった。離婚者のうち半数は再婚していた。合わせて、夫婦生活に私的生活上でどのような意味を見出しているかも問われた。

次に、ティプトンが南部の大都市とサンフランシスコ湾岸地域に住む心理療法者、心理学者、精神医学者へのインタビューを行った。

第三に、公共生活研究として、地域の政治や伝統的な自発的団体の形態を明らかにするために、マドセンがボストンから遠くない創立二五〇周年を迎えた町とサンディエゴ周辺の新興郊外地域で、そこに住む中産階級とブルーカラーへのインタビューを行った。

第四に、比較的新しいと考えられる政治的行動主義について、サリヴァンがフィラデルフィアとカリフォルニア州サンタモニカで二つの政治組織を対象にして、そのリーダーとメンバーにインタビューをした。

ベラーの役割は全体的な総括であるが、調査結果をただ報告したものではなく、最終的にはアメリカ社会の未来に対して研究成果がどのような意味をもつかに焦点を置いている。社会調査を通してアメリカ社会の未来を考察する姿勢は、先行するリンド夫妻の『ミドルタウン』(R. S. & H. M. Lynd, 1929=1990)と同じであることに気がつくであろう。

しかも「対象と方法」も白人の中産階級のアメリカ人に限定されている。選び出した二〇〇人以上の市民に対して一九七九年から一九八四年にかけてインタビューを実施して、補足的に参与観察も行ったという。白人のみのアメリカ人に調査を限定したことも『ミドルタウン』と変わらない。アメリカ社会を構成するアフリカン・アメリカンやスペイン語しか話せないスパニッシュ系アメリカンなどが、ベラーらの調査インタビューに含まれてはいないのである。

調査インタビューが明らかにした「公共性」

さて、公共性に関連して、どのようなまとめになったか。

〈知見一〉アメリカ人は、よい人生という究極的目標は個人的選択の問題であると考える傾向がある(二六頁)。個人的選択であれば、最終的な勝ち負けの責任は当然ながら自己になる。病気についてさえも、六五歳以上の高齢者向けのメディケアならびに低所得者医療扶助制度であるメディケイドはあるが、アメリカには国民皆保険という発想はなく、結局は個人加入の医療保険まかせであるのも、個人的選択社会の故であろう。その意味で、アメリカでもっとも根強く支持された価値は自由である(二七頁)ことには十分納得がいく。

〈知見二〉自由とは他者の干渉を受けないこと、他者の価値観、理想、ライフスタイルの強制を受けないこと、仕事、家族、政治生活における専横な権威から免れていること(二七頁)を意味する。いわゆる「からの自由」と

「への自由」の区別をすると、これは圧倒的に「からの自由」であり、その点で消極的な自由意識とみなせる。

〈知見三〉　子どもっぽい人間とは、自己の家族や地域共同体に対する責任を自覚できない人間、すなわち家族や共同体から主として貰うことばかりを考え、逆に自分から与えることは考えない人間のことである(九頁)。「からの自由」ならば、「貰うこと」を優先して、「への自由」につながる「与えよう」とはしないであろう。そこには私化現象(privatization)があふれ、地域フリーライダーへの道も近い。功利的個人主義が地域フリーライダーの主要な温床になっている。

日本を含む先進国の地域生活面では、「みなの力で」(〝We are doing it together.〟)が忘れられて久しいように思われる。しかし、コミュニティとは結局のところ「一緒にする」(togetherness)行動様式の程度如何であり、この精神が失われたら、共同性も公共性も社会的に創出するのは困難になる。

たとえ、「個人がみな自己の私的利益を追求している状況にあって、共同善の視点からものを考えたりするのは『おひとよし』のすることである」(一九頁)とはいっても、「共同善」に向かう「おひとよし」がいなければ、「私的利益」ですらも長期には保証されるわけではない。なぜなら、現実の個人生活、家族生活、地域生活のすべてで「私的利益」は共同善や公共性に支えられているからである。

たとえば、資産価値として住宅はその代表であるが、住宅の転売に際しては、それを取り巻く地域社会の社会的共通資本の水準が住宅価格を左右するのは常識である。いくら住宅の内装に費用をかけても、道路や通学通勤の利便性、医療機関や金融機関へのアクセス、防犯意識の高さなど有形無形の「共同善」が住宅価格に及ぼす影響は大きい。

〈知見四〉　私たちは、配分的正義、すなわち経済的資源の適切な分かち合いについて、共通の理解をつくり出す必要がある。……なんらかの形で実質的な目標を設定すること、配分的正義について考えるための手立てをもつことが必要である(三一頁)。配分的正義が達成されなければ、社会全体の公平性を確保できないから、私化現象が進み、「私的利益」が社会面で個別に衝突し合い、最終的には共同善が低下してしまう。

配分的正義

現在、社会システムのどこで配分的正義が求められているのか。それには世代間、男女間、コミュニティ間(都市部か過疎地域か)、階層間(haves か have-nots か)のレベルが想定できる。社会全体があるいはその国民が置かれた状況に応じて、このどれを重視するかが決まる(金子、2009)。したがって、政治や行政はいくつかのモデルを具体的な資料とともに開示して、国民の判断を仰ぐ姿勢をもちたい。消費税の比率を上げたら、それで得られる予算をどこに優先的に配分するかを明示しないで、引き上げ比率の是非を議論しても、共同善や公共性とは無縁である。

〈知見五〉個人の自己実現が可能なのは、社会とのつながりをもっている限りにおいてである(一七六頁)。その意味で、あまりに徹底的な社会との絶縁は人生の意味を奪い去ると思われるが、正しくは「徹底的な社会との絶縁」などはありえない。その理由は、電力ガス、上下水道、交通機関というライフラインや商品流通の市場と絶縁することが不可能だからである。先進諸国では、ライフラインや市場を無視した完全な自給自足が不可能である以上、個人は社会システムとのつながりを受け入れざるをえない。

社会的コミットメントの維持の重要性

〈知見六〉私たちは何かを行うことなしには人生は空虚なものになってしまうと深く感じている。自立は大事だが、人間は互いに相手を必要としている(一八四頁)。どのような相手かといえば、家族を別格とすれば、ソーシャル・キャピタルのうち友人、近隣、同僚、親戚などが該当する。必要な相手のうちには「親密な他者」も存在する。確かに金もうけなどの「私的利益」だけの追求の人生が空しいならば、「親密な他者」を含む必要な相手との交流が社会的コミットメントを支え、個人を自己実現に向かわせる原動力になる。

〈知見七〉　私的生活が報われていることは、健康な公共的生活のための条件の一つである(一九九～二〇〇頁)。ベラーらは私的生活と公共的生活との間には相関性があるとみなしており、この「知見」もその例に該当する。私の経験でも私と公とが満たされ合っていることもあれば、「一方の貧困化はかならず他方の貧困化を招く」(一九九頁)こともあり、ともに正しいと考えられる。

肉体的健康や精神的な健康についても、個人の健康が地域社会の公衆衛生水準と相関することは、フランクランの中世ヨーロッパの「排泄」をテーマにした研究(Franklin, 1890=2007)を引くまでもない。「すべてを路に」(tout à la rue)はフランス史にみられる廃棄物処理の伝統であり、それとペストやコレラその他の感染症の蔓延の歴史はみごとに相関している。だから、「長い目で見れば個人の繁栄は、結局のところ地域共同体全体の繁栄にかかっている」(二〇九頁)ことは当然の知見になる。そして、コミュニティに生きる個人が他のメンバーのニーズを満たす役割を果たすことで、コミュニティ全体から提供される分け前に与《あずか》る権利をもつという相互依存関係が生じる。これは日本農村における入会地ないし入会権の事例からも明瞭であろう。

〈知見八〉　地域共同体にとってのもっとも深刻な問題は、「ただ乗りをする人間」、すなわち自らの働き以上に受け取って、善良な市民が投資に見合う正当な見返りを得るのを妨げてしまうような人間をどうするか(二一一頁)にある。これがベラーらの本で「フリーライダー」への対処を論じた一番重要な箇所である。

専門用語である「ただ乗り」を意味するフリーライダーは、ゴミ処理問題に象徴される環境分野だけの概念に止まらない。これを人口問題における少子化論にも応用し、理論化したのはおそらく私が最初であろう(金子、1998：2003：2006a：2006b)。いわゆる「子育てフリーライダー」概念は環境問題におけるフリーライダー論を基盤とする。

〈知見九〉 大都市は、仕事、家族、共同体からの要請がひどく分離し、統一的対応が無理なこともあるような世界である(二一五頁)。ここにも人口政策面で日本政府や厚生労働省を失望させるような重要な指摘がある。なぜなら、少子化対策と称して、日本政府や厚生労働省はすでに一五年近く「両立ライフ」(ワークライフバランス)を唱えてきたからである。しかし、都市におけるベラーらの詳細な研究では、「仕事の世界と家族や共同体の世界との分離」(二一五頁)がますます鮮明になってきた。

さらに「仕事は人々を公共の世界へと統合せず、むしろたがいに遠ざける」(二三八頁)とものべられている。日本の政治家や官僚はともかく「ワークライフバランス」政策を支援する研究者は、ベラーらの知見に対してどのような反論を用意するだろうか。

ただし、ベラーらの成果は私的生活と公共的生活の両立の困難性を意味しつつも、一立、両立、三立、四立、五立ライフなどの可能性を否定するものではない。私の定義では、一立ライフは仕事だけ、両立ライフは仕事と家庭、三立ライフは仕事と家庭と地域生活、四立ライフは仕事と家庭と地域生活と趣味活動、五立ライフは仕事と家庭と地域生活と趣味活動に地域での社会貢献を行うライフスタイルを意味する(金子、2006a：6-8)。

個人的に知っている家族や友人仲間の外側にいる無数の匿名の人々に対して、個人はいかなる義務を負うべきなのだろうか(二一五頁)。一立ライフの実践者から五立ライフ実践者までに等しく求められる最低限の義務は、社会システムの遂行にただ乗りをしないことである。

〈知見一〇〉 よりよい生活を支えるもっとも重要な二つの柱とは、自分の仕事上の成功と地域共同体への奉仕の喜びである(二三七頁)。しかし、常に両者は緊張関係にあり、いつでも崩壊に終わる可能性がある(二三八頁)。多くの場合、仕事は自己利益かまたは所属する組織利益を志向するが、コミュニティへの奉仕は共同性や公共性の観点が優先し、したがって、個人的には緊張が持続する。〈私─共─公〉という枠組みでいえば、仕事が「私」の利益、コミュニティへの奉仕が「共」または「公」の優先という分類になる。

〈知見一一〉 文化的に相違した諸集団を一つの共通の道徳的秩序のもとにまとめることでは、多くの場合、平等社会よりもヒエラルヒー的な社会の方が優れている(二五〇頁)。ここにいつの時代でも必要悪としての権力が求められる根拠がある。一般に秩序は、いわゆる自由、平等、博愛だけから維持されるわけではない。むしろそのような理念の背後に、優越した意志力として最終的には暴力装置を擁する権力が控えている。

〈知見一二〉 全体にかかわる研究が目指すのは、専門化されたさまざまな分野で得られた事実をただたんに寄せ集める作業を超えるものである。個々の事実は、それらを包括し、全体についての概念に形と輪郭を与えることのできる枠組み(準拠枠)のもとで解釈されたときのみ意味をなす(三六一頁)。理想としてはその通りであるが、実際の研究成果には「事実の単なる寄せ集め」も多い。もしくは全体についての概念に視線が及ばないままに、個別のモノローグに止まる作品もある。コント以来一七〇年が経過して、ヴェーバー逝去から一〇〇年が近づき、パーソンズが没してからも三五年になろうという今日、人口変動が社会変動の要因の筆頭になった。

この時代にふさわしい「新しい現実のためには新しい社会科学を創造していかなければならない」(三五七頁)のは事実である。しかし、現実にはビュロウォイによる「公共社会学の提唱」に象徴されるように、非公共的発想が社会学に増大し、「認知社会学」さえ「構想」されている。そこでは「国家の過去のさまざまな出来事も『客観的な事実』としてあるのではなく、国家という枠組によって一つの物語の中に位置づけられる」(片桐、2006：219)らしい。明治維新が、太平洋戦争が、安保闘争が、高度成長が、環境汚染が、学園闘争が、少子高齢社会が、すべて客観的な事実とはいえないという。このような認識で本来の社会学の役割が果たせるのだろうか。

公共哲学としての社会科学

私はベラーらの結論的な主張である「社会科学は、現実的基盤から脱却した認知的事業などではない」(三六一頁)を全面的に支持する。

〈知見一三〉「公共哲学としての社会科学は……社会の伝統、理想、願望をその現在と並置する……また『事実』と同じほどに『価値』にも目を向ける」(三六二頁)。したがって、公共哲学としての社会科学は「価値自由」でありえない(三六三頁)。おそらく、環境と福祉に目を向けることはまさしく公共哲学としての社会科学組み直しの第一歩になるであろう。言説空間をもてあそび、「物語」に縮減するのではなく、ヴェーバーの「価値自由」を乗り越えた地平での新しい展開への手がかりが、事例分析を軸とした古典研究からも導かれるはずである。社会学史に燦然と輝く複数の古典の精読が何よりも教えるのは、自分の問題意識を優先して、伝統を活かした独自の方法で具体的に探り、それをまとめ上げる意義と意味である。

コントの「実証精神論」から

量的方法か質的方法のどちらかで社会調査を行ったら、「生の事実」なり「観察された事実」(les faits observés)なりが手元に集まることになる。これら第一次的な研究の素材をどのように活かすか。時間的な余裕があれば、同じ対象(定点)をたとえば半年ごとに定時観察するとよい。そうすれば、変化の程度がみえやすい。

そこから、調査対象の相対性が実証的に得られる。

この実証的(le positif)についても、コントの「実証精神論」が有用である(清水、1978：177-180)。コントはこの要件として①現実性(le rêel)、②有用性(l'utile)、③正確さ(le certain)、④精密性(le prêcis)、⑤建設的なもの(l'organique)、⑥相対性(le relatif)をあげて、最終的には相対性を重視する。社会学のような「新しい哲学は、その相対性のおかげで、自己に正面から対立する理論でも、その固有の価値を正しく判断することができるし、しかもなお、自己の見地の明晰さ、決定の堅固さを損う恐れのあるような無益な妥協に陥ることがない」(同右：180-181)。

計量的手法と質的調査法をともに学ぶことは、この相対性の見地を目指すことにも関連する。現実の社会現象は複合しているので、実証性は相対性によってしか判断できない。その意味で、コントの指摘には依然として真理が含まれている。

この相対性は世代、ジェンダー、コミュニティ、階層という四点の目配りがあれば、調査研究のまとめにおいてもかなり実現できる。なぜなら、社会システムは年齢階梯性を必ずもっており、世代の継承を抜きにしては成立せず、同時に永続性も消えるからである。もちろん男女の差異にも明瞭な部分が多く、これを抜きにした人類(mankind)論は無意味であるから、人類(personkind)が取って代るようになった。

対象地域や対象者がどこに住んでいるかが社会の連帯性にも個人生活の継続性にも重要な位置を占めるから、コミュニティについては、都市部か過疎地かの区別だけでも行いたい。たとえば、都市部では連帯性に欠ける反面、個人生活の継続性には問題がない。一方過疎地では連帯性は強いが、集落消滅の危機に直面するため、個人生活の継続性の可能性には乏しい。

研究のまとめにおいては、階層論へのこだわりも重要である。リンド夫妻のミドルタウン研究でも、同じ現象の受け止め方が業務階層と労務階層では異質的であったし、現代日本にみる所得格差、家族間格差、地域経済格差、地域福祉格差などを想定しただけで、階層論の重要性が理解できるであろう。

個人生活の継承性の追求

それらを総合して、理論的にいえば、実証研究においても、社会の全体性と連帯性と継承性を追求することが根本的視点になる。社会のあり方と個人の生き方の両方を目配りする科学の宿命として、社会学では全体社会動向への関心としてそこでの操作的な連帯性分析は欠かせない。この全体性は時間的流れを含むが、同時に歴史性への配慮と未来への展望が含まれる。

また、専門社会学として研究する立場でいえば、左右イデオロギーバランス感覚こそが重要であり、特定のイデオロギーからの自由こそが実証的な学問の出発点である。したがって、マルクス主義、フェミニズム、アナーキズムなどに立脚するイズムからでは、全体性を帯びる普遍的な研究成果は得られない。

個人の事例研究からは、その生活史の継承性を考察しながら、「何のために、何を、どのように研究するか」という問いかけの連鎖を絶えず意識して、自らの応用展開を心がけておきたい。

第三節　少子化する高齢社会

リスク論

人間がつくり上げた社会システムには、日常的に発生する窃盗や交通事故などの小さなリスクから、マグニチュード九クラスの地震やときおり話題にもなる富士山噴火まで、さまざまな巨大リスクとその可能性が共存する。同時に本書で主張する人口論に立脚した巨大リスクへの目配りも欠かせない。これらを考える手がかりとしての「リスクの公式」には

「リスク」＝「望ましくない事象の重大さ」×「その事象が起きる確率」

（Risk＝Magnitude of Hazard × Probability）

がある（瀬尾、2005：2）。ただし、「望ましくない事象」としてのリスクは無数にあるから、実際に取り上げる際には優先順位をつけて対象化するしかない。そのために、対象化した事象の発生確率を勘案して、高リスクか低リスクかの決定が必然になる。

予想される社会的リスクが現実化すれば、システムの機能不全、損傷、損失をもたらし、最終的には社会システム解体まで進むこともある。しかし機能不全に代表されるリスクには、システムに備わる自己組織性（self-organizing system）による適切な資源配分と人員配分で対処できる。とりわけ小さな範囲で、被害者が少数の人々であり、短期間で適応できるリスクならば、これで十分である。

表2-1　リスクの3分類

	A	B	C
範囲	狭小―	拡大―	全体
人数	少数―	多数―	全員
期間	短期―	長期―	永久

逆に「日本沈没」のような社会システムの自己組織性で対処できない巨大リスクでは、広大な地域（large areas）が巻き込まれ、その大部分の人々（most people）が長年（many years）にわたり、その深刻な影響下で暮らすことになるし、集落移転や国外移転のように現住地で暮せなくなる場合も出てくる。

このように、リスクの判断要素には表2-1に示した範囲、人数、期間の組み合わせがある。すなわちAは「狭小―少数―短期」、Bは「拡大―多数―長期」、Cは「全体―全員―永久」となり、リスク次第でABCが決まり、それに沿った対応が具体化する。「少子化する高齢社会」

はもちろんBに該当するリスクである。

人類の三大病理

いつの時代も人類は ageism（年齢差別）、racism（人種差別）、sexism（性差別）という三つの病理を抱えて生きてきた[7]。

このうちから、私がライフワークとして選んだのは Ageism を含み、「拡大—多数—長期」を基調とするリスクを抱える「少子化する高齢社会」研究であった。異なった肌色や性の違いは永遠に続き、線引きはなくならないから、一方が相手を異質者とする認識が消えることはない。しかし、若者や中年者はいずれ高齢者になる。なぜ自らの行く先にいる高齢者に対して若者や中年者が違った目を向けるのか。「自分たちとは違う（othering）が年齢差別の心理的な基盤である」（Fineman, 2011: 57）が、それを許容する社会システムの解明を課題にしてきた。

もちろん、「年齢は単なる数である」（*ibid.*: 137）という視点も根強い。確かに個人の健康状態から、六四歳までと六五歳以上を分離する必然性は存在しない。ただ高齢者の健康づくりを支援する医療保険制度や介護保険制度のなかでは、単なる数というよりは「世代」として一括したほうが役に立つ。たとえば有訴率、有病率、通院率は世代によって大きく異なるし、就業率や働き方、所属階層、居住コミュニティ、社会意識もそれぞれに特性をもち、世代間の相違は鮮明である。そこでは時代と地域に限定された社会構造や社会変動の具体的な把握も可能である。

日本の人口構成

さて、現代日本の社会変動の筆頭に位置づけられる「少子化する高齢社会」は、更新し続ける三つの日本新記録を保持する。一つは高齢者数とその比率の着実な増加であり、二〇一三年一一月の「人口推計」によれば、高齢者総数が三一九九万人に達して、その比率も二五・一％まで上昇し、前期高齢者（六五〜七四歳）と後期高齢者（七五歳以上）との比率逆転も近い（図２-１）。

二つには年少人口率の低下と年少者の減少である。表２-２にみるように、五歳幅の年少人口は幼くなるほど総数が少なくなる。とりわけ産む性である女性数の減少は歴然としている。このままでは少子化動向を反転させたり、積極的な増子化を念頭に置いた人口政策は困難である。なぜなら、結婚によりつくり出される生殖家族(family of procreation)自体が減少するからである。その意味で、日本の場合「少子化危機」はすでに現実化している。なぜなら、東アジア圏に属する日本では、結婚と出産行動とが緊密であるから、欧米のような婚外子率の上昇がまったく期待できないからである。

三つには小家族化があげられる。家族と世帯とは非血縁者の扱いで異なるが、国勢調査による平均世帯人員は五・〇二人（一九五〇年）、四・五二人（六〇年）、三・七三人（七〇年）、三・二五人（八〇年）、二・九九人（九〇年）、二・六七人（二〇〇〇年）、二・四二人（二〇一〇年）となり、要支援・介護状態の高齢者に家族が十分な支援を与えるのはもはや不可能になった。さらに日本の小家族化は速度が速くかつ不可逆的な特性をもつ。

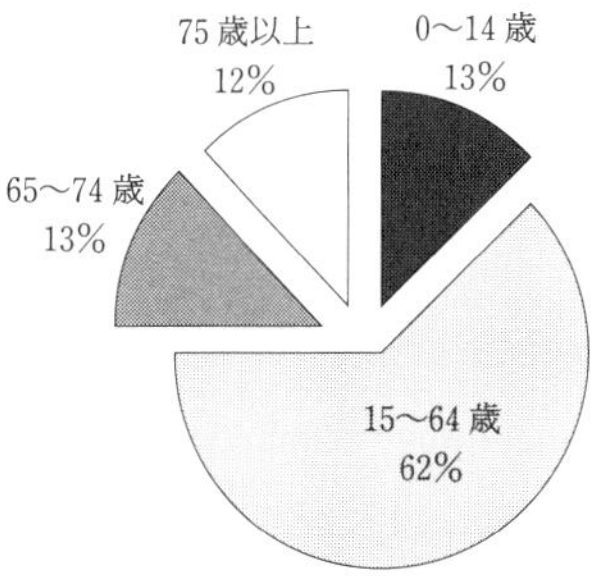

図 2-1　日本の人口構成(2013 年 11 月)

表 2-2　5 歳幅の年少人口

（万人）

年齢階級(歳)	総数	男	女
0〜4	524	268	256
5〜9	536	274	262
10〜14	578	296	282
15〜19	605	310	295
0〜14　合計	1,638	838	800
0〜19　合計	2,243	1,148	1,095

（出典）総務省「人口推計」(2013 年 11 月)。

小家族化のもう一つの指標である「高齢者の単身世帯率」も八・三％（八〇年）、一〇・九％（九〇年）、一三・八％（二〇〇〇年）、一六・四％（二〇一〇年）となり、高齢者の独居傾向は止まらない。小家族化により家族内の支え合いの基盤が薄れたうえに独居が進み、高齢者を含む地域住民の孤独死・孤立死の危険率が上昇した。(8)

日本の人口変動の特徴

二〇一三年の日本の人口変動の特徴を箇条書きによりまとめると、以下のような日本新記録や世界新記録に遭遇する。

①二〇一三年一一月一日現在で、年少人口（一五歳未満）総数は一九八二年から三二年連続の減少を記録して一六三八万人となり、日本新記録が続いている。ちなみに一九八〇年の年少人口数は二七〇五万人であったので、三三年間で一〇六七万人の減少となる。

②年少人口率は三九年連続の低下を示し一二・九％となり、日本新記録を更新した。一九八〇年の比率が二三・五％だったので、三三年で一〇・六％の低下である。

③二〇一一年段階で人口四〇〇〇万人以上をもつ国は世界一九四国のうち二九国を数えるが、この年の日本年少人口率一三・一％は二九国のなかで最下位であり、これは世界新記録になる。最高はエチオピアの四二・八％、インドは二九・一％、中国は一六・五％、ドイツは一三・二％であった。

④過去二〇年間、少子化を議論する際に用いられてきたのは合計特殊出生率（ＴＦＲ）である。これは一人の女性が一生かかって産むと仮定された子ども数であり、日本全国では図2-2のような傾向にある。一九五〇年までの団塊世代が誕生したベビーブーム時代のピークは四・三二であったが、一九五〇年代から六〇年代には下がり、一九七〇年代初頭の第二次ベビーブームでやや盛り返し、二・一四を記録したあとは

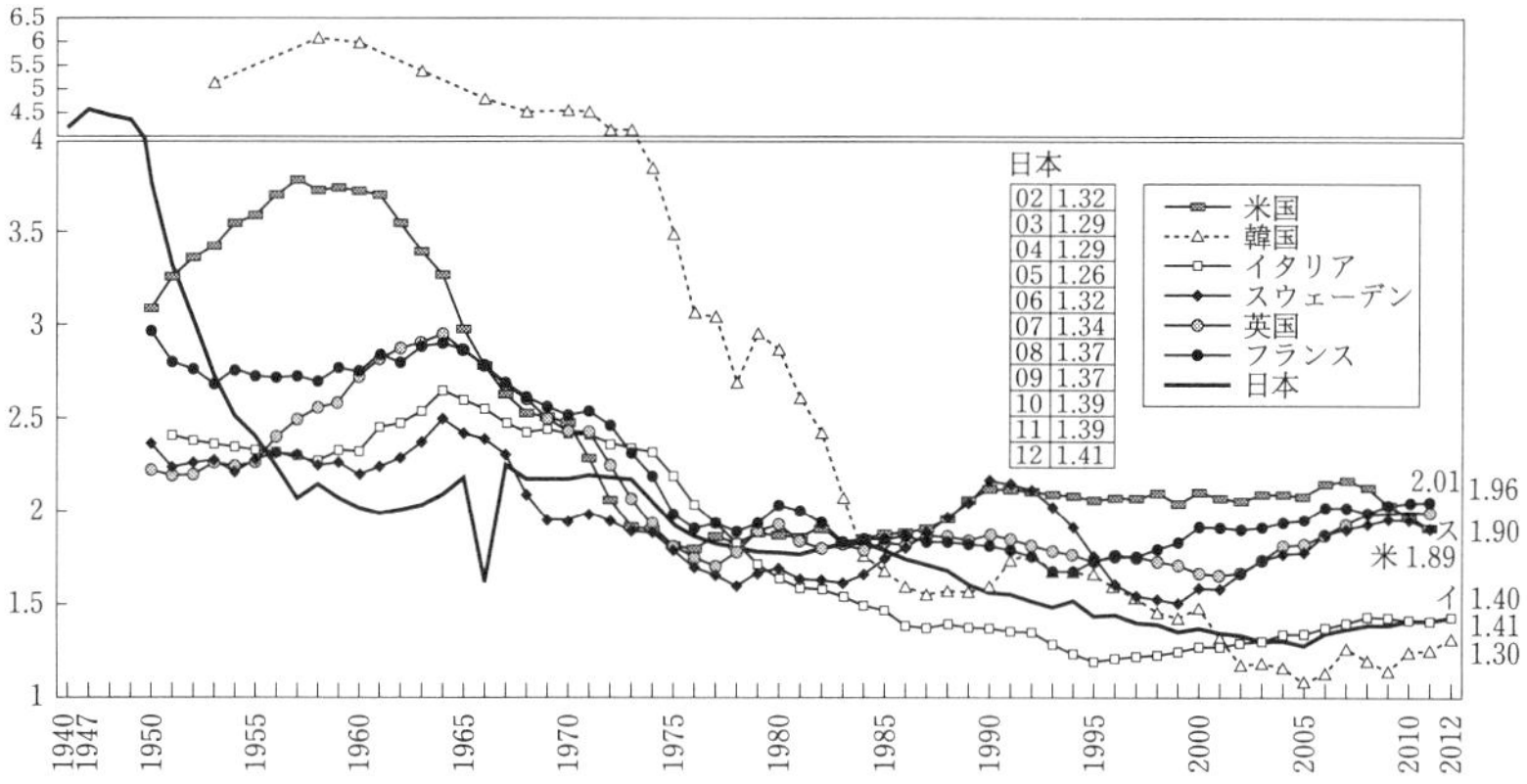

図 2-2　日本社会の出生率と合計特殊出生率(日本および諸外国)

(資料) 厚生労働省「平成 13 年度人口動態統計特殊報告」,「人口動態統計」(日本全年，その他最新年)，国立社会保障・人口問題研究所「人口統計資料集 2010」，Korea National Statistics Office。

(注) 合計特殊出生率は女性の年齢別出生率を合計した値。数字は各国最新年次。日本 12 年概数。

ほぼ一貫した低下傾向にある。二〇〇五年には最低の一・二六になったが、それ以降は横ばい状態で、二〇〇八年では一・三七であり、それ以降は一・三九が続き、二〇一二年に一六年ぶりに一・四一になった。

合計特殊出生率の都道府県間の差異

⑤また、合計特殊出生率では都道府県間の差異も大きい。二〇一一年の都道府県別データでは、東京都が最低の一・〇六、北海道、宮城県、京都府がその次に低い一・二五になった。沖縄が本土復帰した一九七二年以降は、沖縄県が合計特殊出生率の最高を一貫して記録してきており、一・八六であった。二〇一一年の一・六〇以上は宮崎(一・六八)、鹿児島(一・六四)、熊本(一・六二)、佐賀(一・六一)、長崎(一・六〇)の各県であり、風土的な特徴として温暖であり、農業にもまだ力が残っており、平均世帯人員の数も相対的に大きい県の合計特殊出生率が高いようにみえる。したがって、ゼロ歳から一五歳未満を表

す年少人口比率も相対的に高い(表2-3)。

⑥総務省の「労働力調査」によると、一五歳以上の女性のうち働く人の割合(労働力率)は二〇一一年に四八・二%であり、二五~二九歳に限ると七七%になり、三〇年余りで約三五%上がった(図2-3)。女性の社会進出が進むとともに、女性の初婚年齢は上昇するので、二〇一一年は二九歳となり、この三〇年間で三・七歳上昇したことになる。一生結婚しないとみられる女性の割合も二〇一〇年には一割を突破しており、これは三〇年前の二倍以上になる。

加えて、後述するような非正規雇用率の増大が男女ともに趨勢として認められる。これは日常的な生活の安定を疎外するので、結婚への動機づけを弱めてしまう。働いていても将来展望がなければ、その日暮らしになりやすく、未婚率は上昇する。日本を含む東アジアのいくつかの国では、結婚しないと子どもを産まない文化なので、婚外子が四〇~五〇%のヨーロッパやアメリカなどとは事情が異なる。未婚率の上昇が少子化に直結する日本では、未婚者への対応もまた既婚者の子育て支援と同じ文脈で求められるのである。

表2-3 九州地方の年少人口比率

福岡県	13.5%	宮崎県	13.8%
佐賀県	14.4%	鹿児島県	13.6%
長崎県	13.4%	沖縄県	17.6%
熊本県	13.7%		
大分県	12.9%	日本全体	13.0%

(出典) 総務省資料(2012年10月)。

少子化の社会的影響

しかし、この二〇年間で未婚率増大への対策は特に行われてこなかった。その結果として複数の人口指標からも、二一世紀の日本における年少人口は未曾有の縮小傾向にあることがうかがえる。加えて、少子化には確実な社会的影響が予想される(表2-4)。若年労働者が減少するといった経済面だけではなく、政治面から文化面まで幅広い領域で正というよりも負の影響が考えられる(金子、2003:2006a)。とりわけ小家族化による子どもの社会

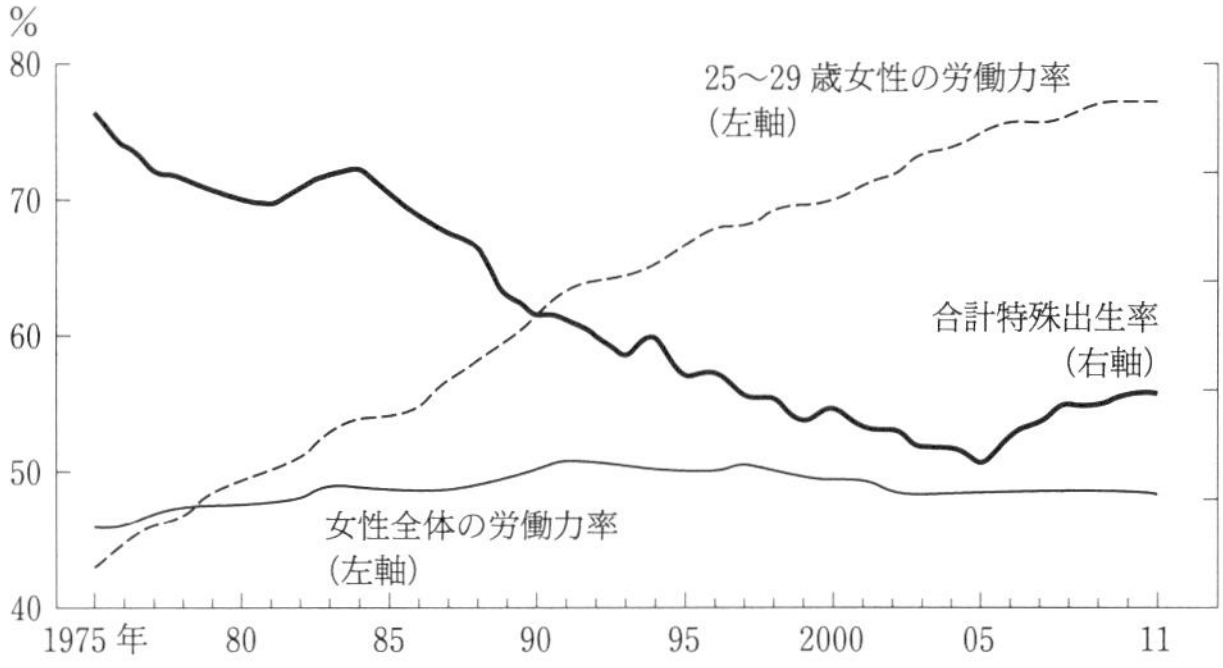

図2-3　女性の労働力率と合計特殊出生率(年度)

(出典) 総務省「労働力調査」，厚生労働省「人口動態統計」。

表2-4　少子化の社会的影響

経　済　面：	市場の縮小。労働力の減少。消費の不振。失業の増大。自然環境の荒廃。
政　治　面：	理念と目標の喪失。偏りのあるイデオロギー支配。政治による高齢者配分重視。
社会統合面：	社会統合力の脆弱化。家族の縮小。犯罪の増加と検挙率の低下。年金制度や医療保険制度など公共財の破壊。国民間の不公平性の増大。
文　化　面：	多文化の消失。スポーツ停滞。日常娯楽の不振。若年文化の衰退。

化機能の衰退により次世代育成に困難が生じて、結果的に社会システムの人的資源面での衰退が懸念される。

もちろん長寿化そのものは人類の悲願の一つだから、そのこと自体は喜ばしいのはいうまでもない。世界一九四カ国加盟のWHOがまとめた二〇一三年統計によれば、日本人男性が七九歳、女性が八六歳の平均寿命はともに世界一であった。また、誕生後一カ月未満で死亡する新生児死亡率が一‰(パーミル)であり、一歳未満の乳児死亡率の二‰もともに世界一の低さであったことも世界に向けてもっと誇りにしていい[9]。

それらには複合する要因として、医療水準や薬効水準の高さだけではなく、食生活水準の向上、住宅事情の改善、教育制度の成果として日本人の栄養面と健康面の知識の浸透および水準の上昇、年金制度、医療保険制度、介護保険制度、就業制度、高齢者への各種支援制度などの相乗作用が指摘できる。とりわけ世界一の平均寿命に関しては、高齢者の暮らしを支える年金、政府資金、人材、機会などがあげられる。

重ねて、社会規範としての高齢者支援が合意されている点も見逃せない。高齢者を大事にする文化は紆余曲折しながら、日本社会では数十年間年金制度、医療保険制度、介護保険制度という三本柱により堅固に維持されてきた。これは選挙の際の高齢者による投票率の高さと整合しているからでもあるが、小家族化のなかでの高齢者の介護や看護の困難さを国民各層が理解していることも大きい。その意味でまさしく高齢者支援規範は国民を外在的に拘束しているといってよい。

少子高齢化と個人主義

ところで昭和の後半から平成の時代に、なぜ少子高齢化が起きたのか。それを便宜上二〇世紀末までの少子化動向と二一世紀からの少子化動向とに分けて、それぞれに複合する原因をまとめておこう。まず、一九四五年の敗戦から始まり、一九六〇年代から始まり一九七二年に終わった高度成長期に顕在化した個人主義(individualism、me-ism)という個人レベルの生き方の浸透があげられる。これは明治以降の一〇〇年以上も連綿と続いた集団主義が敗戦によって消滅したからである。

イエのため、ムラのため、お国のためという集団への献身文化が消えて、個人が何よりも重要であり、それを支える集団としての会社だけには忠誠を誓うという文化が、そこで雇用されて働く人々の主流になった。そこには会社と個人間における二重規範の問題(小室、1976)が残ったが、ムラを離れ、大都市での「群化社会」(神島、1960)を生き抜くには、個人主義がもっとも適応力に優れていた。[10] すなわち日本における少子化が婚姻率の低下としての未婚率の増大と整合するのは、①生き方の自由意識が国民レベルで肯定されて、とりわけ大都市における個人のライフスタイルには他人は口出ししないという、②個人主義を保証する社会規範が浸透したためである。

高度経済成長が終わり、安定成長期や低成長期を繰り返して一九八〇年代の後半から本格的な個人主義が現実化した。これを表す指標として生涯未婚率データをあげておこう。生涯未婚率とは四五～四九歳と五〇～五四歳の未婚率の平均から五〇歳の未婚率を算出した値であり、この二五年間で急増している（表2-5）。生涯未婚率は二〇一〇年時点で男性が二〇・一四％、女性も一〇・六一％に達した。

男女ともに二〇〇〇年を境に上昇傾向に転じたが、これは二〇〇一年に誕生した小泉内閣の方針によるところが大きい。すなわち、二〇〇四年には「労働者派遣法」を製造業務にまで広げる法案を可決させて、政権末期の二〇〇六年には三年までとされていた派遣受け入れ期間の無期限延長に踏み切ったからである。そのため二〇〇五年ごろから派遣労働を含めた非正規雇用慣行が大企業で定着した。国際化への対処という大義名分が企業内蓄積を優先する理由として活用され、そこに働く人々への還元は後回しになった。とりわけ結婚を考える世代としての男性二五歳から四〇歳、女性二五歳から四〇歳の未婚率の増大と、三割を超えたといわれる非正規雇用の進行とは正しく整合する。

表2-5　生涯未婚率の推移

年度	男性	女性
1985	3.89%	4.32%
1990	5.57	4.33
1995	8.99	5.10
2000	12.57	5.82
2005	15.96	7.25
2010	20.14	10.61

（出典）各年度国勢調査結果。

増加する非正規雇用者

ここにいう非正規雇用者とはパート、アルバイト、派遣社員、契約社員、嘱託などの総称である。このデータを収集する労働力調査では事業所ではなく世帯が対象の調査であり、ここでの集計は職場での呼称に基づく回答者の選択による。なお、ニュース等で公表される非正規雇用者の数は農林業を含んだデータであり、ここでの人数より多い（たとえば二〇〇九年一～三月期は非正規雇用者一六九九万人と二二万人多い）。本書では時系列のなるべく長い接続のため、非農林業を対象としている。
正規雇用者は一九九七年までは増加していたが、それ以降、二〇〇六年まで減少し、〇七年以降ほぼ横ばいとなっている。これに対して非正規雇用者は二〇〇九〜一〇年に一時期減少したが、ほぼ一貫して増加してきた。この結果、非正規雇用者比率は一九九〇年の二〇・〇%から二〇一三年の三六・二%へと大きく上昇した。いまや三人に一人以上は非正規雇用者となっている(表2-6)。不思議なことは、同じ政権が少子化対策と称して「待機児童ゼロ作戦」という保育所建設を推進したところである。一方で、結婚できない人々を増加させる非正規雇用を無制限に拡大させ、未婚率を急増させながら、それを無視して既婚者の育児支援のみに邁進する政策は少子社会の大局を見失った典型的な官僚作文に等しいものであり、民主党路線でも踏襲され、自民党政権に戻っても続いている。

非正規雇用では収入が少ないうえに不安定な勤務が続く。その意味で、結婚しない若者やできない若者が増大して、結果的に未婚率が上昇した(表2-7)。日本の婚姻文化の特徴は結婚しないと出産に向かわないところにある。たとえば婚外子率でいえば、日本は毎年約二%だが、少子化動向から完全に抜け出し、合計特殊出生率が二・〇〇に戻ったフランスの婚外子率は常時五〇%を超えている(金子、2013:176)。それぞれに結婚をめぐる文化の差異があることは産み方でも異なるし、世界で一四番目にフランスが同性婚を合法化したことをあげても、その相違は歴然としている。

二〇一〇年国勢調査によれば、全世帯のなかで高齢者がいる世帯の割合は三七・三〇%である。同時に、高齢夫婦のみの世帯割合も一〇・一三%にまで増加した。全世帯における高齢単身者も九・二四%にまで伸長してきた。合わせて高齢者だけでの単身高齢者率も八・三%(八〇年)、一〇・九%(九〇年)、一三・八%(二〇〇〇年)、一六・四%(二〇一〇年)となり、二つの指標からみても高齢者の一人暮らし傾向は止まらない。

表 2-6　非正規雇用者比率の推移(男女別)

(%)

年度	男				女			
	総数	15〜24	25〜34	35〜44	総数	15〜24	25〜34	35〜44
1990	8.7	20.0	3.2	3.3	37.9	20.6	28.1	49.5
1995	8.8	23.6	2.9	2.3	39.0	28.4	26.6	48.9
2000	11.7	38.5	5.6	3.8	46.2	42.3	31.6	53.1
2005	17.8	44.2	13.2	7.0	51.7	51.5	38.4	54.2
2010	18.2	41.6	13.2	8.1	53.3	50.0	41.4	51.3
2013	20.9	47.2	16.3	9.1	55.4	53.6	41.4	54.6

(資料) 総務省「労働力調査」による。非農林業雇用者(役員を除く)に占める割合。2001 年以前は 2 月調査。それ以降は 1 月〜3 月の平均。非正規雇用者にはパート・アルバイトのほか，派遣社員，契約社員，嘱託が含まれる。

表 2-7　年代別の男女の未婚率推移

(%)

年度	男性(歳)			女性(歳)		
	25〜29	30〜34	35〜39	25〜29	30〜34	35〜39
1995	66.9	37.3	22.6	48.0	19.7	10.0
2005	71.4	47.1	30.0	59.0	32.0	18.4
2010	71.8	47.3	35.6	60.3	34.5	23.1

(出典) いずれも国勢調査結果。

一方、日本ペットフード工業会が二〇一二年度に公表したデータによれば、全国の各世帯で飼い犬の合計数が一一五三万四〇〇〇匹、猫は九七四万八〇〇〇匹で、犬・猫合計では二一二八万二〇〇〇匹になる。これは年少人口(一六四九万人)をはるかに超えて、高齢人口総数(三一三〇万人)にせまる勢いである。

「予防原則」が活かせず、「予備原則」しかない社会システムレベルでは、二〇四〇年で一億人(三三%の高齢化率、七〇歳以上が二五%、一二%の年少人口率、一九歳までの合計が二〇%)を適正規模とする日本高齢社会の再生論がタスクとして控えていて、私もその一翼で微力をつくしてきた(金子、2006a)。すなわち、新しい基準値では七〇歳以上と一九歳未満の合計を四五%として、二〇歳から六九歳までの比率を五五%とする新しい社会システムの創造が期待される[11]。

その延長上に着実な総人口の減少があり、国立社会保障・人口問題研究所による二〇一二年一月中位推計では、二〇四八年に一億人を割り、二〇六〇年の総人口が八六七四万人で、高齢化率は実に三九・九％と予想されるに至った。この規模の大きさと速さが日本社会へのリスクを倍化させるから、それに備える社会システムづくりが最大のタスクになる(12)。

上記のリスクはそれぞれが密接に関連しているので、研究する際にはミクロ・マクロどちらかの観点だけでは不十分であり、総合化された高齢社会のリスクとしての全般的理解を必然化する。

高田保馬の人口方程式

高齢化は世界的な現象であり、放置すればマクロだけでも多段階でのリスクが生まれるので、国際レベル、国家レベル、地域レベル、自治体レベルのタスクを必要とする。元来、「高齢化率＝１００×高齢者／少子化する総人口」なのであり、高齢者が増える長寿化と子どもが生まれにくい少子化による総人口の減少が同時進行する。

高田保馬の人口方程式「ＳＤ＝ｄＰ」で証明されたように、豊かさ志向が人間の本性であるから、人間は手に入れた豊かな生活水準(Ｓ)を落とそうとはしない。しかし生産力(Ｐ)は自然災害、戦争、インフレ、デフレなどの経済現象などの影響により、常に流動的なために上下動を必然化する(13)。

ｄは社会的な分配率なので、社会的勢力関係が変更されない限りは動かない。だから、不況により生産力が低下しても、分配率が変化しないために、人間は達成した生活水準を維持するために出生数(Ｄ)を落とすから、等式も守られる。先進国で少子化が普遍化して、それが中進国まで及んできた理由はここにある。

すなわち、豊かな社会では長寿化と少子化による社会全体の高齢化の進行は予防できないのだから、社会的「予備原則」(precautionary principle)で対処するしかない。年金、医療保険、介護保険制度はもちろん、「少子化する高齢社会」全体に備えて「予備原則」を活用する。分析に際しては、大都市か過疎地域か、高階層向けか低階層向けか、自立高齢者志向か要支援・介護高齢者志向か、対象は高齢の男性か女性かなどに配慮して、それによってリスク緩和やタスクの方法も異なってくる。(14)

このように、「少子化する高齢社会」では、合計特殊出生率を急上昇させ、根源的リスクとしての高齢化率を減らすことは難しい。総人口と年少人口の減少、高齢人口の増大、要介護率の増大、小家族化、単身化、年金・医療保険・介護保険制度の危機、過疎化と限界集落発生、社会全体の衰微などは「予防」ができないが、いずれも近未来日本を激変させる「大きなリスク」としてのBになる。

二〇一五年は、高齢社会のリスクと課題および高齢者個人が直面するリスクと課題を仕分けしつつ、制度改革の具体案と実行期間、そして財源の捻出方法について速やかな合意を図る出発のときと思われる。そこで団塊世代が全員退職する二〇一五年までに取り組みたいリスクとタスクをあげておこう。

少子化のリスクとタスク

高齢化を促進する少子化をリスクとみると、タスクの一つには、保育をめぐる勤労女性と在宅の専業主婦との行政支援の格差是正があげられる。なぜなら、保育園の入園資格に、幼児の母親が働いている、本人が病気、夫や親の介護のために自らが保育できないという判断基準が五〇年以上続いてきたために、子育て者間における不公平性というリスクが生じたからである。札幌市でも日本全国でもゼロ歳から五歳までの全幼児のうち二五％しか「保育園児」に該当しないが、自治体レベルでの「保育予算」の九九％がすべて「保育園」に使われている。これにより、ゼロ歳から五歳までを在宅で育てる専業主婦の育児には、「保育」予算がゼロであるという格差が浮かび上がる。

二つには、「ワーク」の意味が依然として公務員と大企業勤務者に偏重しているというリスクが指摘される。

政府主導の「ワーク」は中小零細企業の従業者まで届かず、しいていえば正規雇用者に代表される「エンプロイメント」(雇用)にすぎない。もし「ワーク」に固執するのなら、そこに「正規労働」(レギュラーワーク)を強調しないと、日本の少子化対策では無力となる。非正規労働者の増加と少子化の動向には正の相関があるからである。

逆に、「エンプロイメント」(雇用)を超えた仕事全般を意味するならば、「家事労働」(chore: household tasks, the ordinary daily tasks in the home)までを含めたい。その意味で、保育園の入園資格を撤廃した「認定子ども園」には今後とも期待したい。

「ライフ」から「ケア」を独立させる

三つには、「ライフ」が家庭生活を意味するとしても、介護を理由に離職者が増える現実に鑑みて、「ライフ」から「ケア」(介護)を独立させたほうがよいと考えられる。

介護の実態

「女性や若者、高齢者、障害者」を在宅で支えたり、地域で支え合うには「すべての人が働くことができる社会」では無理がある。支える「ワーク」はもちろんだが、介護を理由に「ワーク」を離れた人の「ライフ」を周囲で支援する地域福祉システムも現実化したい(図表2-1)。

これらのデータから、介護離職者が年間一〇万人ほど新しく生まれていることがわかる。「ライフ」に介護が付随する時代なのである。同時に「働いている約五%が介護をしている」現状では「ワーク」でさえも介護から無縁なのではない。男性有業者三六七四万人のうち一三〇万人(三・五%)、女性有業者二七六七万人のうち一六〇万人(五・八%)が働きながら介護をしている実態がある。十年一日のごとく平凡な「ワークライフバランス」

広がる介護者、増える離職リスク

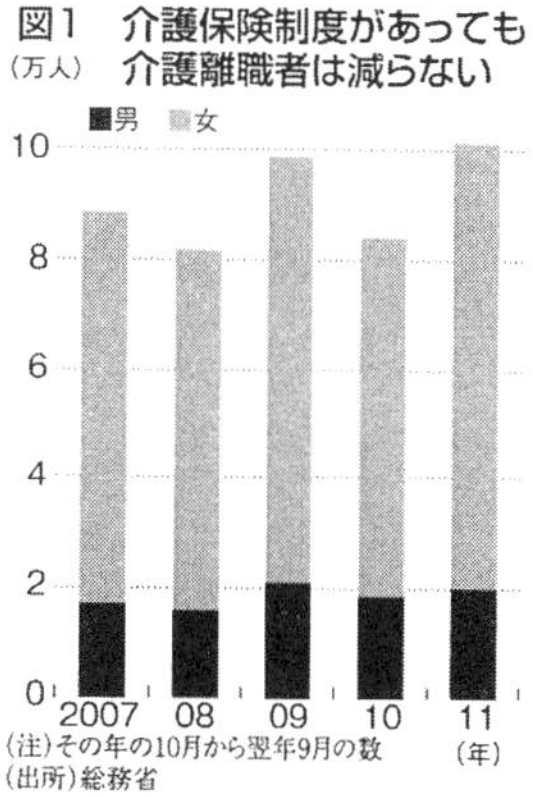

介護離職者は減らない

(注)その年の10月から翌年9月の数
(出所)総務省

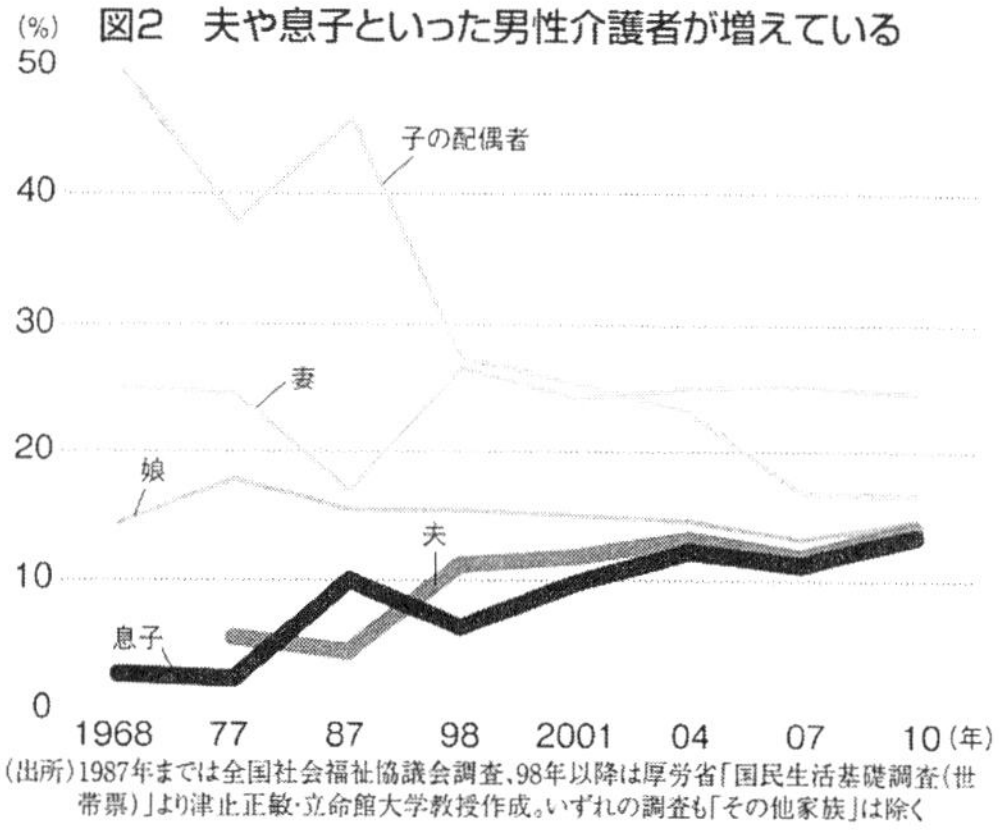

図2　夫や息子といった男性介護者が増えている

(出所)1987年までは全国社会福祉協議会調査、98年以降は厚労省「国民生活基礎調査(世帯票)」より津止正敏・立命館大学教授作成。いずれの調査も「その他家族」は除く

働いている人の約5%が介護をしている

	総数	介護をしている
総有業者	6,442万人	291万人
男性有業者	3,674万人	130万人
女性有業者	2,767万人	160万人

(出所)総務省

担い手の最多層は50代

(%)

	介護をしている人の年齢別の割合						
	40歳未満	40～49歳	50～54歳	55～59歳	60～64歳	65～69歳	70歳以上
男	10.9	16.5	15.1	21.1	21.2	8.7	6.5
女	11.0	19.8	19.9	21.5	16.8	6.2	4.7

図表 2-1　介護離職関連データ

(出典)『エコノミスト』91-53，毎日新聞社，2013：23。

を唱える政策がいかに現実離れをしていたかを、厚生労働省や政治家やマスコミ、そしてそれに賛同してきた知識人と呼ばれる人々は真剣に反省する必要があるのではないか。

同時にフェミニズム信奉者は、「夫や息子などの男性介護者の増加」もその主張に取り込んで理論を再編する時期であろう。グラフからも娘と息子の差異はほとんど認められなくなったことがわかる。

さらに介護する年齢も五五歳から五九歳までがピークであり、男女ともに二〇％を超えている。男性は六〇歳から六四歳までも二〇％台を維持しており、六五歳以上でも七〇歳以上でも女性よりも介護に従事する比率が高い。これは男性の母親の介護が多いことを想定させる。一方、女性が高いのは四〇歳代と五〇歳代前半である。これは自分の夫が含まれるためであろう。

いずれにしても、一五年続いてきた「ワークライフバランス」政策は、高齢化率二五％の社会では破たんしているといわざるをえない。

在宅での支え手も増やせる柔軟な選択肢のほうが高齢社会にはふさわしい。その意味でも、「レギュラーワーク・ケア・ライフ・コミュニティ・バランス」の理念こそが、今後の「少子化する高齢社会」には適切な追求目標になる。介護の担い手のうち妻と夫との差異はまだ明瞭だが、これは夫婦の年齢差と女性の長寿化によるものであろう。

ＷＨＯによる「アクティブエイジング」の決定要因

一般に高齢者は、八割の自立高齢者と他人の手を必要とする二割の要支援・介護高齢者に分類できて、それぞれにリスクとタスクが存在する。ただし、自立高齢者の身体と心の面での予防は、医学その他の研究成果が出揃っており、歩行、摂食、排泄、アルツハイマーへの危険性の回避を主軸として、タスク理念としてＡＤＬ

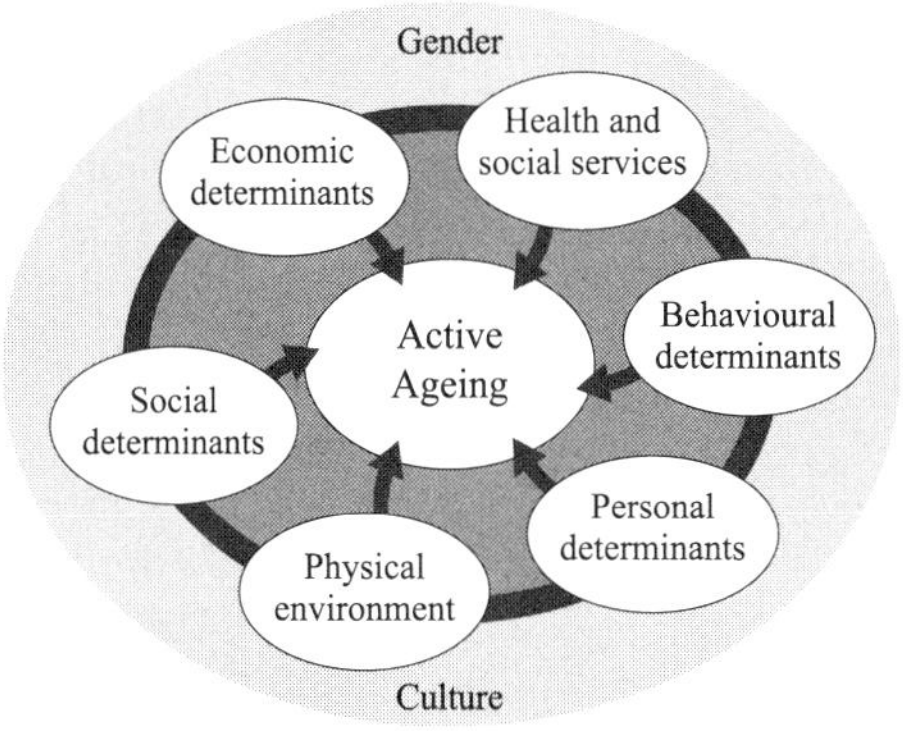

図 2-4　WHO のアクティブエイジング関連のモデル図

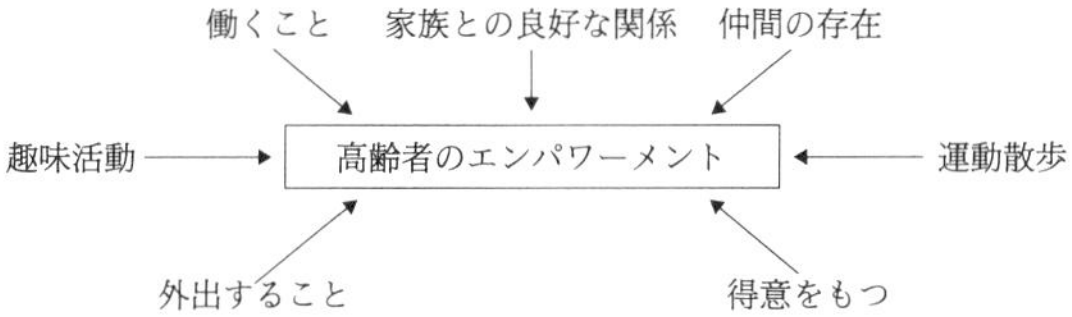

図 2-5　高齢者のエンパワーメント要因

(Activities of Daily Living)とQOLの維持が活用される。

その際は、「予防原則」を実践する目標として、WHOによる「アクティブエイジング」の決定要因が有効な指標になる(図2-4)。すなわちそこには「健康と社会サービス」、「経済的決定因」、「社会的決定因」、「物理的環境因」、「個人的決定因」、「行動的決定因」などがあり、多くがジェンダーと文化によって規定される[15]。確かに喫煙率にはジェンダーの差異が濃厚だし、既婚者か未婚者でも高齢期のライフスタイルへの違いは鮮明である。自らが置かれたライフステージに照らしてみて、これら六要因を自己点検するところから、高齢期の健康づくり予防活動が始まる。

過去二〇年間都市高齢者の調査を行ってきた私は、高齢者個人の社会紐帯の崩壊や孤独や交際上のトラブルを回避して、エンパワーメントを強化する要因を図2-5のように整理した。①家族との良好な関係、②働くこと、③趣味活動、④外出すること、⑤得意をもつ、⑥運動散歩、⑦仲間の存在を、その要因とみなしている。とりわけ趣味と得意を分析的に区別したところに工夫がある。これらを日常生活において求めることが、高齢者の健康維持にも結びつき、個人レベルの健康予防原則の実践にもなりうる。

第四節　高齢者の社会保障制度と役割理論

機能別社会保障給付費の内訳

ＩＬＯが国際比較上定めた機能別社会保障給付費の内訳は、「高齢」、「遺族」、「障害」、「労働災害」、「保健医療」、「家族」、「失業」、「住宅」、「生活保護その他」の九分野に分けられる。また、それらを重ね合わせた「年金」、「医療」、「福祉その他」という三部門の分類もある。平成二一年度でいえば、総額九九兆九〇〇〇億円のうち、「年金」が五一・八％、「医療」が三〇・九％、介護を含む「福祉その他」が一七・三％になる（国立社会保障・人口問題研究所編『平成二三年度社会保障給付費』2012：8）。

また、平成二二年度総額一〇三兆四八七九億円のうち、「年金」が五二兆四一八四億円（五〇・七％）、「医療」が三二兆三三一二億円（三一・二％）、「介護」が七兆五〇五一億円（七・三％）、介護を除く「福祉その他」が一一兆二三三三億円（一〇・八％）になった（国立社会保障・人口問題研究所編『平成二三年度社会保障費用統計』2013：11）。

このうち「年金」には厚生年金、国民年金等の公的年金、恩給および労災保険の年金給付が含まれている。「医療」には医療保険、後期高齢者医療の医療給付、生活保護の医療扶助、労災保険の医療給付、結核精神その他の公費負担医療費が該当する。「介護」には介護保険給付と生活保護の介護扶助、原爆被爆者介護保険法一部負担金及び介護休業給付が含まれる。「福祉その他」は社会福祉サービス費用、医療扶助以外の生活保護による各種扶助、児童手当、医療保険の障害手当金、労災保険の休業補償給付、雇用保険の失業給付から構成される。

また機能別社会保障給付とは異なる計算式の社会支出は、人々の生活水準が極端に低下した場合に、それを補うために個人や世帯に対して財政支援や給付をする公的あるいは私的給付を意味しており、制度による支出のみが該当する。具体的には社会保障給付費に、施設整備等の個人に帰着しない支出、就学前教育、自動車賠償責任保険、生活保護以外の住宅関係費などを加えたものである。したがって、人々の直接の財やサービスの購入、個人単位の契約や世帯間の助け合いなどは非該当になる。

社会支出分野の項目

社会支出それぞれの分野の項目は以下の通りである。

①高齢：年金、早期退職年金、高齢者向けホームヘルプや在宅サービス
②遺族：年金、埋葬料
③障害・業務災害・傷病：ケアサービス、障害給付、業務災害・傷病手当
④保健：外来、入院ケア支出、医療用品、予防
⑤家族：子ども手当、保育、育児休業給付、ひとり親給付
⑥積極的労働市場政策：職業紹介サービス、訓練、採用奨励、障害者の統合、直接的な仕事の創出、仕事を始める奨励
⑦失業：失業給付、労働市場事由による早期退職
⑧住宅：住宅手当、家賃補助
⑨その他：低所得者向けの他分野に分類できない給付、食事支援など

これらの政策分野別社会支出の総額は二〇一〇年度では一一〇兆四五四一億円になり、対国内総生産比は二三・〇五％になった。その支出は、「高齢」（四七・三％）、「遺族」（六・三％）、「障害・業務災害・傷病」（四・八％）、「保健」（三二・七％）、「家族」（五・五％）、「積極的労働市場政策」（一・二％）、「失業」（一・三％）、「住宅」（〇・七％）、

「その他」(一・一%)の九分野に分けられる(同右)。

「少子化する高齢社会」では、高齢化率も高齢者数も増加することから、年金、恩給、高齢者医療、介護保険給付、老人福祉サービスは着実に増えてくる。直近のデータから社会保障給付の対象者別にみると、高齢者向けに全体の約七〇%、非高齢者には約三〇%の配分率になる。後者に少子化対策に関連する「児童・家族関係」があり、出産育児一時金、育児休業給付、保育所運営費、児童手当、児童扶養手当などがここに含まれるが、社会保障費全体に占める比率は四~五%程度で推移してきた。高齢者への手厚い給付と比べると、次世代育成のかけ声が空しく響く。私はこの点を考慮して、財源の裏づけがない「子ども手当」ではなく、一九九八年から社会全体での「子育て基金」制度の創設を主張してきた(金子、1998:2003:2006b:2007:2013)。

このうち、高齢者と子育て中の家族だけを抜き出せば、表2-8のようになる。一見して高齢者に厚く、子育て中の家族に薄い。また、表2-9にみるように、いくつかの先進諸国と比較すると、日本における家族支援の乏しさが鮮明になる。

一四年四月からの消費税率八%が決定して、一〇%議論も盛んになった。一%が二・五兆円と見込まれるから、二%を「児童・家族関係」に限定使用できないものか。子どもを生み育てる家族だけが養育費、教育費、学習費などを負担して、直接的な次世代育成という選択をしなかった個人や家族はそのような負担がゼロというのでは、公平性の点で疑問が残る。「おひとりさまの老後」は社会全体で育てられた次世代によってのみ支えられる。この事実を軽視した権利主張だけでは、未曽有の「少子化する高齢社会」は乗り切れない。高齢社会のリスクと課題および高齢者個人が直面するリスクと課題を適切に仕分けしつつ、制度改革の具体案と実行期間、そして財源の捻出方法について速やかな合意を図る時期に来ている。

表 2-8　社会保障給付費

社会保障給付費(億円)	2009 年度	2010 年度
計	998,607(100.0%)	1,034,879(100.0%)
高齢	498,022(49.9%)	508,099(49.1%)
家族	38,394(3.8%)	54,695(5.3%)

表 2-9　高齢者と家族の社会支出の国際比較(2010 年度)

社会支出	高齢	家族
日本	10.99%	0.96%
アメリカ	6.08%	0.70%
イギリス	7.34%	3.83%
ドイツ	9.12%	2.11%
フランス	12.33%	3.20%
スウェーデン	10.24%	3.76%

役割理論の応用

財源面とともに、社会学の役割理論の応用によって、「生活の質」維持に有効なライフスタイルの見直しも急務である。類書でも本書でも、収集されたデータによって、親や祖父母としての固定役割、夫や妻としての固定役割、あるいは町内会、老人クラブ、NPOなどでの地域役割が多くなるほうが、サクセスフルエイジングに結びつくことが証明されている。ここにコミュニティがもつ機能が期待される(16)。

とりわけ第四章で詳述するように、生きる喜びとしての「生きがい」では、趣味娯楽だけではなく、男はそれまでの仕事の延長にある社会活動やその仲間との交流、女は家族との交流や近隣の友人との活動に、それぞれ生きがいを強く感じることがわかっている。趣味がなければ、高校入試で出題されない科目(音楽、美術、保健体育、技術家庭)にそれを求めるのがよい。中高齢期から親密な他者をみつけ、高齢期の良薬となるような人的環境(ソーシャル・キャピタル)を維持できるかどうかが、高齢社会における男女の豊かな生活にとってのカギとなる。これらの仮説が本書に収録した高齢者のライフヒストリーで確かめられることになる。

人間は役割を通して社会的な結びつきをもつしかないが、同居の場合の親世代では、子どもが幼いころは家族内の「固定役割」が鮮明である。しかし子どもの成長につれてそれは弱まり始め、子どもの就職や結婚による他出がそれに拍車をかけ、最終的に高齢者の一人暮しになると、「固定役割」は失われてしまう(金子、1993)。

循環役割

親世代は定年を迎えるまで職場における日常生活を優先することが多く、職場における「循環役割」を維持している。「循環役割」の提供は職場での地位にあるとはいえ、主任や課長や部長などの地位は定年によりすべてがなくなるので、その結果として職場から離脱した高齢者は「役割縮小過程」に突入することになる。同様に、嫁に実権を譲った姑もまた、家庭内での「固定役割」を喪失する。

地域社会における「流動役割」

高齢者男女ともに縮小した役割の復活基盤は「流動役割」にある。地域社会には町内会をはじめとして年齢階梯集団である老人クラブや女性だけの婦人会もあるが、いずれも活発な活動を行っているとはいいがたい。ただし、その代りの社会運動やＮＰＯなどもまた地域社会を基盤にするから、どこでもその活動の一部を担えれば、「流動役割」が生まれることになり、それは自助、互助、共助などにとっても有効な機能を果たす。同じく、近隣や趣味を通した個人的な関係のなかでの「流動役割」づくりも有効である。

総じて「役割縮小過程の存在」として高齢者は位置づけられるが、生きがい論にからめると、「限界役割効用」概念を使って、役割がゼロに近くなった高齢者に一つでも新規の役割が増加すれば、生きがいを含めた効用が大きくなると判断される。自助互助など五種類のサービスの提供はもちろん、それとともに自立した高齢者にとっては「固定役割」、「循環役割」、「流動役割」の分担もまた、大きな意味をもつ。[17]

このような特徴をもつ「少子化する高齢社会」では、高齢者の生活も「老若男女共生社会」のなかで位置づけ直し、エイジズム（年齢差別）に敏感になり、全世代間で対等の関係を創造するしかない。それには「老若男女共生社会」の基本的福祉構造を、自助・互助・共助・公助・商助として、個人も行政も企業も地域団体も連携を実現していくことにつきる。その意味で、「おひとりさまの老後」は「おひとり」ではいかんともならず、次世代を軸とした社会全体の支援によって、かろうじて支えられることになる。

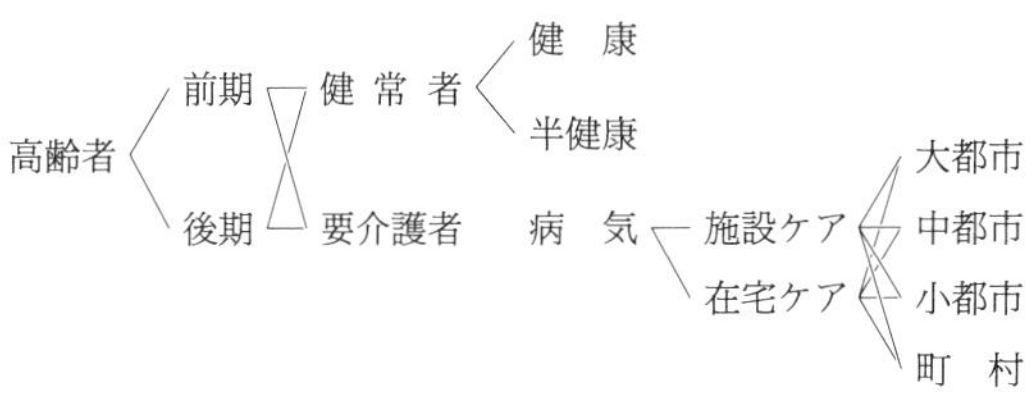

図2-6　高齢者の位置づけ

高齢者の生活保障

一般に「高齢者の生活保障」は制度的なサービスの存在を前提とすることが多いから、医療、福祉、介護などの分野では、財源の裏づけを伴う継続的な整備と拡充がもちろん望ましい。しかし同時に制度に依存するだけではなく、高齢者が自らの位置をしっかり見据えて、自助や互助や共助などを最大限に活用するライフスタイルの涵養にも努めることも、人生八〇年時代では生きがいも含めて得るところが大きい。

本書における高齢者の位置づけは、図2-6のようになる。

取り上げる問題に合わせて、この見取り図のなかからモデルとなる高齢者を選択する。健常者には「半健康」とみられる通院中や服薬中の高齢者も含む。また、居住する都市の規模によっては、施設ケアも在宅ケアも難しい自治体が存在する。すべての自治体が老健施設をもっているわけではないし、夕食の宅配サービスが可能な自治体も人口規模に応じて限定されている。

いずれも問題意識に合わせて、具体的な観察や調査結果を利用して高齢者生活の現状と課題を明らかにすることになるが、社会学からの留意点は、高齢者生活における金銭や資産というよりも、社会関係面の現実が生きがいや危機感などの意識面まで左右するというところにある（金子、1995）。

以上のような大局的な見取り図を活かしながら、以下の各章では個別的な事例も活用して、二一世紀前半における「高齢者の生活」の実態を描き出すことにする。

第五節　実証編　加齢を楽しむ

人間の価値にも、果物と同様、季節がある（ラ・ロシュフコー・吉川浩訳『人生の知恵』角川文庫、一九六八年、六八頁）

（1）炭鉱夫としての半生

炭鉱夫としての半生を送った福山順次郎さんは一九二二年（大正一一年）に北海道栗沢町で、八人兄弟の次男として生まれた。ここは炭鉱の町で、父親がここで炭鉱夫として働いていた。順次郎さんは尋常高等小学校を卒業してすぐに一年間、炭鉱の養成所で専門知識の勉強をした。それからすぐに炭鉱の従業員となり、初任給は三〇〇〇円程度もらったのであるが、普通の会社員の給与に比べると多かったと当時を振り返る。担当職は「機械工作員」といって、坑内と坑外の間を往復する炭車の運転業務に従事していた。

昭和一八年から二〇年の八月までは徴兵されて中国大陸にいたが、どこも怪我することもなく無事に戻ってきた。そしてその三年後の昭和二三年に、「親が決めた顔も知らない相手」である今の妻と結婚した。妻の実家は岩見沢の農家で、「わけもわからず嫁いできた」という。結婚して最初の五カ月間ほどは順次郎さん側の両親と同居していたが、二人の間に子どもができると社宅が当たり、次男なので何の問題もなく家を出た。そのままばらく働き続けていたが、昭和二八年の一二月、同じ系列の三笠市の炭鉱に配置転換になり、初めて生まれた町を離れる。結局この炭鉱には、定年である五五歳まで勤めたのであるが、その間の順次郎さんはとにかく働いてばかりだった。

炭鉱での仕事は、一応は日曜定休なのだが、「坑内の排水や見回りを誰かがせんならんもんだから」、他人が休んでいるときにも働いていた。それは正月や祭りのときも同様であった。「でも俺は万年坑員だったから」という。炭鉱で働く人のなかには坑員、職員、主任、係長、副坑長、坑長という階級があって、彼はそのなかで最下層止まりだった。妻の秀子さんは「人の分まで働いたから、表彰されたこともあったじゃない」とつけ加えた。そのような調子で、定年まではとにかく働いてばかりだった。定年時の給料は二五万円で、やはり多いほうだったという。

長男夫婦との同居

秀子さんも三年間であるが、テレビの部品製造の工場にパートで勤めに出て、月四万円くらいを稼いでいたことがあった。社宅に住んでいたことや、長男と長女だけの子どもだったので、「あのころは結構お金が貯まったんだよな。それで、家を建てたいと思って」。その念願が叶って、定年後には夫婦二人で岩見沢に家を購入したのだ。その家にはまる六年ほど住んでいたのであるが、札幌に住んでいる長男夫婦から「こっちで一緒に住んでくれ」という話がもちかけられ、岩見沢の家を売り払って札幌市の現住地に移り住んできた。理由は、長男が服飾関係の会社員、嫁は学校の事務員をしており、共働き夫婦なので、孫の面倒をみてくれないか、というものだった。それで自分たち夫婦が土地を買い、家を建てる費用の二割を負担して、昭和五八年の一二月に現在の家に越してきたのであった。

順次郎さんのお宅に上がると、すぐに二階に案内された。短い廊下を通って行くと、そこはダイニング・キッチンになっていた。一一年前にこの家を建てたとき、いわゆる二世帯住宅にして、順次郎さん夫婦は二階に、長男夫婦とその子どもは一階に住んでいるのだ。玄関は別になっておらず、共同に使われていて、仕切りのドアも開けてあり、開放的な感じで二家族が暮らしている。秀子さんの年齢を思うと、毎日食事をつくるのはもちろん、買物もつらいのではないかと想像してしまうのだが、「いまでも上と下は毎日それぞれで食事の用意をして、食べてますよ」と教えてくれた。

長男の妻は、仕事が終わって帰ってくるのが六時過ぎくらいで、それから支度をするので体力的にも時間的にも大変であるようだが、それでもあえて別々につくるという。「外でおかずを買ってきたりしてるみたいだし。それでも食事支度が全部でき上るまでは結構時間がかかるようで、そんなときは二階のうちらも待ってるんですよ」と秀子さんは穏やかにいった。嫁ができ合いのおかずをよく買っていたりすると、姑がめくじらを立てることはよくあるし、長男の家庭の食事時間に合わせて自分たちも待つことには不満はないのかと聞いてみた。「なんも。むしろこれでよかったと思っとるんだ」。順次郎さんがそう答えてくれた。

二世帯住宅の意義

それでもこの家を建てるときには、食事のことではもめたらしい。順次郎さんはそんな面倒なことをする必要はない、とあくまでも二世帯住宅に反対した。長男もそれに賛同し、長男の妻も折れかけたときに、秀子さんが「末永く仲よく暮らしたいなら、絶対距離を置くべきだ」と主張し続け、話し合いの末に結局この住宅構造になった。食べ物の好みの違いでいざこざが起こるという話などを友だちから聞いていたので、そう思ったと彼女はいう。三人の孫は全員食べ盛りの男の子で、肉やパンなどを好んで食べ、順次郎さんらはご飯にみそ汁といった感じで、まったく一階と二階では好みが違う。お互いに気をつかわずに好きなものを食べることができるので、今ではみなが満足している。

距離を置きながらも、お互いにおかずを交換したり、人が訪ねてくるような正月などや孫の誕生日には、一階の居間で大きなテーブルを囲んで全員が集まったりもする。また、孫は小学校六年生、五年生、一年生とまだ全員小さいので、母親が帰ってくるまでの間、いろいろと面倒をみるために下に行ったり、孫のほうが上に来てテレビゲームで遊んだりもしている。「孫がいるからこうして長生きしてられるんだ」と語るほど、順次郎さんは孫をかわいがっている。風邪をひいたときには病院まで自転車で連れていき、普段はキャッチボールの相手もする。孫がまだ幼稚園に通っていたころは毎日の送り迎えまで彼がしていた。

しかし、しつけには人一倍厳しい。玄関で靴を揃えることと、返事・あいさつに関しては特にうるさくした。順次郎さんは祖父であると同時に父親の役目も果たしているので、孫とのつながりは強いものであるといえよう。「おれ自身が八人兄弟で人のいっぱいいる家庭で育ったもんだから、下で孫が母親に怒鳴られてる声を聞いたりしたときには、なんだか気になるんだなぁ」。目を細めてそういう順次郎さんと横で笑っている秀子さんをみていると、この家では二つの核家族のバランスがとてもいい状態にあるのだと感じることができた。

多忙な毎日

毎日の生活については、「結構毎日忙しいんだ。身体がいうことを聞くうちに、なんでもやろうかと思ってな」。順次郎さんは、薬をきちんと飲みさえすれば普段の生活に特に支障はない、いわゆる「半健康」(ill-health)にある。まず一つは白内障である。六年前から視界に斑点のようなものが浮かんできたが、最初は何なのかわからなくてしばらくの間は放っておいた。そして五年ほど前から病院に通うようになり、現在では定期的に診察を受けて点眼薬をもらっている。比較的早期発見だったらしく、まだ軽い症状に留まっているので、今のところ手術の必要は出てきていない。そしてもう一つは喘息である。これは今年になってから発病し、通院するようになったものだ。咳やたんが出るので、心配になり病院に行ってみた。というのは、炭鉱マンに特有の職業病に「珪肺」があるからである。ちょうど昔の同胞が珪肺で亡くなったという話を聞いたばかりで、もしや自分もと思いレントゲンまで撮ってもらったが、まったくきれいな肺ですよといわれ、そちらの心配はなかった。今は毎日薬を服用しているが、それ以外は特に問題はない。

順次郎さんが出かける用事の大半は老人クラブ関係である。彼が所属する老人クラブでは、毎月三回七のつく日(七日、一七日、二七日)に行われる例会をはじめとし、各種の奉仕活動やスポーツなどさまざまな活動をしている。この老人クラブには、まだ二年前に入ったばかりだ。近所に住む友人は一〇年ほど前からすでに入っていて、ずっと誘われていたが、そのころは毎日孫の送り迎えに忙しくて断っていた。上の二人の孫が小学校に行くようになり、いちばん末の孫の世話のみになり、少し手があくようになったのが二年前だったのである。しかし秀子さんは一緒に入会しなかった。孫が学校から帰ってきたときに、二人とも出かけていて家に誰もいないのはかわいそうだからというのがその理由で、今もまだ入っていない。代りに順次郎さんは、誘ってくれた友人と一緒に例会にはほとんど毎回参加するようにしている。いつも例会で使う老人クラブ手帳をみせてくれながら、例会の内容について語ってくれた。

老人クラブ活動の姿

最初に、手帳の冒頭に載っている「市民憲章」、「私たち老人クラブの一つの念願」、「交通安全宣言」を全員で復唱し、次に会長が一週間の出来事や今後の連絡事項を話す。そして二〇ある班のなかから順番に一班ずつ例会の度ごとに指名されて、手帳に載っている歌(昔の流行歌や軍歌など)を皆の前で歌うなどして、一〇時から一二時までの例会がとりあえず終了する。しかし「みんなが楽しみなのはこのあとで」、弁当を持ち寄り一時間程度の昼食会がある。「女は女で集まっておしゃべりして、俺らは俺らで集まって酒を飲むんだ」。家でも毎日晩酌をしている順次郎さんであるが、この例会でのお酒が特に楽しみで、今では自分が中心となって一人あたり一〇〇円程度の金を集め、お酒を買い出しに行くという。今はまだ老人クラブに入ってそう長くないので役員にはなっていないが、「結構仕切るのが好きそうにみられてるから、まあ時間の問題だな」と語っていた。

この老人クラブの会員はおよそ二九〇人いるが、例会に出席するのはだいたい七〇人くらいである。しかし行事によっては、もっとたくさんの人が出席することもある。人気があるのは年に三回の道内旅行や忘年会などだ。老人クラブのその他の活動としては、資源回収、公園清掃、街路樹の花壇の手入れ、ゲートボール、市長と語る会、歩く会、森林浴、町内会と合同の奉仕活動、健康診断などたくさんある。彼は意欲的に参加しているほうであるが、すべてにのめり込んでいるわけでもない。それについてこう語っていた。「なんだかこれ一本って感じで一生懸命になりすぎて、今の子どもらがやっている部活みたいな雰囲気といったらいいのかなぁ。そういうのは嫌だよ」。

たとえば、ゲートボールは本来楽しく身体を動かすのが目的のはずなのだが、最近では勝敗にこだわりすぎて、チーム内で下手な人の陰口をたたくような状態だという。だから皆でやるものはボーリングしか参加していなく、ほとんど自分で身体を動かしている。つい四日前にも、夫婦二人で二時間かけてサイクリングしてきた。あとは趣味の庭いじりで身体を動かすことも多い。

順次郎さんにはその他にも二つの趣味がある。一つは、老人クラブの仲間に誘われて始めた詩吟である。その友だち自身が仲間八人を教えていて、そのなかの一員に去年の六月からなった。もう一つはカラオケである。居間には六年前に購入したカラオケセットが据えてあった。「夫婦共通の趣味はこれだけかもなぁ。もっとも俺の場合は趣味と実益を兼ねてるっていうか」。順次郎さんの場合は老人クラブの旅行や年に一度の総会のときに皆の前でカラオケをする機会があるので、練習も兼ねているということだ。「何だかんだいっても、結構老人クラブを楽しみにしてんだ」と笑っていた。

長生きと福祉施設

最後にこれからの暮らしについて尋ねた。「まだまだ長生きしたい」という順次郎さんは今がとても幸せだと感じている。まずさまざまな福祉制度に感謝している。バスや地下鉄が割安で利用できることや医療費が非常に安くてすむこと、そして生活に困らないほどの年金(夫婦合わせて一カ月当たり二九万円)がもらえることがありがたいと思っている。それにかわいい孫に囲まれて暮らしているし、長女の家族もクルマで一〇分のところに住んでいるので、しょっちゅう顔を合わせることができる。働き通しだった若いころを振り返ってみると、むしろ現在のほうが幸せかもしれないと語る。「若いころに考えていた『老い』というものよりずっとよく思えるよ」。

そんな順次郎さんにも悩みがある。もし自分の身体が不自由になったとしたらどうするかということだ。長男は最後まで親の面倒をみるのが当然であり、その代り元気なうちは祖父母が孫の世話をする、という考えで長男と同居した。だが、やはり迷惑なのではないか、と最近は施設に入ることを真剣に考え始めた。「まだ考えてるところなんだが。でもその場になったら、きっと施設にやっかいになるんでないかな。そういうもんだろ」。その言葉は何気なく出たものであったが、世の中の大半の高齢者の気持ちを代弁しているような気がした。

(2) 長女一家と同居

一九二〇年(大正九年)二月二九日に兵庫県姫路市に生まれた黒岩敏子さんは、尋常小学校から高等女学校に進学し、四年間通った。卒業後、当時一般的であったように、裁縫やお茶それに生け花などの習い事を二年間やって、その後の一年は書道を習った。一九四一年の二一歳のとき現在の夫である広さんと見合い結婚をして、当時の京城へ渡った。そこで一年暮らすが、あいにくと結核にかかり、姫路市へ戻った。一年間養生したのち、再び京城へ渡り、夫の仕事の関係から、東京へ移った。それから東京の空襲のため強制疎開させられて、再度姫路市へ行った。終戦の年の一二月に長女が生まれた。

再び、仕事の都合で兵庫県内を移動して、その後一年ほどでまたしても東京に移った。そして翌年に神奈川県に移り、今から二七年前に東京都立川市に引っ越しした。ここで初めて家を建てた。それから九年後に現在地に定住することになった。

現在は、長女一家との二世帯住宅に住んでいて、一階が長女一家、二階に広さんと二人で住んでいる。食事も風呂もほとんどすべてが別の完全な二世帯住宅である。この二世帯住宅のうち、土地は長女夫婦と自分たちが半分ずつ出し合い、家は長女夫婦が資金を出した。二世帯で住むことを提案したのは、長女とその夫で、その理由は広さんがよく仕事で家を空けるため、敏子さんが一人のときが心配だからであった。実際、以前にマンションで暮らしていたころ、敏子さんは包丁を使っている最中に突然倒れたことがあったのだ。同居してよかったことは、まず何かあったときに安心であること、また孫が一緒なので、今の世の中に対しての新しい知識や興味がもてること、第三に話し相手が多くなることなどで、総体的にはやはり広さんと二人だけで暮らしているよりも、若返る感じがする。

次女は電車で一時間くらいの目黒区内に住んでいるが、母子家庭であり彼女が働いているため、自分たちが世話になることはなく、逆に次女の家庭の心配をする側である。親戚づきあいは、敏子さんの兄弟姉妹は皆亡くなっているし、広さんのほうの兄弟姉妹は九州や四国というかなり遠くに住んでいるため、たまに電話のやりとりがある程度だ。もちろん行き来はできない。親しかった友だちは何人かいるが、引っ越しが多かったため、遠く離れてしまい、現在ではほとんど会うことがない。たまに電話で話すくらいだし、会おうとしても、当人同士の都合が合わないこともある。無職でも結構忙しいという。

趣味のある人生

近所とのかかわりは、道路で会ったら立ち話をする程度だが、生協に入っているので、週に一度は当番の人の家に集まるので、自然と交流がある。たまたまお互いに植物に興味があることがわかり、その人と近くの山へ植物をみに行ったこともあった。

三〇年前、神奈川県に住んでいたころ、長女がかつて通っていたカトリック系の学校のマドレ（シスター）たちの作品に感激して、刺繍を習い始めた。そのころは、女の人は何か手仕事をしているのが普通だったからだ。

一通り習得したことと、同時期に長女の出産などであわただしかったこともあって、刺繍をやめてしまった。次女が結婚したあと、立川市に引っ越したとき、仕事で出張などの多かった広さんとの二人だけの暮らしになるので、ボケ防止と周囲の勧めにより、造花を習いに行くようになった。基礎科に二年間通い、続けて中等科に一年間、高等科に一年間通った。立川市の婦人センターでボールペン習字を習ったこともある。これは期間限定だった。ボールペン習字についてはこだわりがあり、よい先生や学習の場所さえ便利であれば、また習いたいと思って探している。

近年は特に何かを習ったりはしていない。趣味は、山などへ行って植物をみることである。遠くの山へ行くには、電車などに長く乗らなければならないため、身体に無理がきかないので、一人で行くことはできないが、長女の家族と一緒に住んでいるので、そのクルマで一緒に出かけることができて、喜んでいる。長女の夫が気をつかってくれて、よく誘い出してくれるので、とてもうれしいという。その他、余暇時間には山でみた花の写真を眺めたり、詳しく本で調べたりすることが好きだ。政治問題にも関心をもっているほうだと思っている。アジアの政治の現状などにも興味があるので、テレビニュースをよくみる。

健康面は、年齢の割には非常に良好といえる。もっともこの一年間は、両眼とも白内障の手術をしたり、痔の手術をしたりで、身体に無理がきかず、頻繁に出かけることはできなくなった。そのため、体力維持を目指して、毎朝二〇分程度の距離を早足で歩くことを習慣にしている。これはとても身体によくて、高血圧と糖尿病の予防になっている。

旅行としては、長女とその夫とともに近場の山や高原などへ花や紅葉をみに行ったりする。泊まりがけで行くのは年に数回だ。買い物は、日用品や食料以外でもよく立川の中心街へ行き、デパートなどをみて回る。エスカレーターは利用するほうだ。これは大変に楽しい。珍しいお菓子などを買ってみたり、長女と一緒に出かけて服をみてもらったりすることもある。

映画や音楽会には行っていないが、美術館にはこの一年で一回行った。街への外出時には、地下鉄などの混雑したところでは、出口や入口などがわかりにくくて困る。また、デパートなどでベンチや水飲み場などの休む場所が少なくて困ることもある。かなり以前だが、眼科に行った帰り、目の麻酔がまだ少し残っていたせいもあって、混雑した立川駅で転んで顔などを打ち、怪我をしたことがあった。

町内会にはもちろん加入しているが、熱心な活動者ではない。一〇年ほど前には役員もやったことがある。現在、福祉のボランティア活動に関心があるが、近所にはそのようなものもなく、遠くの活動に参加するには体力的にきつく、そのうえ白内障の手術以来、体力に自信がないので、実現していない。

家族についての意見では、一般的にいって親が暮らしに困っている場合は、長男やあととりなどとは関係なく、子どもたちが無理のない範囲で、みんなで協力して世話をすべきだという。親が高齢になったら、子どもは適当な形で両親を扶養するのがよい。親の財産は、親の面倒を見た人が相続するのがよいと思っている。たとえ子どもが生まれなくても、養子を迎えてイエを存続させる必要はないという意見だ。

子どもが親と同居することについては、同居が理想だが、なるべく近いところに住んでいてほしいし、もし事情が許せば同居したほうがいいという考えだった。

家事への男性の参加は必要

炊事や洗濯などの家事への男性の参加は、これからの時代では必要だと思っている。妻が先に死んでしまって、夫が残された場合、夫が一人では何一つできず、どこに何があるかさえわからないという話をよく聞くからである。敏子さん自身も、近頃は押し入れのなかの箱に、何が入っているかがわかる札をつけ、広さんに注意を喚起している。

今の生活については、身体の調子やお互いの都合などで友人と行き来できないことが少し不満なことと、手術したので昨年よりは元気ではないが、全体的には満足しているという。人生が歳を取るに従って悪くなっていくとは思えない。歳を取ることは、それだけ世の中を見てきているわけだから、そう悪いものではないという。暮らし向きは「中の上」くらいだ。

敏子さんと広さんの世帯全体の収入は年間で三〇〇万円くらいである。その内訳は、厚生年金と共済年金それに国民年金である。これでもぎりぎりであるが、足りないということもない。「足らしている」という感じなのだ。ただ、生活はできても余分もないため、病院へ行ったり、ちょっとした手術や歯医者などの費用は二人の貯金から出している。この貯金は、広さんが五九歳のころから老後のために始めたもので、少しずつのお金を一番利息のよいところを探して預けて、銀行や郵便局などの利息が貯まるとそれを集めて一万円単位にして合計して郵便局に再び貯金するというやり方で貯めていった。これは楽なものではなく、利息を細かく調べて、かなり苦労したそうだ。ほかに、年齢制限がない保険にも加入している。

「高齢期の社会関係は高齢期になってあらたに構築されたというよりは、それ以前の社会関係を断絶させることなく再編することによって形成されている」（金子、1993）ということについては、自分の経験からみてもそのようだと考えている。敏子さんはある時期まで引っ越しがとても多かったため、その土地で友人ができず、たとえできても再度の引っ越しにより離れてしまうと、遠出ができなかったり、お互いに都合がつかず疎遠になってしまうため、今は親しい友人と会ったりできないからだ。高齢者への福祉については、まずは、やはり「女ばかりでなく男も協力すること」をあげた。

（3） 公務員としての人生

次に、敏子さんの夫である広さんのライフヒストリーをみてみよう。一九一四年（大正三年）七月に京城で生まれた黒岩広さんは、京城で小学校に五年間、済州島の小学校に一年間通い、その後商人になるつもりで京城の商業の実業学校に五年間通った。卒業後、兵隊の教育を三カ月受け、兵役で満州に行ったが、怪我のため二カ月で京城に戻った。それから、商売には向いていない性格なので役人になることにして、実務経験のために郵便局に勤めた。役人になるには最終学歴が商業学校だとよくないといわれ、二年間法律経済の専門学校へ通った。

卒業後、役人になり、戦争が激しくなって、海事関係の仕事に移された。そして東京へ渡り、逓信省に出向し、朝鮮総督府の東京事務所に勤めた。

しばらくして再び召集令状が来て、京城へ行った。そして終戦後、姫路へ戻った。以後は妻とともに仕事の都合で引っ越しを繰り返した。帰国後の仕事では、最初は運輸省にいたが、その後警察庁に勤め、結局五九歳で定年退職した。

現在は自分たち夫婦と長女一家の二世帯住宅で暮らしている。身体の状態は「非常に健康」である。これは定期検診のときなどでも、医者に太鼓判を押されるほどだ。現在は非常勤で国家公務員時代の仕事を引き受けていて、沖縄や横浜の博覧会を手がけたこともある。そのために、いろいろな講演会に講師として出席したりもする。

多方面への関心が健康の秘訣

余暇には、図書館や美術館それに博物館などによく出かけるし、立川市教育委員会主催の映画をみに行ったりもする。これからは、東京中の美術館や博物館をみて回りたいと思っている。近くには大学が多いので、市民大学など多く開催されしかも利用しやすいのがうれしくて、よく参加する。このように、さまざまなことに興味をもってやっているから健康なのかもしれない。

旅行も好きであり、妻の敏子さんや長女夫婦とともに山や高原へ行くほかにも、仕事の関係などで沖縄に行くことも多い。また、遠くに住んでいる親戚の病気や不幸に際してはまだ自分で出かけることがある。

買い物にもときどき出かける。おもに行くのは書店で、そのほかには日用雑貨店が多い。スポーツは特にやっていないが、とにかくまめに歩くようにしている。夏は暑いので、やや外出を控える。しかし、外出すれば、なるべく歩いたり、階段を使うよう心がけている。

そのため、外出時に「階段が多くて困る」などということはないし、よく外出するので場所がわからないということもない。外出時に困ることといえば、足がつりやすいこととノドが渇きやすいことである。ノドが渇くと、平気でファストフード店などに入って休む。若者向けの店でも、客のしぐさを見物しながらコーラを飲むのが楽しいのだ。

他人とのつきあいは、博覧会などのかつての仕事の仲間や現役の人たちとも交流が残っていて、けっこううまくやっている。これは当初仕事関係から生じたものだが、それ以外に特に親しい友人はもはやいない。以前はときどき会う人もいたが、七〇歳を超えたころから、徐々に死亡する友人が出始め、また特に会うメリットも感じなくなってしまった。面倒臭さが先行するのだ。ただ、仕事関連の会合などのときには出かける。

現在、親戚に会うのは圧倒的に冠婚葬祭のときだけであり、それもここ数年でとても多くなった。三カ月に一度は葬儀があるような印象をもっている。

だから、今では近所づきあいはほとんどない。現役時代、仕事で昼間は不在だった男性の多くが同様なものだろうという。加えて、現住地が昔からの土地ではなく、新しくつくられた団地であることも理由にあげられた。反面で、わずかばかり残っている親戚づきあいや別居した子ども家族との行き来には満足している。

自分の人生は今が楽しい

広さんは「自分の人生は今が楽しいので、歳を取るに従って悪くなっていくと感じることはない」と断言した。これは妻の敏子さんとまったく同意見だった。若いころは、歳を取ったらみじめだろうと思っていたが、実際に七〇歳を超えてみてもそんなに悪いものではなかったのだ。

体力や元気度も昨年と同じくらいはあると自信をもっている。夫婦の年金を合計すると、経済的な暮らし向きは「上」になると思っている。このように生活の不満は特にないが、ただ寝たきりに象徴されるような健康面の不安は潜在的にもっている。

家族のあり方についての考え方としては、親が暮らしに困っている場合は子どもが世話をするほうが好ましいが、それを長男家族に限定すべきではなく、できる状態にある子どもがしたほうがよいという立場だ。だから、親の財産の相続も子どもたちが話し合って分配を決めればそれでよいという。かりに、子どもが生まれなかったとしても、養子を迎える必要はない。また子どもに親との同居を義務づけられるはずもなく、すべては状況次第だろうという回答であった。

今の生活で楽しみなことは、五九歳までの現役時代には行けなかった図書館や博物館に行くことである。立川市は都内二三区のいろいろな図書館や博物館にも出かけやすいので、気に入っている。

広さんは二世帯同居のうえ妻の敏子さんも健在だからいいが、もし一人で住んでいたとしたら、自らの老後を孤独にさせないためには、「健康であることを前提にして考えるならば、やはり積極的にいろいろな集まりにどんどん参加することにつきる」という。

高齢者は福祉の対象なのではない

この点で、「高齢者というとすぐに福祉の対象として、つまりサービスの受益者としてのみ捉える傾向には反対」なのだ。たとえば、敬老の日には、市内に住む七〇歳以上の高齢者は、東京都知事からも市長からも見舞金が支給される。せっかくだからそれはもらうが、昨年はそれを五倍にして福祉施設に寄付したそうだ。もっともこういう寄付行為も、広さんも敏子さんも元気だからなのかもしれない。積極的に高齢者もまた奉仕活動ができる機会がほしいのだという。特に、経験が活かせる活動の機会が望みなのである。

歳を取ると、疲れやすくなったり体調が悪かったりして、外出できなかったりそれが面倒になるので、やはり近所づきあいの存在意義は大きい。親しい近隣の選択の留意点は「近くの交流相手」にある。

金銭面では、「まだまだ現役」のころから「老後のため」を見通しておく必要があり、貯金を始めなければならないだろう。いつ病気になったり入院したりするかわからないからだ。さらに歯の治療などにみられるように、通院しなければ何ともならない症状も多いから、年金で生活していけるギリギリの収入だけでは不安である。若いうちからの老後対策はいやでもやっておかなければならないし、広さん夫婦はある程度それを実践してきたという。

子どもとの同居については、一般的にいうと「やはりできれば一緒に」、「せめて近いところに住んでいてほしい」と思っている。「一緒だと気をつかう」、「別居のほうが気楽でいい」という意見は多いと思うし、それも真実の側面もあるが、それでもやはり歳を取ってくると何かと不安なことが多いから、同居でなくても近居でもいいのだ。

八〇歳なりの健康と生きがいと役割活動をどこまで維持できるか。福祉サービスを単に与えられる存在ではなく、積極的な生活をしていけるだけの社会的な支援が受けやすい社会システムの構築がやはり必要なように思われる。

(注)

(1) 質的調査法と量的調査法の簡単な整理は金子(2013)で行っている。

(2) 医療についても、予防医学というよりも「病気を減らす」「病人にならないようにする」という規範の存在が、長野県では指摘されている(白澤、2013a：141)。

(3) 質的調査の進め方と分析の方法については、J. & L. Lofland(1995＝1997)の前半が大変参考になる。

(4) 山崎朋子による「からゆきさん」調査の方法は具体的であり、きわめて有益なやり方である。「テープレコーダーはもちろんのこと、その場でノートをひろげてもならない取材である。わたしは、夜、寝ながら話を聞くと、それを細部に至るまで反芻してしっかりと脳裡に刻みつけ、翌日ひとりになったときを見はからって必死のいきおいで便箋に書きつけると、それを村のポストに投函する」(山崎、1972＝2008：63-64)。この方法はお手本にできる。

(5) 「公表に際して必要な修正ないし編集作業を行う」(森岡、2008：191)ことはもちろんである。この中心になる作業は個人情報の保護の観点から行われる。

(6) マートンは社会問題の診断基準を次の六点にまとめている(Merton, 1966＝1969: 416)。
①社会的標準と社会的現実との重要な喰い違いに留意する
②社会問題の社会的起源
③社会問題の判定者の存在
④顕在的社会問題と潜在的社会問題の区別
⑤社会問題の社会的知覚
⑥社会問題の矯正可能性

(7) 年齢に ism をつけると強い意味になる。それは

①陳腐ではあるが、全体的な人々の階級ないしは集団
②その集団に対する偏見
③文化的に ism を支える組織的で制度的な実践
に分けられる。この結果、区別が発生する。ageism、racism、sexism は同じような文脈にある(Fineman, 2011: 4)。
(8)　この傾向を社会的絆や家族的絆の喪失に結びつけて「無縁社会」と呼ぶ傾向が強くなった。
(9)　乳幼児死亡率の低下は日本の医療水準の高さだけではなく、栄養、住宅、医療保険制度などの総合力による。
(10)　「群化社会」は秀抜なキーワードと思われるが、神島が政治学・民俗学の融合を模索していたので、社会学界では結局のところ共有されなかった。
(11)　この主張は一九九三年から続けてきた。すなわち、総人口の五五%が働いて、全体を支える構造は一つの社会法則であるとみなしてきた。
(12)　日本社会が直面するリスクは、地震や津波や地球温暖化や電力エネルギー問題だけではない。むしろ今後のリスクは「人口に直結した社会現象」にある(金子、2003)。なぜなら、少子化、高齢化、総人口の減少という三位一体化した人口変動は単身化と小家族化を随伴し、総合社会力を低下させて、要介護単身高齢者の支援問題という社会的リスクを強めるからである。これは日本社会全体ですべての国民が該当して長期にわたる。「少子化する高齢社会」(金子、2006a)の帰結を空間軸と時間軸でまとめると、空間軸は都市と過疎地域に大別できる。都市では単身化と小家族化が進行して、時間軸では将来にかけて高齢者の孤独死・孤立死のリスクが急増する。また過疎地域では限界集落が大量発生して、最終的には集落崩壊と村の消滅が増えるであろう。
(13)　詳しくは金子編(2003)を参照してほしい。
(14)　たとえば、釧路市は「少子化する高齢社会」に向かう地方都市の典型である。人口が一〇万人以上の道内都市でも、釧路市は小樽市とともに高齢化の進行が速い。そこでは、周辺町村から高齢者下宿に流れ着く生活保護の独居老人が増えてきた。特養やグループホームは満杯で、在宅介護の受け皿も乏しく、介護保険制度外の高齢者下宿に入居せざるをえないからである。高齢者下宿も地方都市では増え続けている。
(15)　「健康日本二一(第二次)」もまたアクティブエイジングの理念に準拠してはいるが、日本文化に則した修正があるのは当然である。

(16) 日常語を超えた学術用語と政策用語を兼ねるコミュニティに、実践的有効性が感じ取れる意味内容を補塡して、微力ながら得られた総合的結論は、コミュニティの創造には、個人間の互いの親しさだけではなく、集合的な目標の共有と協働こそが肝要であるということにつきる。ここでの論点の筆頭は、地域社会における相互性と互恵性の意識からなる集合的関係の有無である。一定の生活空間において、そこでの成員に共有される感情的な支柱と強い愛着心が「心の習慣」になる。換言すれば「心の習慣」とは、集合的凝集性と永続性をつくり出す相互性、互恵性、義務感、道徳的感情を生み出す心の状態であり、成員間に潜在的にも顕在的にも認められる社会目標の形成、個人を超えた組織的な動きや社会運動の存在、それらの総合作用として増減される個人の帰属感などがテーマとして引き出された。

(17) この主張は金子(1993)から続けてきた。

第三章　高齢者の健康づくり

第一節　健康寿命

平均寿命の国際比較

世界の先進国では徐々に平均寿命が上がっており、二〇〇七年の日本人男性では七九歳、女性では八六歳というように、長寿の傾向は不変である。しかし国によってはかなりの相違が今日でも存在しており、たとえば二〇〇八年のロシア人男性は驚くことにわずか六一・八歳になっている（表3-1）。それ以外は先進国では男性が七〇歳代後半、女性が八〇歳代前半、途上国では男性が七〇歳前後、女性が七五歳前後の分布が多い。もちろん一般的には長生きだけでなくて、健康長寿を維持することがもっとも重要である。

私は過去二〇年にわたり、高齢者ライフスタイルの面から健康維持の条件とＱＯＬ（生活の質）を調査してきた。内外の文献研究の成果とともにこれらの成果をまとめると、高齢者の健康にとっては、①血圧と血糖値が低い、

表3-1　平均寿命の国際比較

	男	女		男	女
日本(2010)	79.64	86.39	スウェーデン(2010)	79.5	83.5
中国(2000)	69.6	73.3	フランス(2010)	78.1	84.8
イタリア(2008)	78.8	84.1	ロシア(2008)	61.8	74.2
オランダ(2010)	78.8	82.7	アメリカ(2007)	75.4	80.4
ドイツ(2007〜09)	77.3	82.5	エジプト(2007)	69.5	74.0

（出典）厚生労働省ホームページ（平均寿命の国際比較）。

②禁煙する、③肥満ではない、④適度な運動をする、⑤カロリーと塩分を控えた食生活を取り入れるなどが有効なように思われる[1]。

「小太り老人」が長生き

常識的にも、血圧と血糖値は低すぎるのはよくないにしても、高いより低いほうがよいだろうし、禁煙の重要性は論をまたない。ただ「肥満ではない」というのは微妙な表現ではある。要するにガリガリに痩せているのはもっと悪いという含みがある反面で、少しぐらいの中年太りは構わない。いわゆる「小太り老人」が長生きする傾向にある。肥満度は体格指数ＢＭＩ「体重kg÷（身長m×身長m）」で表される。ちなみに二〇〇二年度の「国民栄養調査データ」を活用した「都道府県別栄養関連指標」の検討からは、男女を一緒にした沖縄県ＢＭＩは日本一の肥満傾向にある（表3-2）。そのため、沖縄女性の日本一長寿に比べて、沖縄男性の序列は二六位まで後退した。

二〇〇〇年の都道府県別の平均寿命で沖縄県の女性は八六・〇一歳とトップを維持したが、男性は七七・六四歳と全国平均（七七・七一歳）を初めて下回り、五年前の前回調査の四位から一気に二六位まで落ちたのである。この原因は中年世代の死亡率の高さだといわれてきた。四五歳から五九歳の死亡原因は、脳血管疾患や脳出血、肝疾患、糖尿病などであり、いずれも生活習慣と関連が深いとされる疾病ばかりである。

なぜなら、免疫力や抵抗力は「小太り」高齢者のほうが強いからである。菜食主義や粗食だけが必ずしも長寿の秘訣ではないところに、高齢期のライフスタイルを見直す積極的な意味もある。もちろん、いわゆる大肥満が、健康長寿を阻害するのは確実である。

このように、食生活、禁煙、肥満という三点は、高齢者のライフスタイルとＱＯＬを考えるうえでの根本的前提として留意しておきたい(2)。

長野県が第一位

厚生労働省が五年ごとに発表する都道府県別平均寿命では、二〇〇五年でも長野県の優位性がすでに際立っていた（表３−３）。長野県は過去二〇年にわたり男性は常に第一位、女性も五位前後を保ってきた。沖縄県も一九九

表 3-2　肥満が多い都道府県

	男性	BMI	女性	BMI
1.	沖縄	46.7	沖縄	39.4
2.	岩手	41.2	福島	38.2
3.	宮崎	37.8	秋田	37.9
4.	北海道	37.5	岩手	37.2
5.	茨城	36.9	宮城	35.5

（出典）『2008 年版　食育白書』：100。
（注）男性 BMI は 20 歳〜69 歳のうち 25 を超えた人の平均，女性 BMI は 40 歳〜69 歳のうち 25 を超えた人の平均。

表 3-3　都道府県別平均寿命（2005 年）（歳）

順位	男性		女性	
	日本	78.79		85.75
1	長野	79.84	沖縄	86.88
2	滋賀	79.60	島根	86.57
3	神奈川	79.52	熊本	86.54
4	福井	79.47	岡山	86.49
5	東京	79.36	長野	86.48
43	鹿児島	77.97	茨城	85.26
44	高知	77.93	大阪	85.20
45	岩手	77.81	秋田	85.19
46	秋田	77.44	栃木	85.03
47	青森	76.27	青森	84.80

（出典）厚生労働省「平成 17 年都道府県別生命表の概況」（平成 19 年 12 月 20 日発表）。

五年にいったんは「世界長寿地域宣言」をしたが、その後は女性の長寿日本一は維持しているものの、男性は九〇年に五位になり、二〇〇〇年には二六位に落ち、以後は三〇位前後に低迷している。暖かく、新鮮な魚介をもたらす海に囲まれるという、長野県と正反対の環境が沖縄県の長寿の背景にあったが、食習慣の欧米化の影響を強く受けたとの指摘もある(沖縄タイムス「長寿」取材班編、2004)。またファストフードや肉の缶詰など高カロリーの食材の影響があり、生活習慣病を発症する人が多い。食の欧米化と高カロリー化は全国的な状況にあり、沖縄県の後退は長野県の第一位と重ね合わせてみておきたい。

長寿食生活の特徴

とりわけ長寿食生活として、①塩分摂取量が少ない、②緑黄色野菜、③豆腐、④海藻類などをよく食べる、⑤脂肪分を抜いた豚肉を適度に食べる、が指摘されてきたことは長野県の事例とも整合する(同右:31)。

ここではかねてから日本一長寿県として男女間の長寿バランスが取れている長野県の調査結果と各種資料を利用して、ソーシャル・キャピタル面から長野県の高齢者像を描き出してみたい[3]。

表3-3で示した二〇〇五年の結果を受けて、二〇一〇年国勢調査による日本人人口(確定数)を基礎資料とした日本人の平均寿命は、男性七九・五九歳、女性八六・三五歳であった(二〇一三年四月、厚生労働省発表)。既述した二〇〇五年の調査では、男性七八・七九歳、女性八五・七五歳だったから、この五年間で男女差が六歳ありながらも、ともにわずかながら平均寿命が延びたことになる。

さらに都道府県別では、日本一長寿県の筆頭に男女ともに長野県が躍り出たことが特記できる。日本では長い間、男性の日本一長寿県は長野県であったが、女性は沖縄県が不動の一位を維持してきたからである。それが二〇一〇年になって、長野県男性が八〇・八八歳、女性も八七・一八歳となって、名実ともに長野県はまさしく日本一長寿県となったのである（表3-4）。もっとも沖縄県の女性も健闘して三位の八七・〇二歳を保っている。
二〇一〇年の結果として出された都道府県の男女平均寿命ランキングの特徴の一つは、最高と最低が同じ県になったことである。すなわち、平均寿命でもっとも短命の県は男女ともに青森県であり、男性が七七・二八歳、女性が八五・三四歳であった[4]。また青森県では男女の平均寿命の差が八・〇六歳で、都道府県全体でもっとも大きい男女差が出た。なお、男女ともに四位を示した県として熊本県がある。熊本県は男女ともに平均寿命が長く、これまでも上位五位に入っていたという実績もあり、長寿の傾向が定着している。

表 3-4　都道府県別平均寿命（2010 年）（歳）

順位	男性		女性	
1	長野	80.88	長野	87.18
2	滋賀	80.58	島根	87.07
3	福井	80.47	沖縄	87.02
4	熊本	80.29	熊本	86.98
5	神奈川	80.25	新潟	86.96
6	京都	80.21	広島	86.94
42	高知	78.91	埼玉	85.88
43	長崎	78.88	岩手	85.86
44	福島	78.84	茨城	85.83
45	岩手	78.53	和歌山	85.69
46	秋田	78.22	栃木	85.66
47	青森	77.28	青森	85.34

（出典）厚生労働省「平成 22 年都道府県別生命表の概況」（平成 25 年 2 月 28 日発表）。

第二節　日本一長寿の長野県調査から

五つの長寿原因

長い間、日本一長寿県として長野県と沖縄県の高齢者調査に従事してきた私は、両県民にみる長寿の原因を五点にまとめてきた。まずは白いものに気をつける食生活である。具体的には塩と砂糖を極力控える食生活の実行があげられる。これには長野県の集団生活の特徴がからんでいる。なぜなら、長野県では地域で食生活の改善を図る住民ボランティア「食生活改善推進員」と、各地区の住民から選ばれて五〇世帯くらいの家族員の健康を守る「保健補導員」の活動が歴史的にみても非常に活発だったからである。

とりわけ後者は長野県独自の存在であり、文字通りの草の根ネットワーク活動により、住民生活の保健面を指導してきたという実績がある（後述）。食事に関してはもちろん前者の功績が大きい。いずれも、近隣の受けもち家庭を一軒ずつ訪ね歩き、野沢菜の漬け汁の塩分をチェックしたり、味噌汁の塩分濃度が一目でわかる「減塩テープ」でその濃さも徹底調査した。キャッチコピーは「みそ汁は一日一杯具だくさん」であり、「漬物は一日小皿一杯」であり、この活動には長野県庁も協力した。

その結果、総務省「家計調査」（二〇〇八年）から「食塩消費量」を抜き出すと、長野県では年間で三六八一グラムになっているが、青森県のそれは四五七一グラムにも達しており、長寿県と短命県との差異がうかがえる。

県民一体となって、食生活の改善として塩分控えめの食生活を定着させた。県庁の担当者がいうように、「ずっと『薄味に慣れよう』と呼びかけ続けてきた。減塩運動が盛んなときに若かった世代が今の長寿に貢献している」のは事実であろう。

塩分の量の違い

このように長野県は健康と長寿で目覚ましい躍進をみせている。私の調査ノートからは「昔は塩っ辛い野沢菜を毎日朝も昼も晩も食べていた。あの濃さは今じゃあ考えられない」というような回答が散見される。長野県佐久市は二〇〇〇年には、当時の全国六六三の都市自治体のなか男性平均寿命が第一位であったという健康長寿都市である。しかも寝たきりになった高齢者も痴呆の高齢者も非常に少なく、活動的余命が長い都市でもあった。

長野県のいくつかの都市で行ったインタビュー調査ノートでは、数十年前の食生活に触れて、九〇歳の対象者からどの家庭にもあった自家製の野沢菜について聞いている。壺のなかの漬け汁をなめると舌がぴりぴりし、色も濃い。雪が多い長野県では冬に野菜が取れず、保存できる漬物が欠かせなかったのである。塩漬けにした魚を食べ、塩分をふんだんに含む信州みそでつくったみそ汁はごちそうだった。そのため、県全体では脳卒中による死亡率が一九五五年ごろから急上昇し、六五年には全国ワースト一位になったこともある。平均寿命も男性が全国九位、女性は二六位まで落ち込み、県民に危機感が広がり、全県的な取り組みが動き出した。そこでは食生活改善運動と保健補導員制度の導入が基幹的対応になった。その結果、この三〇年近くはみそ汁にも野菜がたっぷり入り、塩分も控えめになった。

ぴんぴんころり

約三〇年前、長野県で生まれた「ぴんぴんころり(ＰＰＫ)」という言葉がある。「ぴんぴんで元気に長生きし、病気をせずころりと死ぬ」という意味である。健康長寿にあやかって佐久市に建立された高さ一メートルほどの「ぴんころ地蔵」には、一年間に実に約一〇万人が参拝に訪れる。人々の「ぴんころ」への切望はこれほど強い。ちなみに佐久商工会議所創立三〇周年記念誌に、当時の三浦市長は「佐久市はＰＰＫの里」と記している(記念誌：10)。

この全国的に有名な「ぴんぴんころり(ＰＰＫ)」運動が、高齢期のソーシャル・キャピタルが豊かな長野県で誕生したのも故なきことではない。ＰＰＫのライフスタイルとは、「げんき」がテーマであり、象徴的には「げ」(減塩)、「ん」(運動)、「き」(禁煙)を標榜する草の根の健康づくり活動である(金子編、2011：205-216)。ただし「ＰＰＫは稀といっても過言ではない」(鈴木、2012：141)という医学からの指摘があることも事実である。なぜなら、「歩行」、「排泄」、「摂食」というＰＰＫをゆるがす生活面の問題が高齢者を襲いがちであるからである(同右：136)。この点は留意しておきたい。

「日本アルプスの山々に囲まれ、水も空気もおいしい」。加えて、記念誌に寄稿した長野県栄養士会佐久支部長の中村は、川の恵みである鯉と鮒と沢ガニ、野の恵みであるイナゴと蜂の子と蚕のサナギ、大豆製品などの信州独自の食文化もまた「健康で長生き」の要件とみている(記念誌：43-47)。自然に囲まれた環境のなか、庭先の畑で自分が食べる程度の野菜をつくる小規模農家が非常に多く、高齢者の就業率は全国一位の二九・九％に上り、「ぴんころ」を地で行く県という自己評価もある。

「生活習慣病予防」の三項目

この食事メニューはたとえば社団法人・日本生活習慣病予防協会ホームページに掲載されている「生活習慣病予防」の三項目とも整合する。すなわち

1 一無【無煙・禁煙の勧め】
2 二少【少食・少酒の勧め】
3 三多【多動・多休・多接の勧め】

が「生活習慣病予防」に有効であるとされている。

社会学の側からすれば、高齢者の社会参加の効用が指摘される。日本生活習慣病予防協会ホームページにいう「多動・多休・多接の勧め」のうちの「多動」や「多接」がこれに当てはまる。(5) 医学の側からも「自宅に閉じこもりがちで社会との交流が希薄な高齢者は認知症の発症率が高い……高齢者でも社会的つながりが多い場合には発症率が低かった」(白澤、2013b：121)とまとめられている。

「保健補導員」制度

この素地としては、佐久総合病院の若月俊一はじめ先覚的な農村医療・予防医学の献身的活動実績が強調されてよいであろう(若月、1971)。また、佐久市浅間総合病院の吉澤国雄(2009)らによる脳卒中予防運動や制度化への取り組みが基礎になっている。これらの伝統のなかで長野県民もまたその理由をよく理解して、二つの制度に積極的に協力して、活発に動くようになった(張、2001；2002；2003)。

とりわけ「保健補導員」に関しては、四七都道府県にも制度はあったものの、長野県が唯一の実績をもち、県民健康づくりにも独特の工夫が行われてきた。なぜなら、長野県では試行錯誤のうえ一九六九年から平均で五〇世帯程度を受けもつように範囲を定め、そのなかで一人の専業主婦を二年の限度内で「保健補導員」(現在では保健指導員ともいう)に任命して、この活動を四〇年以上草の根の保健運動として定着させて、県民の健康知識の普及と健康診断への機会増加を行ってきたからである。

自立高齢者の健康生きがい支援に関しての長野市・長野県の特徴は、保健補導員制度による保健福祉活動にあることが特筆できる。いずれも行政と密接な関係をもつ草の根からの地道な活動である。(6)

私が最初に調査した二〇〇二年ごろの長野市の保健補導員制度は、市内全域で九つに分けられた「保健福祉区域」をさらに二六地区に細分化してつくられていた。市平均で七二世帯に一人の割合で一七八九人の女性保健補導員が活発な活動を行っていた(二〇〇〇年四月)。これは四一八人の区長の四倍を超えている。保健補導員は区長からの推薦で市長が委嘱する。二年任期で医療知識の研修は欠かせないが、特に看護師などの資格は不要であるところに市民参加の方式を感じさせる。

合わせて民生・児童委員は二〇〇一年四月現在で六五一人いて、通常の活動に加えて保健福祉活動への熱心な取り組みが認められた。これらを、全市に張りめぐらせた老人福祉センターと老人保健センターが支えるという構造であった。要援護・介護高齢者への支援は他市と同じメニューであったが、二六区にそれぞれ「地区ケア会議」を、九つの保健福祉区域に「ブロックケア会議」を、そして市全体では「長野市ケア会議」を置いて、細かな保健福祉サービスが提供される体制できていた。

長寿社会開発センター

もう一つの健康づくりの組織的要因としては、都道府県に一九八九年から設置され、二〇一一年の民主党の事業仕分けで解散させられた長寿社会振興財団や開発センターのなかで、長野県の長寿社会開発センターのみが全県下で支部方式を採用して高齢者県民の組織化に熱心であったことが指摘できる。この支部は県下の地方事務所厚生課にあり、課長が支部長を兼任していた。また一五七社・団体の法人会員が加入していた。個人の賛助会員はおおむね六〇歳以上で、老人大学やシニアリーダー実践講座の修了者であり、二〇〇〇年九月末時点で五八五七名を数えた。内訳は、佐久支部八九二人、上小支部五三三人、諏訪支部六一六人、伊那支部五〇七人、飯伊支部四八四人、木曽支部三〇七人、松本支部七五六人、大北支部三四五人、長野支部九五六人、北信支部四六一人になっていた。(7)

換言すれば、フォーマルな施設を媒介にしつつ、住民の間にインフォーマルな支え合い関係を構築しているところに、長野市・長野県の長寿や一人当たりでみた低額の「老人医療費」の原因の一部が想定される。長野県、長野市、諏訪市、佐久市における総合調査の結果から、高齢者のライフスタイルの特徴と行政の支援体制の特色が浮かび上がるが、これらは全国発信できる高齢者自立支援に有益な情報であると考えられる。

保健補導員設置要綱

「保健補導員」は二年で交代するから、四〇年の間には二〇人が誕生して、ＯＧ会として現在の保健運動にもまた熱心に関与している。いわば草の根の重なり合いが長野県全域で連綿として続いてきた（今村ほか、2010）。

ちなみに、「佐久市保健補導員設置要綱」（二〇〇五年四月一日告示第六七号）では、その定数は「三〇世帯から五〇世帯ごとに一人を基準とする」とされている。任期は「原則二年」であり、その業務は「地域住民に対する保健事業の連絡及び保健師の保健指導業務に協力すること」と「地域住民の健康増進、健康管理及び公衆衛生に関し必要な事項」と定められている。

各地区の保健補導員を束ねるのは佐久市保健補導員会であり、会長が一名、副会長が三名、理事が二三名、監事二名、幹事若干名となっていて、理事は地区の保健補導員の互選、会長と副会長は理事の互選で決められる。経費は市の補助金等が充てられ、事務局は市民健康部健康づくり推進課に置かれている。

会としての事業は、①衛生思想の啓発普及、②生活習慣病予防、母子保健、栄養改善、③集団検診と健康相談の受診勧奨と保健管理の協力、④集団検診と健康相談の補助、⑤地域における健康増進、疾病予防及び生活の質の向上を図るための情報提供及び調査研究、に分類できる。

高い社会参加率

食生活改善推進員と保健補導員の活動を契機とした県民の社会的連帯性の強さは、長野県高齢者の行事への参加や就業参加の度合いが非常に高いところにも表れている。高齢者ネットワークの豊富さは、六〇歳からの新しい年賀状相手の数が多いという結果にもつながっている（金子、2006b）。定年後の男性やその連れ合いが、各種サークルやカルチャーセンターでの学習会参加に熱心なために、そこでの新しい出会いが得られるからである。

高齢期に人間関係が豊富になることはソーシャル・キャピタルによる「人は良薬」であることの必要条件となり、結果として医療介護看護保健などの情報交換の機会が多いという十分条件を満たすことになる。そのために、まさしく「生活習慣病予防」にいわれる「三多」としての人間関係の「多接」が、塩分控えめの食生活の改善(少食)をもたらすという効果が認められる。

これを裏返せば、非健康の要因になりやすいライフスタイルも存在する(同右)。以下は長野県調査から割り出したものであるが、人間関係においては友人が少なく、親交の範囲が狭く、家族以外の親密な他者がいないなどの社会的特徴のほか、会合時間に遅れる、話を聞かない、感謝しないなどの特徴があげられる。

野菜摂取量も日本一

長野県では四〇年以上にわたる活動により、県民一体となり食生活が改善されて、日常的に塩分控えめの食生活が定着した。加えて、「野菜王国」と「果物王国」を生かした生産量および摂取量の増加が進んだ。厚生労働省による「野菜摂取量調査」(二〇一〇年)によれば、長野県男性のそれは一日当たり三七九グラムで全国第一位であった。また女性も一日当たり三五三グラムであり、日本一の摂取量であった。「一人当たり後期高齢者医療費」で都道府県のなかで最低の新潟県では、男性が三六〇グラムで第二位であり、女性も三二七グラムで五位であり、このようなデータからも長寿や健康と野菜の摂取量との間の関連が想定される。

周知のように、野菜や果物に大量に含まれているカリウムには塩分のもとであるナトリウムの排泄効果がある。そこで食生活改善として、長野県では減塩してもおいしさを保つレシピにも知恵を絞ることが流行して、ぴんぴんころりの発祥の地でもあることから、たとえば「ぴんころ御膳」さえ開発されたのである。

第二の長寿要因は「禁煙」であり、「生活習慣病予防」でも「少食と少酒」があげられているが、これらは日本対ガン協会の「ガン予防の一二カ条」とほぼ重なり合うので、健康づくりの要因としてはすでに定着している。ちなみに厚生労働省「国民健康栄養調査」(二〇一〇年)によれば、都道府県別にみた男性の喫煙率で最高は青森県の三八・六％であり、青森県女性も一二・七％で第二位となっている。このあたりも長寿かそうでないかの参考になるであろう。

第三には野菜だけでは健康が維持できないので、適切なタンパク源の摂取が必要になる。そしてＢＭＩも適正数値が望ましい。ここからはすでにのべたように、痩せすぎよりもやや小太りが長生きできるという各種の公衆衛生学上の知見が加えられることになる。

長野県高齢者のライフスタイル

この視点を応用して、ソーシャル・キャピタル面から長野県の高齢者像を描き出してみたい。まずライフスタイル面では、第一次産業県という特性が活かされて、長野県民の男女全体の就業率が高く、高齢者の就業率もまた高く、二〇一〇年の国勢調査結果でも長野県の「高齢者の就業率」は二六・七％であり、全国第一位であった（総務省統計局、2013）。以下で紹介する各種データはいずれも二〇一〇年国勢調査結果である。

高齢期における就業継続、学習意欲の高さからくる生涯学習講座や趣味娯楽の社会参加活動もまた、ともに県民の健康生きがいづくりに有効であり、長野県行政はそれらを積極的に支援してきた。これは講座や社会参加の場を行政が熱心に整備してきたという伝統に裏づけられる。たとえば「人口一〇万人当り公民館数」は六三・二に上り、これもまた全国都道府県で第一位となった。

加えて、自治体や独立行政法人が設置した体育館、プール、運動場などのスポーツ施設から構成される「人口一〇万人当り社会体育施設数」も九九・四を数えて、全国第一位である。このように、行政が県民の社会的ネットワークとして関係の糸（ストリングス）をつくる手伝いを継続してきたことで、県民間には強い連帯感（ストレングス）が生まれたと判断できる（金子、2006a）。

「多接」は社会参加を意味しており、行政はその参加の場の整備を優先してきたことで、長野県の長寿日本一を支える機能を発揮したと考えられる。

県民指標から

保健に関してもそれは認められる。たとえば「人口一〇万人当り保健師数」は六一・九人であり、二〇一〇年の都道府県では二位となっているし、「一般病院看護師准看護師数」もまた六六・三人(一〇〇病床当たり)であり、二位であった。保健と医療資源が潤沢である反面、過去三〇年近く「一人当たり老人医療費」は最低であり続けた。

長野県ではそれに呼応するかのように、入院件数、外来件数、入院日数もまた、全国最下位またはそれに近い。また医療体制をみると、医師数、病院数、病床数もかなりな下位にある。このような医療環境であれば、構造的にも高齢者だけでなく全体の医療費も上らない。ちなみに二〇一三年の全国知事会の報告書では、「念のためにと言って患者の検査をしない」、「予防医療に力を入れている」、「病院の人件費が抑制気味である」などが指摘されている(全国知事会、2013：105-106)。また若月俊一が開始した「農村予防医学」を受けて、現在の佐久総合病院でも次のような試みがなされていることにも留意しておきたい。

「佐久総合病院は大病院であるにもかかわらず在宅ケア部門で三〇〇人程度の訪問診療に取り組んでいるので、患者は在宅か入院か選ぶことができる。看護と介護はケアという意味では同じものである。医師でさえ本来、ケアワーカーの一員でなければいけない。国内のベッド数が減っている状況では、最後に看取られて死んでいくことになる老人にとって『死に場所』が減ってきていることは明らかである。病院に居続けたいとしても、病気ではないのであれば病院から出ていくように求められる。病院に行きさえすれば何とかなるなんてことは全然ない。

住宅政策、交通政策、人の生き甲斐、魂の問題、幸せ感というような領域について医師では対処が困難である」(同右：108)。ここには社会学者の出番も多い。

なお、歴史的にみても佐久総合病院が果たした機能は特筆に値する。その一つが八千穂村の全村健康管理活動である。「非常に地道で困難な仕事であったが、『予防は治療にまさる』という原則を、医療効率・医療費問題として実証したことは画期的であった」(若月監修、1999：366)と評価された。その実績だけではなく、佐久総合病院が行ってきた「健康手帳の配布、健康教育、健康相談、健康診査、機能訓練、訪問指導」(同右：159)などが当時の厚生省がつくった法案に取り込まれたのである。

このような医療文化が長野県の健康ライフスタイルの普及に大きな影響を及ぼしたと考えられる。

家族が健在

この数年は新潟県や岩手県などに抜かれたが、それでも「一人当たり老人医療費」の延長にある「後期高齢者一人当たり医療費」七七万五六〇円は都道府県のなかでは第四四位になっている。同じ時期の第一位である福岡県では一一〇万円、第二位である北海道でも一〇五万円であったことに比べると、長野県の「後期高齢者一人当たり医療費」の低さは歴然としている。

これには在宅で患者を支える「家族力」が深い関係をもっている。平均世帯人員二・六六人は一三位であり、単独世帯の割合二五・七%は三九位であり、同じく離婚率一・六九の第三九位と合わせてみると、長野県では家族解体の様相はうかがえない。むしろ高齢者のいる世帯率は高く、四六・三%(第九位)となっている。さらに農業労働を主体とした共働き世帯割合は三二・九%であり、第五位を維持している。食生活改善推進員や保健補導員は「報酬を目的としないで自分の労力、技術、時間を提供して、地域社会や個人・団体の福祉増進のために行っている活動」者であり、完全なボランティア活動者に該当する。二〇一一年度のボランティア面での行動者率（一五歳以上）は三三・〇％であり、第六位であった。

もちろん社会的入院が少ない結果としての長野県の「後期高齢者一人当たり医療費」の低さは、現存する家族力の強さだけを理由とするのではない。印南がかつてのべたように、「社会的入院の需要が生じる最大の理由は、医療保険・介護保険を通じて、家族に在宅介護よりも施設介護、施設介護よりも入院医療を選択させるような不均衡問題があること、言い換えれば、介護負担感を克服し、在宅医療・在宅介護に向かわせる積極的なインセンティブがないことが最大の要因」（印南、2009：297-298）であるならば、長野県の家族ではすでに介護負担感を克服しており、在宅医療・在宅介護に向かわせる積極的なインセンティブが医療供給側にも家族側にも存在するといえるからである。

長野高齢者の生活環境をみると、持ち家比率が高く、離婚率が低いので、高齢者の一人暮らしが少ない。さらに「自宅死亡率」は全国第六位であり、そのために「訪問看護件数」は全国一になっている（図3-1）。

長野県では高齢者の就業率が高く、二〇〇五年の人口動態調査では農業を中心に六五歳以上の三〇％がまだ現役で働いている。女性に限っては就業率五一・六％で全国第二位である。兼業を含む農家の数は一二万七〇〇〇世帯となり、都道府県のなかでは第一位である。農業のうち特にリンゴ、梨、葡萄などがたくさん収穫できれば、そういう農作業をする人が相対的に多くなる。農業では定年を自分で決定できるし、現役であり続けるかどうかも自己決定となる。長野県高齢者には、この農業を軸とした産業構造を活かした社会参加が目立っている。これらの総合的成果として男女ともに平均寿命日本一を達成したとまとめておこう。

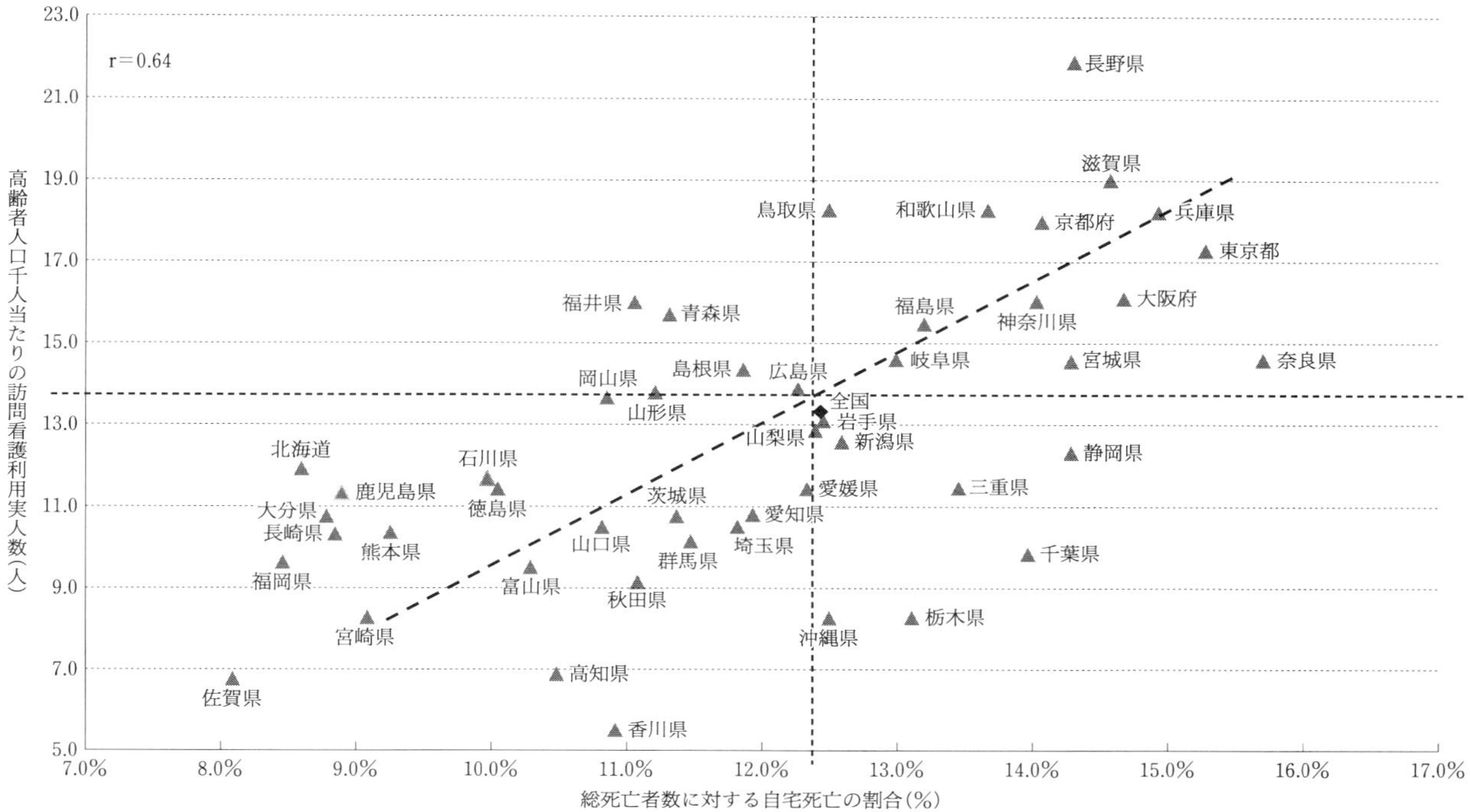

図 3-1　訪問看護の利用状況と自宅死亡の割合

（出典）厚生労働省医政局指導課「在宅医療の最近の動向」（厚生労働省「介護給付費実態調査」（平成 21 年），厚生労働省「人口動態統計」（平成 21 年），総務省統計局平成 21 年 10 月 1 日現在推計人口より作成）。

第三節　口腔ケアと健康づくり

口腔ケア

健康づくりに配慮しながら、ここでは日本における健康長寿の試みのうち、あまり顧慮される機会がなかった歯科による口腔ケアを軸として、いくつかの観点から基本的な素材を提供する。

食生活の基本は栄養とともに、口の機能にある。これは食べる、話す、息をするなど、脳にも胃腸にも心肺にも関連をしており多様な側面をもっている。詳しくみると、歯と口腔は人間の身体のなかでたくさんの機能を果たしている(図3-2)。味覚はもとより、呼吸、摂食、咀嚼、嚥下、消化への関与、構音・発音、顔貌、力の発生、愛情・怒りなどの感情表現、異物の認識と排除、免疫物質の分泌、脳への刺激、ストレスの発散などが、歯と口腔の機能とみなされている。

どれをとっても、高齢者はもとよりすべての人間のQOLに関連が深い。そのためこれらの機能が低下すると、身体にも精神面にも負の影響が生じやすくなる。

すなわち、口は食物連鎖のなかではもっとも上流に位置する器官であり、あらゆる食物がここをまず経由して、体内に取り込まれることになる。食物の質(栄養面)と量(分量面)のチェックもまた最初に脳の指令により口で行うが、ここは食物連鎖の最上流であるというシンプルな面をもっているから、生活習慣チェックの効果が得やすいのである。

むしろ暴飲暴食などで胃腸や循環器にまつわる生活習慣は変化させにくいし、いったん障害が起きると、治療

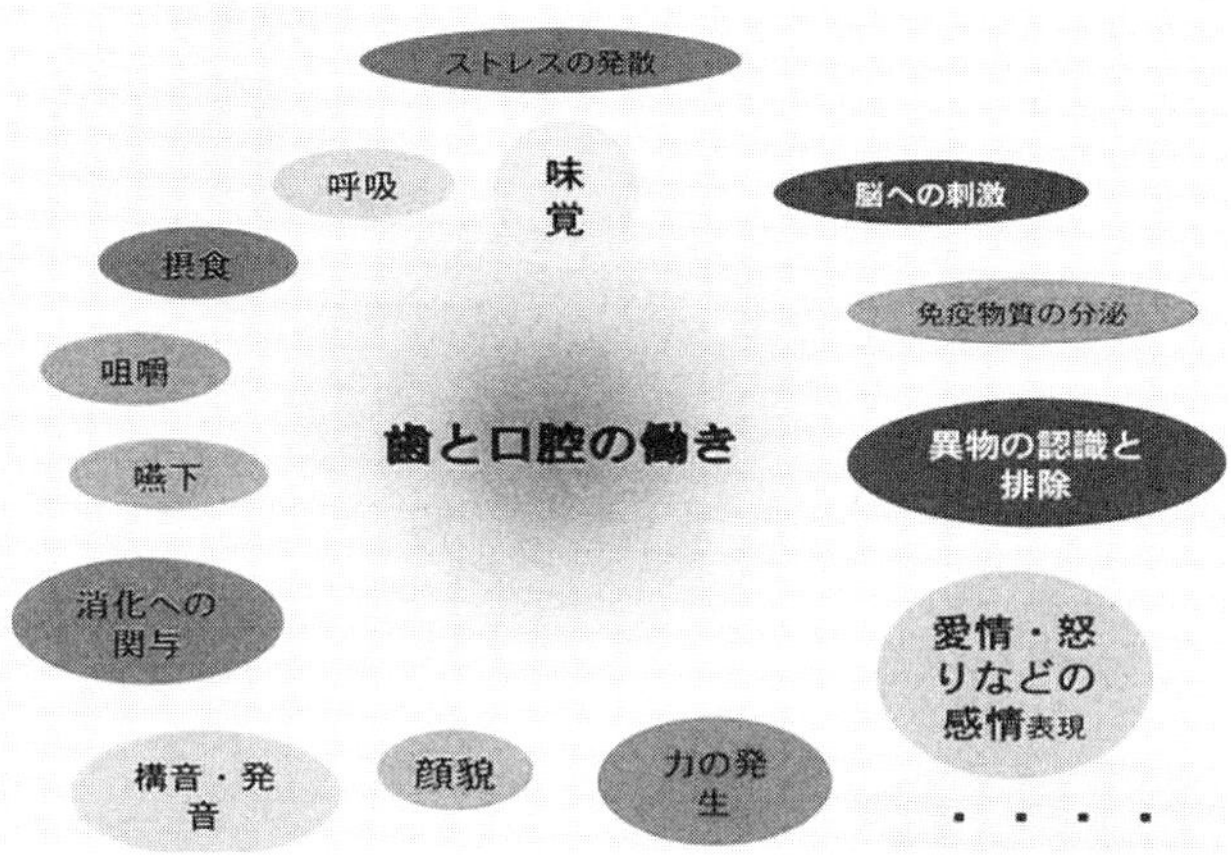

図3-2　歯と口腔の働き

（出典）むなかた介護サービス研究会『口からはじめる介護予防まちおこし推進事業（2年次）報告書』2007より。

にも時間がかかる。また、喫煙の習慣も口から始まり、呼吸器を侵す。俗に「口は災いの元」（Out of the mouth comes evil.）というが、それは何も対人関係だけではなく、自らの健康維持にとっても該当する。

誤嚥のリスク

そのうち高齢者にとっては誤嚥が一番危険である。これは噛んだ食物や唾液を飲み込む際に、食道ではなく、気道に落ちて肺に到達してしまうことである。そうなると、誤嚥性肺炎を引き起こす危険性が出てくる。とりわけ高齢者では、舌筋、咀嚼筋、顔面筋の収縮力が落ちて、飲み込みにくくなっており、加えて口腔内の感覚や唾液分泌力が低下するので、高齢者の誤嚥は珍しくない（介護・医療・予防研究会編、2000：49）。また加齢が高齢者の免疫力や抵抗力を弱めるので、誤嚥性肺炎の確率が高くなってしまう。だから、「口腔清掃を中心とした口腔ケアは、感染源対策としての細菌の除去ばかりでなく嚥下反射や咳嗽反射を活性化する感染経路対策としても有効である」（菊谷編、2006：16）ことになる。

日常的に経験する口内の粘つきからも理解できるように、

口腔内には種々の雑菌がいて、いろいろな病気の感染源になる。その予防には口腔ケアが有効であり、自らが歯磨きやウガイによって口のなかをきれいにすれば、それだけ雑菌は減少する。かりにＱＯＬ水準が低下して、他者の支援を受ける状態になって、自らの口腔ケアができなくなっても、専門家による口腔ケアは継続していきたい。歯磨きやウガイは、人間の全生涯で口腔内を清潔に保ち、感染源になりにくい生活習慣の一部を構成するからである。これは祖父母から両親を経て順次継承される家族の健康づくりのスタイルを形成し、家族伝来の健康文化を象徴する。

多くの場合、加齢により誤嚥のリスクの危険性が高くなっても、抵抗力の低下を防ぎ、栄養改善や運動療法などで、高齢者の抵抗力を維持することも、介護予防に直結する。食物のカスや唾液の誤嚥は肺炎の危険性を高めるから、高齢期でそれが頻繁に起こるならば、医師の指導による摂食嚥下障害の予防や治療も望ましい。いわば、感染源対策、感染経路対策、感染した人間のＱＯＬ対策の三つすべてが、「口から始める介護予防」には含まれることになる。

口腔ケアと糖尿病予防

中高年から若年までの飽食による糖尿病が増加してきた。「平成一九年国民健康・栄養調査結果」では八九〇万人の糖尿病患者の存在が指摘されており、その可能性を否定できない人まで合計すると、実に二二一〇万人の患者とその予備軍が推定されている(厚生労働省編『平成二一年版　厚生労働白書』2009：121)。

同じく「平成二三年国民健康・栄養調査」でも、国民生活基礎調査を実施した地区から層化無作為抽出した三〇〇地区から五五四九世帯が対象とされ、実際に三四一二世帯(八二四七人)が調査された。その内容は、身体状況調査票、栄養摂取状況調査票、生活習慣調査票からなり、調査員は医師、管理栄養士、保健師、臨床(衛生)検査技師などである。結果は、糖尿病といわれたことがある男性の割合は一五・七％、女性は八・六％であった。また、その「予備軍」は男性で一七・三％、女性で一五・四％になったので、合計すれば、男性が三三・〇％、女性が二三・〇％にも達する。

もっとも、平成二三年の厚生労働省「患者調査」での糖尿病患者は二七〇万人と報告されている。患者調査とは全国の医療施設を利用する患者を対象として、層化無作為抽出した医療施設における患者を客体とする方法による。抽出された病院は六四二八、一般診療所は五七三八、歯科診療所は一二五七であり、入院・外来患者数は約二三三万人であった。回答は医療施設の管理者が記入する方式である。

しかし糖尿病患者の数はまちまちでも、摂取カロリーに留意して、必要な食物をしっかり食べ、丁寧に咀嚼するのは有効な対応であり、それが口腔内の動きを鍛えることにも結びつく。

さらに、十分な口腔ケアが認知機能の低下予防にも有効だという報告もある（菊谷編、前掲書：13）。口腔ケアが認知機能低下を予防するならば、健康づくりにもＱＯＬの維持にも、口腔ケアは重要な実践になる。歯科医師会や政府による八〇歳で二〇本の自分の歯をもつという「八〇二〇運動」が広がって久しいが、自分の歯を維持するとともに、口腔内の清潔さと咀嚼力の維持にとって大きな意味をもつことを、高齢者の日常的なライフスタイルのなかで重視しておきたい。

歯科からみた健康の問題

歯と口腔が人間の身体で果たすたくさんの機能の一つでも不調になれば、健康への負の影響が発生するので、まさしく「口は健康の入り口・出口」といってよい。この視点から、「口からはじめる介護予防まちおこし推進事業」を継続しているＮＰＯに福岡県宗像市の「むなかた介護サービス研究会」がある。

表 3-5 「むなかた介護サービス研究会」の活動内容

1. 障害者施設の口腔内ケアサービスの実施
2. 在宅高齢者への口腔内ケアサービスの実施
3. 障害者施設，在宅高齢，障害者に対して口腔清掃指導の実施
4. 喋下障害リハビリテーションセミナーの開催
5. ミニ勉強会の開催
6. 口腔介護に関するパンフレット作成，配布及び個別指導
7. 専門書，専門器具の紹介販売
8. 施設職員，在宅介護者からの相談窓口
9. ホームページを通してのセミナー紹介
10. 「口からはじめる健康づくり」推進事業

一九九九年に歯科医師を中心として発足した「むなかた介護サービス研究会」は、「口」が果たす健康づくり面での役割を中心に据えて、要介護高齢者あるいは障害をもった人々の健康やQOLの向上を図るために、いくつかの活動を展開してきた。

このNPOの一〇年に及ぶ活動実績を表3-5でまとめた。なかでも、障害者施設の口腔内ケアサービスの実施、在宅高齢者への口腔内ケアサービスの実施、障害者施設、在宅高齢、障害者に対する口腔清掃指導の実施は、このNPOの三本柱になっている。障害者施設への訪問活動、在宅高齢者宅でのサービスの実施、そして予防を兼ねた施設高齢者や在宅高齢者の口腔清掃指導は、歯科医師である代表の専門であり、活動の実績の大半もそこにある。

活動開始当初は要介護状態にある高齢者への支援を軸として、専門職従事者を対象に嚥下障害や口腔ケアについての理論や実践を学ぶためのセミナー中心の活動を行ってきた。

歯科医師会の「八〇二〇運動」

「口」の役割と意義という視点から広く介護問題を考えると、日本歯科医師会と政府が提唱する「八〇二〇運動」の意義は大きい。「一生自分の歯でよく嚙んで安全においしく食べられる」ことは、健康面でも精神面でも自分の人生を全うするための基本的な条件の一つである。この常識的な運動が、文化的・社会的な

健康知識として、要介護者・家族と介護・看護・医療の専門職従事者の共通認識となることができれば、今後の要介護者のＱＯＬは格段に向上するに違いない。

八〇二〇データバンク調査

その意義を教えてくれる調査結果が八〇二〇財団のホームページで紹介されている。それは、厚生科学研究「高齢者の口腔保健と全身的な健康状態の関係についての総合研究」の一環として、八〇歳高齢者を中心とした全国の広範囲な地域にわたる口腔及び全身健康状態に関する疫学調査(通称、「八〇二〇データバンク調査」)である。以下、簡単にいくつかの結果を紹介しておこう。

この調査は一九九七年九月～一九九八年一一月に岩手・福岡・愛知・新潟四県の二四市町村で行われた。新潟県以外の三県では八〇歳のみを対象とした悉皆(しっかい)調査(全数調査)を行っている。新潟県では悉皆調査ではなく七〇歳と八〇歳を対象とし、事前に行ったアンケート調査結果より健診参加の希望があった者を中心にサンプリングを行った。

したがって、この調査における統計的分析では、新潟県以外の三県(岩手・福岡・愛知)のデータを「全国値」、新潟県のデータは「参考値」として扱っている。

その「調査結果」は、以下のようになる。

(1)　調査対象地区における現在歯数の真の平均値は五～六本の範囲内であると推察される。

(2)　咀嚼能力ともっとも強い関連を示した要因は現在歯数であり、二〇歯以上群では「全部噛める」と回答した者の割合が無歯者よりも約四倍高いことが確認された。また、分析の結果、唾液分泌が低下している者では咀嚼能力が低い傾向にあることが認められた。フェイスケールによるＱＯＬ評価と咀嚼能力の関連が他の諸要因から独立して有意であったことは、咀嚼能力が個人のＱＯＬ向上に寄与していることを示唆するものである。したがって、今回の分析結果は、「よく噛めることはＱＯＬを高めている」ことを実証したものといえる。

（3）　体力測定項目については、バランス能力（開眼片足立ち）、敏捷性（ステッピング）、脚力（脚伸展パワー）が口腔健康状態と有意な関連をもつことが示された。このうち、バランス能力と口腔の関連については、咬合の得られない状態が平衡機能を障害し、姿勢の制御機構に何らかの悪影響を及ぼしていることが推測され、口腔健康状態を良好に保つことは高齢者の転倒防止につながることが示唆された。

（4）　口腔健康状態が「視覚」と「聴覚」に有意に関連していることも確認された。八〇歳高齢者で口腔健康状態が良好であれば、その視覚と聴覚もまた健常の範囲にあることが示された。「八〇二〇」ないし「よく噛めている」人たちは、視聴覚機能以外にもＱＯＬと個人がもつ運動・活動能力が優れていると解釈できる。

以上の調査結果四点は、「口からの健康づくり」が自立高齢者も要介護高齢者にとっても、ＱＯＬの維持の面からみて重要な試みになることを教えてくれる。

口腔ケアの現状

要介護高齢者や障害者の「口」のケアがなおざりにされた結果、全体的に低下したＱＯＬが、訪問歯科診療によって発見される場合が多々ある。

このような現状を超えて、口からの健康づくりを行うには、以下のような口腔ケアの知識と動きの普及が急務であり、「むなかた介護サービス研究会」が「口からはじめる介護予防」事業を実践していることは大きな意味

表3-6　口腔ケアの目的

1．疾病予防 ①気道感染の予防 ②全身疾患の予防 ③家族の支援 ④メタボリック症候群との関連	3．心のケア ①生きる意欲を引き出す ②QOL の向上 ③家族の支援
2．口腔機能の回復と維持 ①急性期の嚥下訓練 ②話す機能の支援 ③栄養状態の改善	4．リハビリとしての口腔ケア ①急性期の嚥下訓練 ②慢性期の嚥下訓練 ③栄養状態の改善

がある。

口腔ケアの目的は表3-6のように整理できる（むなかた介護サービス研究会編、2009）。

大きくは疾病予防、口腔機能の回復と維持、心のケア、リハビリとしての口腔ケアに四分割される。すべてがＱＯＬに直結している。気道感染の予防は、九〇歳以上の男性高齢者死因の筆頭である肺炎防止にも強く関連する。高齢者の口腔内の清潔さを維持するのだから、家族の支援は欠かせない。脳梗塞の患者に対する訪問歯科治療でも、家族が見守るなかでの口腔ケアが行われるし、それによって口からの栄養補給が継続できる。誤嚥性肺炎が予防できて、自力での口からの栄養補給が高齢患者のＱＯＬを最小限維持させる。

また、口腔機能の回復と維持は話すことに深い関係がある。コミュニケーションが図れることは本人だけでなく、家族もまた同じような生きる意欲をもつ条件になる。すなわち「心のケア」に結びつくのである。

では訪問口腔ケアはどのような構造になっているのかといえば、自分で行うケアと歯科医師によるプロケアに分けられ、後者は歯科医院と高齢者の自宅それに入所先の施設に分けられる。

自己ケアとプロケア

「むなかた介護サービス研究会」の実践からそれらを整理しておこう。まず、自分で行うケアすなわち自助には、以下のような誰でもができる七種類のものがある。

すなわち、①歯磨きとウガイ、②舌ケア、③唾液腺マッサージ、④お口の体操、⑤義歯の洗浄、⑤食事（野菜、魚、大豆）のバランス、⑥水分の摂取、があげられる。これは特に歯科医師の指導がなくても家族全員ができる自己ケアであり、もちろん自立高齢者も要介護高齢者も行える。

しかし、歯科医師が診療所か家庭訪問して行うプロケアいわゆる商助もある。①お口の検査と診断、②歯垢の除去、歯石除去、③舌ケア、④歯周ポケット洗浄、⑤ぐらつく金属冠などの不良補綴物の調整、⑥義歯の調整、⑦唾液腺マッサージ、⑧自己ケアの指導助言、などがそれに該当する。

重要なことは自己ケアとプロケアとのバランスを取ることにある。健康長寿は従来の全身面における留意点、すなわち血圧と血糖値のコントロール、禁煙、肥満対策、適度な運動、カロリーと塩分を控えた食生活とともに、口腔ケアにも配慮したライフスタイルの実践が望ましいというのがここでの結論になる。

第四節　実証編　多忙な毎日は健康から

人生の有用さはその長さにあるのではなく使い方にある（モンテーニュ・原二郎訳『エセーI』筑摩書房、一九六六年、六六頁）

（1）健康優良児

一九二三年(大正一二年)一月生まれの井本シヅさんは、調査時点では年齢が七七歳であった。生まれは栃木県である。誕生したところは、農業を中心とする内陸部の農村であり、町の人口は三〇〇〇人ほどであった。両親とも農業に従事していた。米を二町ほどの水田でつくり、一町ほどの畑では小麦や大豆をつくっていた。生活水準は当時では中流と考えられる。ただ、彼女の父親は妻に恵まれない人で、二人の妻と相次いで死別した。死因は肺結核であった。シヅさんは三人目の妻の子として生まれた。兄弟姉妹は全部で七人だが、六人は異母兄弟姉妹である。ただ、現在生存しているのはシヅさんのみであり、異母兄弟姉妹はすべて病死している。父親はほとんど病気をせず七人すべての子どもを育て上げ、昭和二〇年に戦争の終結を見届けたのち、一カ月後に病死した。三人目の妻、つまりシヅさんにとっての実の母親は昭和三四年に亡くなった。

シヅさんは、このような家庭環境に生まれたが、病気をほとんどすることもない健康優良児として順調に育っていった。近所では元気のよい活発な女の子だった。周辺の人たちは、シヅさんのことを運動神経に優れているとみていたと、やや恥ずかしそうに語ってくれた。学校には片道一里半(六キロほど)を自転車に乗って通った。最終学歴は尋常高等小学校の二年生で、現在の中学校の卒業にあたる。自転車は当時あまりもっている人がいなかったが、父親が九歳のときに買ってくれた。シヅさんはたった一日で乗れるようになったそうだ。

シヅさんは学校卒業後の三年間、実家の農業を手伝った時期があった。当時としては当たりまえのことであったが、シヅさんには都会に出て暮らしてみたいという願望が強かった。三年ほどたって、伯父が、そんなシヅさんをみて、東京で働いてみないかと誘った。この伯父さんは東京の新宿で喫茶店をやっている人だった。商売は順調であったが、働く女性の従業員がなかなかみつからなかったために、姪にあたるシヅさんを誘ったのだ。シヅさんは喜んだが、両親は反対した。結局、社会勉強だという伯父の説得で三年間の条件つきで東京行きが認められた。この時のシヅさんは期待にあふれていたと語った。

伯父の喫茶店でウェイトレス

しかし、東京に出たのは一九四一年八月であり、この数カ月後には日米開戦がせまっていた。シヅさんは伯父の喫茶店に住み込み働いた。ウェイトレスは立ち仕事でかなりつらかったが、やりがいもあった。また、場所に恵まれたので、客は相当に入っていた。そこにさまざまな客がいたことが興味深かったらしい。

次第に戦争が激しくなり、喫茶店の仕事もかなり制限され、シヅさんは軍需工場にかり出された。ここでは銃の照準レンズを磨く作業を一日に一二～一六時間もやらされた。しかも軍のチェックが厳しく、やり直しを何回もさせられたという記憶がある。多くの人が病気になり苦しんだが、シヅさんは健康であった。そんななか、今の夫である井本正さんに出会った。正さんはシヅさんが働いていた喫茶店に来ていた常連客で、陸軍のパイロットであった。二人は一九四五年の春に結婚した。しかし、戦火は一段と激しくなり、正さんも頻繁に出撃するようになり、東京大空襲の日、正さんのゼロ戦はB二九の攻撃を受けて、行方不明になった。シヅさんはそのとき、長女を身ごもっていた。

彼女は夫が軍人であるから行方不明も仕方がないと考え、実家である栃木県へ疎開した。八月に戦争が終結し、一〇月のある日、行方不明だった正さんが戻ってきた。翌年の一月に長女を出産した。当時は敗戦と不作でかなり食料事情は悪かったが、家業が農業であったことが幸いした。一年ほど実家で世話になり、正さんの姉を頼って滋賀県の彦根市に移るが、数カ月後には今度は北海道の伊達市に落ち着いた。

正さんは敗戦のショックで働く意欲をかなり失っていた。シヅさんもかなり苦労して、次々と生まれる子どもたち、三男二女を育てた。正さんは職を転々と変えたので、農家の手伝いなどをして家計を補いながら育て上げ、現在に至っている。

人と接するのが生きがい

さて、シヅさんは調査時も健康であり、年齢を感じさせないほどの行動の鋭さがあった。住んでいるところは漁業を営んでいる人が多く、シヅさんの家の食卓にも漁師からもらった海産物とシヅさんが働いている農家から分けてもらった野菜が、ふんだんに上る。シヅさんは今でも早朝からバスに乗って、伊達市内の農家の手伝いに出かける毎日である。彼女は働くのが好きで、身体を動かし、人と接するのが生きがいだと語った。ここにシヅさんの若さの秘訣があると考えられる。

七〇歳までは週に五日、一日八時間の労働であった。借地に持ち家の住まいは築四〇年をすぎていたので、老朽化が進行し、多くの箇所を修理しているが、これからも多額の費用がかかるだろう。最近、子どもたちの勧めで、手すりをつけるなどの改造をした。夫の正さんとの仲はよい。彼は無職ではあるが、親戚の庭の手入れや漁業の手伝いをやって小遣い稼ぎをやっている。それ以外はパチンコに行くのが趣味であり、よく景品を孫たちにあげている。二人ともおもな収入源は年金だが、何らかの方法で小遣いを稼いでもいる。

シヅさんは七二歳までは自転車を愛用していた。健康によくて、バランス感覚も維持されるからという。週二日ほど片道三〇分ほどかけて中心部のデパートをめぐり、買い物をしていた。シヅさんの自転車姿は七〇歳過ぎの女性とは思えないほどのしっかりした走りだったそうだ。

シヅさんの近隣、友人、親戚との関係については次の通りである。まず、日常生活のなかでの近隣つまり近所づきあいでは、よく接触する人たちが五人いる。この人たちとは農作物や海産物などをやり取りしたり、お互いの家に行って、雑談するような親しいつきあいである。近所には二〇~四〇歳代は少なく、ほとんどが七〇歳以上である。このグループの人たちはお互い意識的に連絡を取り合っている。そして、ごくたまには昔からの友人などに会うために遠くまで出かけることもある。

多忙さが元気のもと

友人関係は近隣の人々が一〇名ほど、また、自治会や老人クラブの友人が四〇名ほどいる。彼女の老人クラブ関係の活動内容は、カラオケ、雑談、庭づくり(市内の庭づくりコンクールのため)を主としている。ほかにはゲートボールもあるが、シヅさんは行くことを拒否している。なぜなら、ゲートボールはシヅさんには鈍すぎて、面白くないのである。もっとスピード感のあるゲームがいいという。老人クラブの主要な活動人数は男五人、女三四人であり、会費は年に二〇〇〇円である。週一回活動し六〇歳~九三歳までいる。シヅさんはもっぱら雑談をするためにここに通っている。このようにみてみると、シヅさんの一週間のスケジュールは埋まってしまう。彼女の子どもや孫たちは行先をとらえるのに苦労するほどである。しかし、シヅさんを元気づけているのはこの多忙さのように思われる。その意味で、ボランティア活動までは手が届かない。

次に子どもたちとの関係についてのべる。まず会社員の長男は札幌に住み、同じく次男は室蘭に住み、会社員である。三男は札幌で会社を経営していて、長女は伊達市に在住し、次女は隣接した虻田町に在住している。い い換えれば、子どもすべてが適当な距離のあるところに居住している。だから、盆や正月には、シヅさんの家に集まる。楽しい一時だ。普段、遊びに来るのは近くにいる長女と次女である。長女とは週三日は顔を合わせている。シヅさん自身も長女を一番頼りにしているし、長女もシヅさんをかなり頼っている。シヅさん夫婦と長女の家族で月に一回のペースで洞爺湖温泉に行っているほどである。

最後に、シヅさんの不満や不安についてまとめておこう。現在シヅさんが一番気になっていることは、札幌在住の長男夫婦が、自分たち夫婦に札幌での同居をせまっていることである。たしかに今後は老後の問題もあり、夫の世話は大変重い課題だが、身体の自由のきく限り、自然と友人が豊かな伊達市で暮らしたいとシヅさん夫婦は考えている。

(2) 郵便局の局長代理

大分県の佐伯市で一九二五年(大正一四年)、本橋スミさんはその小さな漁村で生まれた。父は郵便局の局長だったが、これが彼女の進路に少なからず影響を与えた。旧制高等小学校を卒業したのち、彼女自身は洋裁が趣味だったので、大分市内にある大分ドレスメーカー女学院に進学する。しかし、郵便局に勤めていた彼女の兄が徴兵されることになり、その代理をスミさんがまかせられることになってしまった。そうして昭和一六年ごろから郵便局で働く羽目になるが、普通に勤めても資格が取れないので、一年後には熊本逓信講習所という郵政の勉強をする専門学校へ入学する。そして昭和一八年の卒業後の三年間、郵便局の局長代理を務めたという。

親や家族の都合で始めた郵便局の仕事ではあったが、熊本逓信講習所に入学してからは、彼女自身もっと勉強がしたくなった。だが当時は郵政の高等科がなく、それが開設されたら連絡してほしいといい残して、彼女は故郷に戻った。そして皮肉なことには、彼女の待っていた高等科開設の知らせが届いたのは、彼女の縁談がまとまったわずか一カ月後だったという。

「もう、その高等科に行きたくってしようがなくてね、それで母とケンカしたのよ」。もともと親同士が決めた結婚だったこともあって、熊本の郵政高等科へ行くか、結婚するかということで両親と対立した。しかし、結局は親のメンツを立てるという形で、昭和二一年、スミさんは二歳上でやはり同郷の健次さんと結婚した。戦前に日本大学で法学を学んでいた夫は、学徒動員から帰ってきてから、郷里で酒屋を営むようになっていた。小さな漁村ではあったが、村中見回しても酒屋がなかったために、あちこちに配達して回る忙しい日々が始まった。したがって、結婚後はスミさんもその仕事を手伝うようになった。

酒の配達

スミさん夫婦の仕事について、もう少し詳しく触れておこう。酒屋という商売は、何も店に買いに来る客だけを相手にすればよいというわけではない。むしろ、配達が大きなウェイトを占めている。とりわけ、お歳暮やお中元のシーズンには、「○○の××さんへ、ビールを一ダースお願いします」というような注文が殺到する。その都度、町中に商品を届けて回る。重い物を持ち運ぶのだから、夏の暑いさかりなどは特につらい。忙しい時にはアルバイトを雇うとはいえ、七五歳のスミさんにとっては、酷な仕事に違いない。「おじいちゃん(夫のこと)は力持ちじゃけん、できるんじゃろうけど、自分のできることは私にも当然できるもんじゃと思うちょるんよ」と彼女は不平をいう。

結婚から一〇年の間に三人の娘が生まれた。今ではみな結婚し、孫もいるが、スミさん夫婦は今もなお仕事を続けている。彼女自身は「もうやめよう」のほうであるが、「勤労は美徳なり」を地で行く夫が、なかなか首をタテに振らなかったのだ。

だが、「店を早く閉めたい」という願いは思わぬ形でかなえられようとしている。健次さんが脳梗塞のために倒れたのである。幸いにも軽度だったので、命に別状はないが、一定期間の安静とリハビリを要するために、現在は大分市の病院に入院している。夫はこれでもう今までのように車の運転はできないだろうし、仕事も続けられないだろうとスミさんはいう。「これからは配達はやめる」という彼女の言葉通り、いずれ酒屋も閉店するかもしれない。

仕事以外の彼女の時間をここで紹介しておこう。その点を質問してみたところ、次のような回答だった。「今は時間がなくてね、そういうのには行ってられないんよ」。地域社会のなかにも娯楽や教養のための団体や老人クラブは存在するが、酒屋の仕事を続けている状態では、なかなか暇ができない。また、「団体で一緒に行動したりするのは好きか」という問いに対しては、「そうでもない」とのことだった。だから、仕事をやめたら、そのような団体に属して余暇活動を楽しむという気持ちもあまりない。

手描き友禅

特に親しくしている仲間としては学友があげられた。これは熊本逓信講習所時代の学友のことである。現在ではみな九州全域に散らばっているが、交流はずっと続いているという。「年にいっぺんくらい、同窓会があってね、友だちのなかに手描き友禅を習ってる人がいて、その人にそれを教えてもらったのよ」とわざわざみせてくれた。この熊本時代の学友に教えてもらったという手描き友禅は、趣味として少しずつ今でも続けている。もともとが洋裁の好きな彼女であったから、友禅が自分の趣味となるのも早かったのだろう。

また、田舎でもあるし、商売がらでもあるだろうが、地域との結びつきは強いようだ。店が日曜日には休みということで、天気のよい日などには、近所の人たちと近くの山へ登ったりすることもある。趣味について質問すると、さまざまな答えが返ってきた。人の話を聞くのが好きで、近くの町民センターで講演会があれば、必ず聞きに行く。また、自分で本を読むのも好きだ。ちなみに今お気に入りの本はどんなものかと聞くと、「政治関係しい。

の本」だそうだ。「今はやっぱり、政治が一番面白い」という彼女は、テレビの教養番組などもよくみているら

郵便局で働いていた時代には、生け花を習いに行っていた。生活上の不満感があるかどうかを尋ねたが、「時間がない」との答えだった。この回答からもわかるように、現在の望みは早く店を閉めて自分の時間をもちたいということにつきる。

家族・親戚との関係についてはどうか。とにかく、スミさんも夫の健次さんもともに七人ずつの兄弟姉妹という。どちらも大家族のなかで育ったのだ。親の関係にまで遡ると、膨大な親戚になる。しかし、歩いて行き来できるところに住んでいる兄弟姉妹となると、かなりその数は限られてくる。スミさん側は兄が二人で、うち一人は彼女の実家に住んでいる。夫の方では実家に住むものはいない。

離れて暮らしている兄弟姉妹はともかくとして、近くに住む親戚とのつきあいはどうだろうか。「わざわざ時間をとって話したりすることはないねえ」と彼女はいう。仕事で町中を回って歩くときに顔を合わせることもある。スミさんは親戚に対しては特別に意識していない。

家族の深い絆

最後にスミさん夫婦の間に生まれた三人の姉妹についてふれておこう。五二歳になる長女夫婦は現在、東京八王子市に住んでおり、二人の子どもがいる。スミさんの子どもはみな女だったから、形のうえではこの長女夫婦が本橋家の名前を継ぐことになるが、スミさん自身は「あくまで形だけのこと」といって、「あととり」にはこだわらない。

四八歳の次女は大阪出身の夫と結婚し、現在は夫の仕事の都合で山口市に住んでいる。盆にはたいてい家族全

員で故郷に帰る長女夫婦に対して、この次女家族は二人の孫だけが帰省することが多い。

姉二人は地元の高校を卒業後、東京の大学へ進学したが、親の意向もあって、三女だけは地元に残り、大分大学を卒業したのち、彼女は県内で病院を経営する夫と結婚し、現在は車や電車を乗り継いで三時間ほどのところにある、夫の実家に住んでいる。四一歳になる彼女と夫の間には三人の子どもがいて、盆や正月には実家を家族で訪れる。長女・次女夫婦に比べて、特に頻繁に行き来しているようだ。なぜなら、この三女の夫の病院に自分の夫が入院しているからである。スミさんにとっては、三女夫婦は唯一手の届くところにいる、心の支えとなっている子どもなのである。

「なるべく子どもの世話にならないように生きたい」という彼女は、最期まで自分と夫の二人だけで暮らしてゆく心づもりもあるようだが、それでもやはり、「もっと子どもや孫たちと会って話がしたい」という気持ちには変わりがないという。家族の絆の深さが言葉の端々に感じられるインタビューであった。

(3)　厳しかった養母

石田タカ子さんは、一九二一年(大正一〇年)二月に福岡県中間市に三人兄弟の長女として生まれた。家族構成は、両親と二歳下の弟それに五歳下の妹の五人家族であった。父親は、福岡県の中間中鶴炭鉱の炭鉱に勤めており、母親は近くの食品工場へ勤めに出ていた。タカ子さんの生家の構成は以上のようなものであったが、実際に幼年時代をすごした家族は違っている。タカ子さんは生まれてすぐに父の姉の養女となり、伯母に育てられたのである。また、実母はタカ子さんが一〇歳のとき四二歳で亡くなってしまった。その後、実父は再婚した。

タカ子さんの伯母の家族構成は養父母と自分の三人であった。養父は実父と同じ炭鉱で坑夫として働いていた。

養母は働きには出ておらず、家事をしていた。タカ子さんの幼年期の生活の思い出としては、養母がしつけに大変厳しかったことが記憶に残っている。彼女の生活全体に養母は口を出した。タカ子さんは小学校では、そろばんが得意だったという。

タカ子さんは、小学校を終えてから就職せず、家事手伝いに専念し、養母の厳しい指導を受けた。そして昭和一六年七月、佐賀県生まれで四歳年上の健作さんと結婚した。健作さんは、北九州市にある三菱化成に勤めていた。彼はタカ子さんとの結婚で養子として石田家に入った。タカ子さんは夫の健作さんと養母とともに北九州市で暮らし始める。昭和一七年七月に長男が誕生し、昭和二〇年九月に次男が誕生する。そして昭和二三年八月に長女が誕生した。タカ子さん家族の規模が大きくなった。

タカ子さんに若いころの思い出で一番印象的なものは何かと尋ねたところ、間髪を入れず戦争の苦労ということだった。戦争中の生活は本当に苦しかったという。食糧は少なくてしかも配給だった。生まれたばかりの長男の手を引いて、身重の状態で防空壕に避難するのは大変だった。夫の健作さんは徴兵され中国大陸に出征していた。しかし戦闘で左肩に貫通銃創を負い、傷痍軍人となり、途中で帰国し、四カ月間入院してしまった。

「体あたり山」の思い出

戦争中の苦労以外で一番印象に残っていることは、家のすぐ近くにある「体あたり山」のことだという。戦時中といってももはや終戦近くのことだったが、ある日の午後、一機のアメリカ軍爆撃機B二九が、曇り空からタカ子さんが住んでいる地区上空に突然現れた。彼女が長男の手を取り、身重の状態で防空壕に逃げる途中、一機のゼロ戦がアメリカ軍爆撃機に向かっていった。タカ子さんの記憶に鮮明な形でこのときの像が残っている。その像とは、アメリカ軍爆撃機とゼロ戦の大きさの違いだった。黒い巨大なかたまりに小さな点が突撃していった。

そのゼロ戦は近くの航空隊基地から発進していた。タカ子さんが防空壕へ避難する途中で一部始終をみていたのだ。結局、ゼロ戦もB二九もともに近くの「体あたり山」に粉々になって落ちていった。彼女も町内会の人々も防空壕から出て、すぐに「体あたり山」に走った。そこには鉄片が散らばり、あたりの木々は焼けこげ、血のついた軍服や肉片が散乱していた。タカ子さんと町内会の人々は、泣きながら日本人ともアメリカ人ともわからない肉片を拾い集めたそうだ。

そして終戦後、「体あたり山」に慰霊塔を町内会の人々と建てた。この若い日本兵の犠牲によって、今の私がいるとタカ子さんは語った。

長男夫婦とのうれしい同居

長女が生まれ、夫も元気になり、左肩の貫通銃創もいえ、以前のように三菱化成で働くようになった。タカ子さんの家族はこのころが一番充実していたようだ。

昭和三五年に養母が老衰により亡くなった。昭和四四年二月に長男が結婚し、四五年三月には長男の初孫が誕生した。その後長男夫婦には長女と次女が相次いで誕生し、タカ子さん夫婦は長男夫婦と孫三人と同居することになった。昭和四七年次男が結婚する。次男の家族は男の子二人が生まれて、現在は四人家族である。長男夫婦と同居のタカ子さんは、現在の北九州市八幡西区に住んでいるが、次男家族は中間市に昭和五〇年に一戸建てを購入し、住んでいる。自動車会社に勤めていた長女は、昭和四八年二月大分県出身の職場の同僚で五歳上の人と結婚した。長女夫婦の家は長男と長女の四人家族となる。現在も大分市内の一戸建て住宅に住んでいる。

昭和五六年、突然長男が仕事の都合で、三年間という期限つきながら東京営業所に転勤になった。タカ子さんは今まで夫だけとの二人暮らしを経験したことがなかったので、一緒に東京に移住しようとした。しかし健作さんが拒否し、結局北九州市で二人暮らしをすることになった。

タカ子さんはこの三年間は本当にさみしかったといった。めっきり老け込んだのだ。しかし、とにかく毎年夏休みには、自分の長女や孫を連れて東京の長男家族を訪ねることにした。この夏の東京旅行だけは楽しみとして残っている。だから、長男家族が三年間の東京での生活を終えて北九州市に帰ってきたときは、本当にうれしかったという。こうして長男家族との同居生活が再開した。

ただ、時期を同じくして、夫の健作さんの神経痛が出るようになり、昭和五五年に退職して以来続けてきた自治会長も昭和六一年にやめた。そして昭和六一年の秋に近所の病院でリューマチと診断され薬を飲むようになった。昭和六二年二月、呼吸が苦しくなり、北九州市の産業医大付属病院に入院したが、治療のかいなく、昭和六二年九月に亡くなった。

さみしさを紛らすための多忙

タカ子さんは夫を亡くした後も長男家族とともに暮らしている。夫を亡くし、さみしかったので、このころからそのさみしさを紛らすために地区内のさまざまなサークルに参加してきた。最初に始めたのが民謡だ。これは毎週一回月曜日に地区の公民館で行われている。月謝は一〇〇〇円で、仲間は一二人いる。民謡を始めてから友人も増え、友人宅にお茶を飲みに行くことや、玄関先で話したりすることが多くなった。

次に始めたのがカラオケだ。これは毎月二回第一週と第三週の水曜日に地区の公民館で行われていた。月謝は五〇〇円であり、参加者は二二人だ。三つ目のサークルは社交ダンスである。これは毎週一回火曜日に行われている。月謝は一〇〇〇円で、参加者は一二人だ。

これらのサークルは、すべて地区公民館で行われており、参加者は全員同じ地区に住む六〇歳以上の男女という。そのほかにもこの地区には生け花、茶道、大正琴などのサークルがあり、それぞれ二〇人前後の参加者がいる。タカ子さんは次には大正琴を習おうと思っている。

そのため、彼女の毎日は多忙である。現在同居している長男家族も全員が働いている。嫁は保険会社に勤務し、三人の孫もそれぞれ働いている。そのため、昼間の彼女は一人だが、サークルの友人との交流があり、さみしいと感じることはない。このように、タカ子さんの現在の生活においては、サークル活動は非常に大きなウェイトを占めている。

そのほか、タカ子さんが現在楽しみに思っていることが二つある。一つは二カ月に一度くらいの頻度で長女の住む大分に行くことだ。子どもは三人だが、やはり娘のところが一番くつろげるという。

もう一つの楽しみは、サークルの友人との旅行だった。もう出かけないが、今までに北海道をはじめ、日本全国に出かけた。タカ子さんは名所旧跡をみること以上に、友人と話したり、乗り物や宿そのものが楽しいのだ。ちょうど修学旅行みたいなものだろう。

最後にこれからの生活について望むことを尋ねてみると、時折に友人と楽しく話したり、旅行に行くことをあげた。それ以外は、孫たちの成長だという。タカ子さんの毎日は趣味娯楽の生きがいと家族交流の生きがいとが渾然一体となっている。

（4）呑気だが頑張った生活史

一九一三年(大正二年)三月に、北海道札幌郡広島村(現在の北広島市)で生まれた村田フミさんは、インタビュー調査した時点で八三歳であった。兄弟姉妹は三人いて、年の離れた姉と兄それに弟がいる。四歳のときに父親を亡くし、母親が再婚した。それと同時に彼女は父方の祖母の家に、兄や弟は叔父（父親の弟）の家に預けられることになった。数年後、彼女もまた叔父の家に世話になることになる。昭和二年に札幌市の小学校高等科を卒業して、その後の三年間は裁縫女学校に通い、卒業してまもなく一七歳で和行さんと結婚、七人の子どもを育てた。

結婚後は、雪印乳業の工場で働く夫とともに、北海道内を転々とした。苫小牧、根室、伊達紋別、そして札幌へやってきた。和行さんはあまり身体が丈夫ではなく、性格的にも神経質な人だったために、フミさんは「自分が家庭を盛り上げていかなくてはならない」という気持ちを強くもった。夫からは「お前は呑気すぎる」とよくいわれたが、フミさんの心情は「困ったことが起きたとしても、くよくよ考えてもどうにもならない。仕方のないことで悩んでも何も解決しない。どうにかなるはずだと思って生きてきた」と語ってくれた。

ABCDEモデルの先取り

これはまるでセリグマン（Seligman, 1990＝1994）を先取りしていたかのようである。同書では有名なABCDEモデルが提起され、楽観的な人生の方法が詳述されている。A（Adversity）とは困った状況に直面することであり、そこからB（Belief）思い込みが生まれ、ある種のC（Consequence）結果が生じる。このいわば悲観的になりやすい結果にD（Disputation）反論を加えて、自らをE（Energization）元気づける。ライフスタイルの自己診断の方法としておそらくこのモデルは有効だろう。「困ったことが起きた時、ふつうはそのことが直接感情や行動を引き起こすわけではない。むしろその困った出来事に対する自分の思い込みが落胆やあきらめを生むのだ。つまり困ったことに対する自分の反応を変えれば、挫折にももっと上手に対処できることになる」（同右：327）。

フミさんはもちろんこのABCDEモデルを知らなかったが、結果的に明るく反応できる母親として、家庭を盛り上げていき、明るい雰囲気をつくり出すことにつくした。その自然な楽観主義は素晴らしいし、これがまさしく高齢者の知恵なのだ。

つらかった中年期

昭和三〇年、彼女が四二歳のときに、前々から習いたいと思っていた華道を習い始める。子どもたちが全員小学校に上がり、家事や育児に追われる生活も少し楽になったからだった。夫は昭和三四年に定年退職する。同時に全員で札幌へ転居し、現在の場所に家を購入した。札幌に来てから夫は前の会社の関連会社に再就職し、約三年間勤務するが、ある日職場で突然倒れ、それから退職し自宅で療養に専念する。しかし身体がますます弱り、二年後にはついに入院した。和行さんが入院してから約一年ののち、三男も結核で入院することになった。経済的にも精神的にも、このころ(昭和三九～四〇年)がいちばんつらい時期だったという。

このときの経験から、フミさんは経済的なことも考え、華道の教授を始めた。したがって、この時期の収入は、年金と医療保護、そして華道教授料であった。決して豊かではなかった。結局、和行さんは昭和四一年八月に亡くなってしまった。享年六四歳であった。夫が他界したあと、自宅周辺の畑だった土地に家を建てる。資金は夫の退職金と長男からの援助だった。その家を借家にして、それからは年金と華道教授料、借家の家賃で生活費を賄うことになった。

数年ののち、家をもう一軒建て、それも借家にする。これらの収入をやりくりして子どもを育て上げた。そのうちに子どもも次々と就職や結婚のため独立して、現在は札幌市南区で一人暮らしをしている。ただし、二階建て家屋の一階を使い、二階に三男が一人で住んでいる。変則的な同居だが、調査当時のフミさんはまだ全部の家事を自分でこなせるので、三男による介護の必要もなかった。その生活様式が二〇年間続いている。

健康にめぐまれる

フミさんの心身はともに健康のようだ。当時でも八三歳だから足腰が少し弱っており、外を歩くときには杖が必要にはなるが、日常生活を営むうえで支障をきたすような障害はなかった。老眼もあまり進行しておらず、老眼鏡を使わなくてもまだ新聞を読める。

今まで大病経験はまったくない。酒・煙草に関していえば、酒は飲まないが、喫煙する。喫煙経験があっても八三歳まで元気だというから、フミさんは愛煙家には心強くなる存在だろう。持ち前の丈夫さに加えて、おおらかでのんびりとした性格が長寿にとって幸いしている。本人曰く、「毎日の小さなことに喜んだり、感謝したりすることが身体にいいんだろうねぇ。くよくよしないことよ」。フミさんが怒ったり、イライラしていたり、機嫌をそこねたりしていることは珍しいことなのだ。「いつも呑気にかまえてニコニコしている」という印象が強い。

華道が救いの後半生

フミさんは一七歳で裁縫女学校を卒業してすぐに結婚したため、正式に雇用されて働いた経験はないが、唯一経験した職業としては先ほどの華道教授がある。昭和四〇年ごろから調査当時まで、約三〇年間続けていた。きっかけは裁縫女学校に通っていた一六歳のころに、叔母が彼女のために華道の道具一式を揃えてくれたからだ。しかし、卒業してすぐに結婚したため、華道を習う余裕は長らくなかった。ただし、そのせいでかえって華道を習いたい気持ちは強まっていった。四〇歳くらいで習い始め、さまざまな都合により五二歳で華道を「教える」側に移ったのである。

「経済的なことも考えて」とはいっても、最初のうちは生徒数も五人ほどであり、あまり生活費の足しにはならなかった。生徒数はいちばん多かった時期で一五人だった。

一六歳のときに道具一式を揃えてもらってから約二五年間、華道を習うことができなかったという無念さは強いものだったので、「好きなお花をずっとやってこれて幸せ」だといい切った。

精神的健康の源泉

調査当時のフミさんの家を定期的に訪れるのは華道を習いに来る生徒たちであった。それから別居してはいるが、札幌市内に居住する長女、二女、三女、四女の家族がときどき訪ねてくる。とりわけ隔週火曜日には四女が、月に二度は長女夫婦が彼女の家を訪れることが暗黙の諒解事項となっている。長女夫婦が訪れたときには、一緒に買い物に行き、まとめ買いできるものや大きなものはこのときすませる。その他の定例訪問者には、昭和六二年に長男が他界して以来、月忌参りにやってくる僧侶がいる。

フミさんは老人クラブなどの地域社会のグループには所属していない。時折町内会などからの誘いもあるそうだが、グループに属してそのグループの一員として活動するというのはあまり気が進まないので、辞退している。「そういうのに参加するよりも、今みたいに一人でのんびりと暮らすほうが気楽」という。

このように、どちらかというと、住縁的なつながりをもつ人たちよりも、血縁的なつながりをもつ人たちとのつきあいのほうが多い。だから、地域社会における同年代の友人はあまりいない。しかし、華道の生徒のような若い人たちと多くつき合うことによって、「精神的な若さ」を維持している。「個人主義的な成功追求に内在する自己利益への専心といったものと、共同体の喜びや公共の事柄への参加の喜びを得るために必要な他者への気遣いといったものとの間にバランスを保つことは、けっして容易なことではない」(Bellah et al., 1985＝1991: 240)。どちらかといえば、試行錯誤のなかでフミさんは「個人主義的な成功追求に内在する自己利益」を選択したのだ。

生きがいが「生きる喜び」である以上、性格や家族構成それに健康状態に応じて、自己利益への専心と共同体の喜びや公共の事柄への参加との間にあるバランスは、微妙に揺れることになる。

フミさんの起床時間は七時ごろであり、朝起きるとまず外回りをする。家の周辺をひととおりみて回り、庭の手入れや掃除をすませるのである。そのあと自分で食事の支度をして、朝食をとる。昼間は、来客の応対をしたり、家事一般をこなすことですぎていく。月曜日と火曜日には華道の生徒がやってくる。残りの暇な曜日にはテレビをみたり、散歩をしたりしてのんびりとすごす。足腰が少し弱いために外を歩くときには杖が必要だが、歩くことは嫌いではない。夜はテレビをみる。彼女の主な情報源はテレビだ。就寝時間は一〇時ごろである。

将来に対する不安は、あまり感じていないらしい。「不安に思ってあれこれ考えてみたところで、なるようにしかならないからね」とあくまでも楽天的だ。ただ、「食事の支度をしなくちゃならないのが最近少し億劫になってきた」し、「華道の生徒さんたちにも、いつかは引退しますっていわなきゃと考えることがある」そうだ。

三年後に、現在東京に住んでいる次男が定年退職する。退職したら、次男夫婦は札幌に移り、フミさんと同居することになっている。彼女はそれを非常な楽しみとして心待ちにしている。

（注）

（1）アンチエイジングの基本は「食事、運動、生きがい」である（白澤、2013a：89）。

（2）この総論に加えて、社会的条件の相違による健康格差の存在にも留意しておきたい。たとえば、所得水準と健康格差、教育程度と健康格差、ソーシャル・キャピタルと健康格差、有職無職と健康格差、既婚未婚と健康格差など究明すべき課題は多い。

（3）私の長野県民を対象にした調査で一番まとまったものは、長野県長寿社会開発センター諏訪支部員と佐久支部員の計量的研究である。その成果の一部は金子（2006b）に収めている。

（4）　長野県と青森県との平均寿命の相違について、食塩の消費量、喫煙者比率、野菜の摂取量、飲酒の割合、肥満率などが原因と指摘されている(白澤、2013a：59-60)。このうち青森県が都道府県でワースト一位であるのは、食塩の消費量と男性喫煙率である。

（5）「多接」をソーシャル・キャピタルの量と読み直せば、それを支持する研究成果は多くある。なぜなら、ソーシャル・キャピタルによる社会的サポートネットワークが健康度を高め、同時にストレッサーの影響を緩衝する効果があるからである(近藤、2006：173)。もっとも両義性の場合もあることに注意している文献もある(Kawachi, Subramanian & Kim, 2008=2008: 140)。

（6）　これが福祉コミュニティ活動の一環であることは当然である。

（7）　私の諏訪支部員調査と佐久支部員調査はこの全数調査であった。

第四章　高齢者の生きがいと社会参加

第一節　生きがい調査の先行的研究

医学からの生きがい論

長寿社会開発センターの『生きがい研究』創刊号で、石井は「高齢者の自立能力と生きがい」を論じて、「生きがいには種々の段階がある」(1995：63)ので、脳研究からみると、歩く食べるなどの「脳幹性生きがい」、感情生活に結びつく「辺縁性生きがい」、精神活動や社会活動に関連する「前頭葉性生きがい」に分けられるという医学者らしい結論を下した(同右：63-65)。また、「一般に高齢者の生きがいに影響する因子として、高齢者自身の人生経路あるいは人生経験のほかに、高齢者を取り巻く社会環境が重要である」(同右：65)と指摘した。

『生きがい研究』第五号(1999)に掲載された長寿社会開発センター独自による「生きがい活動が老人医療費に与える影響に関する調査研究」の結果も、石井と同じ医学的研究の延長線上にある。そこでは高齢者の生きがい活動への参加状況と健康医療に対する意識の調査とレセプト分析が併用されて、いくつかの発見がなされた。

①高齢者の生きがい活動による健康状態の改善は、直接的に医療費の軽減につながる(同右：194)。

②生きがい活動は精神面での充実をもたらす(同右：194)。

③生きがい活動参加者は、不参加者に比べて日常的な疾病予防・健康管理に対する意識が高い(同右：194)。

④生きがい活動参加者は、食事や運動等の健康管理・健康づくりに取り組む割合が高い(同右：194)。

⑤生きがい活動は、健康度がやや低くなった場合においては、自らの健康管理意識を高め、医療機関への依存度を低くする可能性がある(同右：195)。

⑥生きがい活動参加者は、健康度が高い場合、健康度が低い場合ともに、医療費が低い傾向がみられる(同右：196)。

⑦生きがい活動には健康の増進効果や意識の啓発効果があり、それが重症化の抑制、受診行動の適正化等に反映され、その結果医療費の抑制につながる可能性がある(同右：196)。

要するに、高齢者の生きがい活動は個人レベルでは健康管理意識を高め、健康増進の効果があり、同時に社会レベルでは、健康な高齢者が増加するので、疾病の予防に寄与し、重症化を抑制するために、総医療費の抑制効果があるとされた(1)。

その後の特集でも、たとえば「高齢者の生きがいに関与するのは、年齢、心身の健康状態、認知症症状の有無に拘わらず、役割期待、人間関係、人的交流頻度や質が大きな要因となる」(長嶋、2009：9)として、生きがい要因が個人レベルの健康状態に加えて、社会レベルの社会関係や対人接触にも広げられることが示唆された。

社会関係の重要性

社会関係の重要性は、全国調査からも高齢化が進む過疎地域調査からも等しく指摘されてきた。高野は『生きがい研究』第九号で、「身近な地域社会で高齢者の社会参加の場が多く存していることが、結果的に高齢者の生きがい感を、維持し高めることにつながる」(2003：86)とした。その意味で、個人要因による生きがいは、自動的に個人への健康づくり機能をもち、社会関係の維持が社会要因の筆頭に位置づけられ、社会システムのアウトプットとして高齢者医療費削減に結びつくという相乗効果が繰り返し確認されてきた。(2)一九九五年に始まった長寿社会開発センター編『生きがい研究』は、日本におけるこの分野での牽引的な役割を果たしており、諸論文の多くが個人的要因も社会的要因も取り上げて、学術的かつ政策的な意義に富む成果を積み上げてきた。

これらの諸成果を正確に受け止めると、『生きがい研究』第八号に掲載された袖井の主張「そもそも生きがいを持たねばならないという考え方自体がおかしい」(2002：14)には違和感が残る。もちろん画一的な「生きがいを持たねばならない」ことはなく、「生きがいの画一性」などありようもない。しかしどのような生きがいをもっても、その個人的効果や社会的効果はすでに科学的に論証されたという立場からすると、高齢者の自立能力の支援でも老人医療費という社会的問題に取り組む際にも、生きがいへの言及は不可欠になる。

同時に、「生きがいの画一性」の対極に想定された「多様な人生設計」という発想や「複線型の人生」の主張の裏には、多様性に不可避的な格差の広がりや不公平性が潜在する事実を忘れてはいけない。往々にして、多様性を擁護する側でそれに伴う格差や不公平性を軽視する傾向があるのは、高齢者の生きがい論だけではない。

包括的生きがい論

その点で、『生きがい研究』第六号の高橋論文は、他方面からの包括的な生きがい感の定義を行い、幅広さが目立っている。そこでは「『よろこび(喜び・歓び)』を中心に、それに関連の深い『心の張り』や『充実感』、さらには『満足感』『幸福感』を念頭に、これらの言葉を直接使用するほか、嬉しさ、楽しさ、達成感、貢献・奉仕(の精神)などの言葉を使用した」(2000：19)。かなり融通無碍ともいえるが、国際比較での定義なのだから、それぞれの国の文化的相違や言語の違いもあり、翻訳の際にもこの包括性は必然化する。そのなかで日本高齢者全体の特徴としては、「家族や友人の比重」と「趣味の比重」とがあげられる(同右：34)。ただし、趣味や仕事であっても、そこには「人間関係がついてまわり、その人間関係が生きがいの対象とされる」(同右：35)ことが把握されている。これは社会学の標準化された手法に依存した結果であり、応用問題への社会学の知見として蓄積されてきた。

また国際比較文化論的には、日本の高齢者の生きがいには「国家」が登場しない反面、社会的貢献・奉仕にはかなり関心があり、「社会とのかかわり」を求める傾向がある(同右：36)。「日本人の生きがい感は、一方では集団との一体感のなかで感じ取るだけでなく、他方では、自己実現として自己の関心事を追求する」(同右：37)。さらにいえば、集団との一体感は「共同性」に支えられるので、沖縄の高齢者に典型的であり、その反面にある自己実現はアソシエーション(自発的組織)に支えられるので、これは東京の高齢者に顕著に認められる。そして、時間の経過に伴って、「共同性」に支えられる生きがいを示した沖縄型は、徐々にアソシエーションに支えられる東京型へと変容すると結論づけた(同右：38)。これは生きがいを被説明変数としたアーバニズム効果としての論証にも転用可能である。

以上の包括的な生きがい論を基盤として、『生きがい研究』に掲載された個別研究をみると、全体としては心理学的な「生きがい感」に特化して、それを操作概念化して調査を行った結果を使った論文が目立つ。

その代表としてたとえば『生きがい研究』第一〇号の藤崎は、生きがいを「個々人がみずからの生にみいだしている意味」(2004：43)とした。そうすると、「意味」の内容が人それぞれによって異なるから、調査票では正確な把握が難しくなる。

主観的生きがい論

『生きがい研究』第一七号に寄稿した近藤は、「生きがい感はいうまでもなく、幸福感や不安感、孤独感などと同じく一つの主観的な感情である」(2011：11)と規定した。確かに「生きがい感」は主観性に富んではいるが、「幸福感や不安感、孤独感などと同じ」ではなく、これらのいわば社会的合成変数であるというのが私の解釈である。(3)

この立場からすれば、「生きがい感という感情は本来主観であり、その限りにおいて道徳的規範や社会的価値感から解放される。……従って、社会的価値を前提にした定義は否定されるべきである」(同右：16)は成立しがたい。なぜなら、社会的価値に準拠して判断や評価が形成され、個人の主観や評価もつくり上げられるからである。既婚女性が「おかみさん」として家業を取り仕切る時代に、専業主婦では生きがいに乏しかっただろうし、結婚願望が強い時代のキャリア女性の生きがいと専業主婦のそれと比較しても評価は異なるはずである。時代の主要な社会的価値に応じて個人が抱く無意味感も無力感も絶望感も変容するから、生きがい感も変わらざるをえない。

倫理・道徳は一つの社会的事実であり、これは時代に沿って変容する性質をもっており、生きがいの判断基準も変化する。たとえば、離婚は社会的文脈では社会解体の誘因の一つであり、家族による高齢者支援にも否定的影響を及ぼすとみられる。しかし、個人の側からは、嫌な相手と夫婦関係を続ける意義に乏しく、自由を求め、新しい人生をやり直す手段として離婚が位置づけられる。

この事例から分かるように、個人判断の規準にはマートン(1957＝1961)がいう準拠集団(reference group)があり、さらにそれを取り巻く社会的価値が背景に存在することを知っておきたい。

価値論からの生きがい論

『生きがい研究』第一八号の佐野は、「『生きがい』とは、個人が生きていくうちに、何に意義を見いだし、心の支えとするかということである」(2012：4)としたあとで、「価値づけの問題だから、生きがいは、人々が生活する社会の文化的価値体系と密接な関係がある」(同右：4)として、むしろ生きがいと社会的価値の接合を積極的に強調した。

しかし、実際にアメリカ高齢者の研究を通して語られたのは、現役時代と同じ規律である「仕事」の意義であり、主体性、独立性、自己による規制が中核となっていた(同右：11)。そして、老後の規則正しい、秩序ある活動による「仕事」を「自分の意志」で選択することが「生きがいを継続させる」(同右：11)とされ、最終的には「社会の文化的価値体系」への言及が消えてしまったのは残念であった。

これと類似した価値づけという側面からの概念規定は、『生きがい研究』第一四号の松林論文にも認められる。「日本語の『生きがい』という語感には、spiritual な要素が多く込められているように印象される」(2008：17)。ただし私の都市高齢者調査経験からは、必ずしも「spiritual な要素」は明瞭にはならなかった。生きがい領域を家族交流、友人交際、社会参加、趣味娯楽に大別すると、それぞれで「spiritual な要素」はほとんど検出できなかった(金子、2006b)。このように操作概念化した際には「spiritual な要素」を指標内容に盛り込みにくく、松林のそれはむしろ一般的な定義の段階でそれが濃くなる場合をさしていると考えられる。

そうすると、「生きがいを論ずる場合、個々人によって異なる固有性と多様性を念頭におくならば、生きがいに関する演繹的な考察よりもむしろ、徹底した具体的事例を帰納的に検討するほうが有効と思われる」(松林、前掲書：16)場合もあろうが、実際のところでは具体的事例も「多様性」に富むから、結局は演繹的な考察でも帰納的考察でも同じことになる。

そこで『生きがい研究』第一七号の小野(2011)のように、具体的な対象者として看護師を対象とした生きがい調査結果を提示して、「生きがいは、現在もしくは現在までの自己、および、自己の人生全体への満足や肯定という側面と、仕事などを通して成長し、他者とのかかわりあいの中でそれが認められ、確認できるという二つの側面がある」(63)という立場が出てくる。すなわち自己人生の満足感・肯定感、および社会的関与のなかのアイデンティティ感が指摘されるのである。

生きがいを社会的文脈で議論する

前者については「人生において追求すべき目標を設定しうる」ので、「生きがい感は一層はっきりと『未来へ向かう心の姿勢』に裏打ちされている」(和田、2006：33)。後者はもちろん「生きがいを社会的文脈で議論する」典型になる。

そのほか、『生きがい研究』第一三号の井上(2007)のように、刺激的な分類を行った論文もある。そこでは生きがいを「人(生)に生きる価値や意味を与えるもの(こと、人、できごと)」(同右：10)と定義したあとで、「充実感をもたらすもの(こと、人、できごと)」ともいい換えられて、概念の幅を広げる試みがなされた(同右：11)。そしてその反面にある「反社会的生きがい」と「脆い生きがい」にも触れたところが新しい。ただし「反社会的生きがい」について、井上はその事例を紹介したが、「すべて憶測の域を出ない」(同右：13)ので、ここでの検討は省略する。

もう一つの「脆い生きがい」とは「失う可能性と常に背中合わせ」(同右：13)を強調する地点で発生する。この事例は女手一つで長男を育て上げ、結婚後はその長男から虐待され、怪我をさせられ、入院して、退院後は養護老人ホームに入所して、脳卒中発作により重度の麻痺状態に陥った女性へのインタビューから、井上が造語したものである。

重度の麻痺患者に「生きがい」を尋ねること自体大変なことだが、そこからの回答の一つ「子どもを一人前に育て上げたこと」を引き出し、これに「過去の思い出」もまた儚いながら「生きがい」になるとした(同右：14)。しかも儚さは実際のところ「健康な人々の生きがい」にこそあると論旨を逆転させた。生きがいの中核に「強い豊かな心の世界」を想定すると、このような論旨もまた可能になり、過去遡及でも生きがいが確認できるという結論は新鮮な印象を与えた。(4)

未来志向の生きがい論

この過去遡及とは異なり、「未来志向」としてまとめたのが、『生きがい研究』第一八号の鶴若(2012)である。「生きがいは、未来への志向をもち、幸福感よりも自己に迫ったものであり価値の意識を含むもの」(同右：22)。ただし、高齢者の生きがいを確認する鶴若はナラティブ法に依存しており、結果の解釈でもいくつかの限界がある。なぜなら、鶴若が生きがいとして分類整理した

①連帯感(家族、友人、社会、地域などとの連帯)
②充実感・満足感・幸福感(現在の生活、今までの人生の満足など生活全般から得られる安定や充実)
③達成感・追求感(自己の向上を促すような学習、奉仕活動、創造的活動、仕事などにおける達成または追求)
④有用感(自分の能力を発揮して役に立っていると思える感情・感覚)

⑤価値（個人の生き方、信念、生活信条に関係する領域）

はすべて「対象者からの語り」から得られたものであり、実質的な話者の行為に裏づけられたわけではないからである。(5) 加えて、「これらは互いに独立した実在ではなく、相互にかかわりを持っていた」（同右：31）という根拠に乏しい。おそらく連帯感や充実感などを「実在」とするにはナラティブ手法では限界があり、これは生きがい確認のための予備的な手法の一部にしかなりえない。

むしろ、『生きがい研究』第八号における遠藤（2002）のように、「『生きがい』とは、人生の過程で形成される心の充実感」（38）であり、「その中心には『人間関係』がある」（39）という具体的な論点をもっておきたい。ナラティブ手法の限界は判断基準が話者にしかなく、きわめて主観的な情報に偏る危険性を内包するところにある。一般的によく用いられる「かれは悪人だったが、私には優しい兄だった」という文脈だけでは、比較研究の素材にはなりえない。

その意味で回答者がもつどの程度の人間関係が「生きがい」に結びつくかは、ジェンダー、ジェネレーション、階層、コミュニティ、健康度などの類似性や相違性を考慮して、客観的な「生きがい」比較を条件づけて判断するしかない。(6)

生きがいは複数ある

なお、『生きがい研究』第一〇号の藻波（2004）がいうように「長寿化が進んだ今日の長い人生においては、『生きがい』も複数もっていたり、人生途上で何度も変わったりして良い」（113）は卓見であり、「ライフコースに合わせた生きがいの変遷」を重視することも納得がいく。(7)

もちろん、量的なデータ解釈にも恣意性は避けられない。『生きがい研究』第八号に掲載された平野論文にいわれた「successful aging＝productive aging という画一的な考え方は、〝自立して生産的〟でない高齢者に失敗者という自覚をもたらし、多くの人たちは人生の最終コースを失意のうちに歩む」(2002：83)という指摘は正しい側面をもつ。なぜなら、successful も productive も相対性をまぬかれないからである。ただし、successful aging＝productive aging を画一的な考え方と批判する前に、successful aging の項目に該当する指標のうち何が productive aging になるのかならないのかを具体的に論じることが先決である。すなわちこれらは相対的なものにすぎないから、研究者による事前の判断基準の提示と調査データ解釈の際の立脚点が問われるのはいうまでもない。

第二節　高齢者生きがい研究の展開

生きる喜び

これまでに検討してきた『生きがい研究』を含む先行研究を精査して得ていた仮説や、過去二〇年にわたる比較調査によって確認できた私なりの暫定的結論は以下の通りである。

①生きがいは外国語に翻訳できない日本語特有の意味合いがある。

②定義の検討に深入りするのをやめ、生きがいを「生きる喜び」と位置づけて、調査票に項目を盛り込み、主要因を探究し、要因間の関連にも配慮する。

③「生きる喜び」の軸は個人の生活・生存・維持、およびその個人的目的の遂行過程と達成を喜ぶ心情にある。

④高齢者の生きがいは他者から与えられるものではないが、日本には中央政府や自治体による高齢者の生きがい対策があり、条件や環境を整えようとするこれらの政策努力は受け入れる。
⑤宗教心が強い社会や個人では、信仰そのものが「生きる喜び」となるが、日本の高齢者では極端に少ない。
⑥宗教的背景が乏しい日本の高齢者は、世俗的な日常生活において自力で生きがいを得ようとする。
⑦時代の特性としての多様性を受け入れた社会的価値に照らして、日本の高齢者は「生きる喜び」の下位領域として手段性(instrumental)を重視して、「生きる張り合い」、「自己実現」、「アイデンティティ」などを求める。
⑧加えて、「生きる喜び」の復活には、表出性(expressive)に富む自己肯定的な社会活動への参加、家族との交流、健康づくり、友人交際、趣味娯楽活動、得意分野の継続が有効である(8)。
⑨「生きる喜び」は日常的な自己の評価と未来を遠望した際の自己評価との一致度で得られる。
⑩日常的肯定としての高齢者の「生きる喜び」は、active aging、positive aging、productive aging などの類似概念に接合可能である。

これら一〇項目の理解から、生きがいを「生きる喜び」とだけ定義して、「安定した私生活のなかで、自分を活かし、人生の意味を確認して、自由なかかわりの社会関係をもち、未来への展望が可能だと感じる意識状態」とする観点を堅持しておきたい。

高齢者の社会貢献

定年退職した高齢者世代は年金暮らしを余儀なくさせられる。しかし同時に、その人生で蓄積されたノウハウは、実は隠れた価値の高い遊休資産でもあり、この社会的な有効活用の途を開き、社会貢献にも転用できるというのが本章のおもな主張である。

もちろんいざ年金受給者となってみると、社会貢献の意欲はあっても、具体的に何をどうしたらいいのか見当がつかないというのが多くの高齢者の実感である。かりに社会貢献活動を行うとすれば、長年にわたる仕事の経験と磨き上げてきた能力を活かせるテーマに取り組みたい。ただその活動へのきっかけは一人ではみつかりにくいので、集団的に取り組み、自らが参加することで自分を活かせる社会貢献活動の事例を学べば、具体的指針が得やすい。ここではそのようなニーズに応えられる事例を紹介する。

それまでの数十年間の職場を退職した高齢者が社会貢献する場合、新たな組織をつくるか既存の組織に加入するか。この入り口の判断が高齢者個人に求められる。その後は所属した組織の活動を分担し、それまでの経験やノウハウを活かすことになるので、制約が多い行政関連独立法人ではなく、NPOのような民間集団活動にかかわるほうが望ましい効果が得られやすい。

もちろんNPOだからすべて社会的信用が得られるわけではない。犯罪に加担するNPOすら存在するからである。犯罪とは無縁ではあるが、休眠状態のNPOも少なくない。NPOとしての集団活動が社会貢献としての普遍性をどの程度もっているか、普遍性を維持するにはどのような活動頻度と規模が必要か、という二点を明らかにすれば、社会的な信用は得られる。それにはnon-profit-organizationではなく、new-professional-organizationへの努力を欠かさないことである。本章で紹介する事例からも、数年間の地道で困難な活動があってこそ、その活動が広く認知され始めたことがわかる。

そのうえで、先行的な研究成果を学びながら、実質的活動の推進の原動力を見出したい。以下、事例に則してそれらを試みてみよう。

生きがいの考察

そこで生きがいの考察に移ることにする。経験的にみても生きがいにはいろいろな要素がからみ合っているので、おそらく一元的には規定できない。神谷美恵子が指摘するように、「生の内容がゆたかに充実している感じ」(神谷、1966：21)が生きがいの重要な側面であり、「はっきりと未来にむかう心の姿勢」(同右：25)もまた不可欠であるとだけいっておこう。

私はこの二〇年間、生きがいの概念をめぐる細かな論議には加わらず、「生きる喜び」として生きがいを定義して、「高齢者の生きがい」について質問紙調査票を利用した計量調査とインタビューに依存した事例研究法の両者を用いて、多方面から具体的に理解しようとしてきた。なぜなら、実証的な研究においては概念の意味内容をめぐった議論よりも概念を使った議論が建設的であり、学問としても生産的だと考えるからである。

本来生きがいとはすべての世代に求められる「生きる喜び」なのであり、したがって職業の有無や健康状態を超えて存在するはずである。ところが、日本社会では生きがいという言葉を特に高齢者に結びつけて使うことに対して、何の違和感も感じられていない。むしろこのような問題の立て方そのものに、日本の高齢者福祉行政の特徴があったといってよい。

ほとんどの場合、そこでの高齢者は生きがい援助の対象であり、周りからの支援を必要とするとして位置づけられている。要するに、高齢者は受け身の存在としていわゆる「高齢者神話」が該当するものとして認識されて久しかった。このステレオタイプの認識の延長線上に、「『老人』と『障害者』の同一視」(Palmore, 1990＝1995: 178)を読み取ることは容易である。

光源としての高齢者

しかし、受け身どころか積極的な人生の実践者としての高齢者も多い。日本全国のたくさんの高齢者とインタビューし、さらに調査票による大量観察をして一番感じられたのは、自分をロウソクの光源としてみると、この光は近くをもっとも強く照らし出し、遠くに行くほど弱くなるとのべられる高齢者が多かったことである。この場合もっとも身近なものはもちろん家族である。ところが、徐々に家族と同居できない高齢者が増えてきた。身近なロウソクとして輝き続けたくても、受皿としての家族規模が小さいか、家族とともに住んでいなければ、せっかくの光源が活かされない。加えて、「家族の個人化」を高唱するフェミニズム家族論者がいる。

ただ、このような事情でも、光源は消えずに、家族を超えて近隣に届いていることは指摘しておきたい。町内会や小学校区などいわゆる狭い意味でのコミュニティがその光の届く範囲になる。一人の高齢者にとって、家族と地域社会とは機能的には補い合う関係なのである。一人暮らしの人は一人ぼっちではなく、地域社会のなかで支えられている。

ストリングスがストレングスの源

私は都市高齢者の生きがいを社会参加、友人交際、趣味娯楽、家族交流に大別してきたが、結局いえることはどれか一つの生きがい要因にこだわっていると、そこから二つ目の生きがい要因もみえてくることであった。「人は体験と人間関係に反応して、引き続き学び、変わり続ける」(Butler, 1975＝1991: 469)のである。ストリングスがストレングスの源であることは複数の都市調査で発見された命題である。

個人の生きがい追求と多世代間の共生を目指すことは、少子化と長寿化が同時進行する二一世紀における日本社会の目標の一つである。多くの研究から総合してみると、生きがいづくりとしては、「一人称の生きがい」(専ら自分自身のために何かをする)、「二人称の生きがい」(家族・親族、友人等のために何かをする)、「三人称の生きがい」(他人と地域社会のために何かをする)があるとみなされる場合もあるし、学ぶ生きがい、遊ぶ生きがい、貢献する生きがいに三分割できることもある。

さて、私が実施してきた複数の都市高齢者調査における生きがい分析からは、ストリングスを活用した「交流」という生きがい要素の強さが目立つように思われる。ただし、経済的にも精神的にも安定していること、すなわち食べるには困らないことが前提であり、これは「私生活の安定」と呼ばれる。「交流」の相手は問わないが、とにかく一緒に何かをする(experiencing together)ことが必要であり、そのような交流が「生きる喜び」を与えてくれる。

「交流」相手をどこで得るかは、高齢者個人のそれまでの生活史に応じてさまざまである。会社や役所などの組織で働いた経験をもつ高齢者が次第に多くなってきたので、この人々は農業や自営業経験者とは違って、地域を超えた広い範囲での社会関係を求めるようになり、ローカルというよりはナショナルさらにはグローバルレベルでの社会関係も必然化する。自営業を営んできた高齢者にとって、その友人の多くは徒歩圏内に住んでいるが、組織勤務の経験をもつ高齢者は、徒歩圏内を超出する幅広い行動半径をもっている。市部町部、健康非健康、男女それぞれに「交流」相手の選択は異なる。

自分を活かす

「自分を活かす」こともまた生きる喜びになり、同時に他人のためにもなるとみなす高齢者もいる。その延長線上に新しい経験や冒険を試みる高齢者が登場する。生活に少しだけ変化をつけたい、あまり急激な変化は求めないが、パソコンにも取り組みたい、英会話を学びたい、ボランティア活動を行いたいというライフスタイルである。「社会的離脱理論とは裏腹に、年をとるほど社会的活動の重要性が増す」(Friedan, 1993＝1995: 84)ので、ライフスタイルの点検もまた生きがいとの連動性の視点を必要とするのは当然である。

これらに関しての私の研究では、高齢者も含む全世代の人間の生きがいは、社会参加、家族交流、友人交際、趣味娯楽の四分野で八割程度が含まれることが判明している。残りは金儲け・蓄財とリスクの大きいギャンブルだが、ここでは省略しておこう。もしこの四分野で思い当たるところがなければ、とりあえず趣味娯楽に関して、高校入試で外された科目(音楽、美術、保健体育、技術家庭)から選択するのが、生きがい選択には有効である。なぜなら、カラオケにしても、水彩画にしても、ウォーキングにしても、園芸にしても、その大半が高校入試で外された科目に関連しているからである。その意味で、少子化する高齢社会では、音楽、美術、保健体育、技術家庭の知識と技術が、とりわけ高齢者の生きがいに直結することを知っておきたい。このような義務教育教科の見直しが、今後の高齢社会に生きる高齢者を救うという主張を長年にわたり私は行ってきた。

生きがいを得るための一〇カ条

私のいくつかの研究では以下のような分類も試みている。ボランティア活動を含む役割活動から、生きがいを得るための条件を一〇カ条に整理したことがある(金子、1997：46)。すなわち①誰かに必要とされる、②生きる喜びは緊張を伴う真剣さから得られる、③まずは一つの役割活動から始める、④好奇心をどこに感じるかを自分で決める、⑤自己実現かコミュニケーションかを選択する、⑥夢中になれるものがあるかを問いかける、⑦自分の引き出しをたくさんもっているかを自問する、⑧家族、近隣、友人、緊急通報システムのうち、安心感を何で得るかを考えておく、⑨人生の再出発では、男は内(厨房)に、女は外(街)に、が大原則である、⑩働かない自由＝新有閑階級の存在も認める。

これらの条件のうち、⑩以外では、とりあえずは何からでもよいから取り組み始めることである。好奇心を刺激し、夢中にさせる対象のなかに自分の役割が発見できれば、生きる喜びが得られるし、安心もできる。

反面、「生きがい」に乏しく、健康を損ないやすい生き方としては、友人数が少なく、つきあいの範囲が狭く、親密な他者の不在などがあげられる。そのほか、他者の話を聞かない、人に感謝しないといった個人的欠点も嫌われる。

得意も生きがい要因

さて、ここで周知の趣味活動とともに提唱する自立要素ならびに生きがい要因に「得意」がある。これは全国六〇〇〇人の高齢者調査から獲得された生きがい要因である(金子、2006b)。かりに趣味がなくても「得意」があれば、高齢者の自立は大いに促進されるし、生きがい要因にもなるというのが、そこでの私の主張であった。

「自分を活かす」こともまた生きる喜びになり、同時に他人のためにもなると考えている高齢者は多い。その延長線上に、新しい経験や冒険もしたくなる。生活に少しだけ変化をつけたいし、あまり急激な変化は求めないが、新規の課題にも取り組みたい。英会話を学びたい、俳句をもっと深めたいといったライフスタイルである。

男女を問わず高齢者は政治的な関心が非常に高く、政治動向に詳しく、具体的な発言ができる。この理由は男性が活字メディア、女性が電波メディアの違いはあるが、ともにマスコミ接触度が豊富で、新しい情報(未来展望)にも貪欲だからだろう。もっともその未来は自分のそれではなく、子どもや孫が生きる二一世紀の日本社会の未来である。高齢者は未来のなかに自分の過去が入っている。自分の過去を踏まえて現在と未来の社会を今よりもよいものにしたいという志向が強い。

高齢者のそれまでの人生のうち、「得意」は長年継続してきた仕事内容と不可分である。あるいは仕事の一部となってきた個人の技術や知識が「得意」を形成する。それがあれば、高齢者の人生において趣味がなくても悲観するには及ばないというのが、ここでの主張である。

どういうボランティアを求めるかという質問には、多くの場合「話し相手として」という回答が大半である。同じ世代で、話題が共通ならばその役割は一層好まれる。「未来展望」と同時に、強烈な過去への回帰欲が満たされることが理想である。その意味では、ボランティアに過大な期待は禁物であり、微助人（ビスケット）としての役割が求められる。ほんの少しの手伝いで、援助する人もされる人も満足できる。一番話したいことを熱心に聞いてあげることが、微助人の出発点になる。

第三節　おもちゃドクターの事例研究

おもちゃドクター

「趣味」や「得意」を長続きさせる秘訣は、「生きる喜び」の源泉を限定して、それを共有してくれる他者の存在にある。二〇一五年にむけて団塊世代が定年を迎えるにつれて、定年後の高齢者の生き方に関心が高まってきている。活動の選択肢は多岐にわたるが、ここでは微助人として特定の技術を「得意」とする高齢者の社会参加の姿を追いかけてみたい。

まずは「おもちゃドクター」としての活動である。(9) これは東京都中野区にある「おもちゃ美術館」を基盤として、「おもちゃ病院」が開設され、「おもちゃの修理」を始めたことをきっかけとする。団塊の世代の大量退職時代に、元気と技術と知識もある高齢者が、おもちゃ病院のドクターとしておもちゃの修理に携わることで、子どもたちに物の大切さを教えて、資源の再活用やリサイクルの一端を担いつつ、自らも楽しみながら生きがいが得られるボランティア活動として、このおもちゃ病院協会が位置づけられる。

日本おもちゃ病院協会発足は一九九六年五月である。これ以前にも全国各地でおもちゃドクターはバラバラに活動していた。しかし、お互いの交流もなく個人的な趣味以上のものではなかったために、新しい連絡協議会が設立された。そこで各地のおもちゃドクター間に交流が生まれ、相互の情報交換と技術の向上がなされてきた。二〇一三年一二月現在で登録会員は一〇七二人になっている。

多くの場合、修理代は無料であり、有料でもせいぜい一〇〇円から二〇〇円が多くて、文字通りのボランティア活動になっている。協会としての事業は、おもちゃドクター養成講座の開催と準備がある。これには、おもちゃ病院活動が低迷している都市における社会福祉協議会への打診、おもちゃドクター養成講座テキスト・レジュメの作成、レベル別(初級、中級)ニーズに合わせた内容の決定などを含んでいる。

おもちゃドクター養成講座

次に毎年全国で六都市の養成講座を開催できるように、場所と日程の確定を行う。養成講座の基本は三日間の連続講座であり、一日半の講義および実習編も一日半かけて行われている。その講習会場は、社会福祉協議会か地方の公共施設等の会議室などが使用され、最大でも受講生は三〇名程度に限定されている。

この一番の狙いは、おもちゃドクターとして活動できる高齢者に生きがいを与えられるような技術と知識を提供することにある。

おもちゃ病院　診察申込書

2009年　　月　　日

氏　　名		受付番号	NO.
住　　所	〒　　－ 市 区	複数受付	NO.　　　　　と同じ
		付属明細	□ACアダプタ　□AVケーブル □ソフト　個　□電池　本 □コントローラ
電話番号	TEL　　－　　－		
おもちゃ名		使用年数	年　　ケ月
メーカー名		年　式	年
症　　状	□全く動かない　□一部動かない　： □時々動かない／どんな時ですか　： □破損／それはどの部分ですか　：		
本来の動き			
修理費限度	￥　　　迄とする（超過する場合は事前に、必ず電話で相談すること）		

※個人情報は、おもちゃ病院連絡協議会にて厳重に管理し、診察以外の目的では使用することはございません。

診療記録

＊ドクター記入

受付番号：

治療結果	□即日退院
	□入院決定　□要長時間　□要部品手配　□ＳＳ送り　□ドクター預かり（　　）
	□治療見合せ　□部品入手不能　□部品高価　□その他の理由（　　）

おもちゃの種類、内容		治療内容		備　考
A	ラジコン、赤外線、ワイヤコントロール	1	ギア、ぜんまい、ばね など部品の破損交換	
B	自動車、ミニカー、建設機械			
C	汽車、電車、客車、貨車、飛行機	2	主要構造部分不良交換	
D	ロボット、動物、怪獣、合体ロボ	3	詰り、絡み、汚れ除去	
E	テレビゲーム、パソコン、ワープロ	4	組立てミス、注油不足	
F	上記以外の電子ゲーム、アルバム	5	機械的故障、調整	
G	学習おもちゃ、知育おもちゃ	6	電池受液洩れ磨き、交換	
H	携帯電話、トランシーバ	7	各種スイッチ交換	
I	オルゴールおもちゃ（　　）	8	IC、TR、コンデンサ交換	
J	ままごと、生活おもちゃ	9	リード断線、劣化交換	
K	人形、動物ぬいぐるみ、（仕掛けあり）	10	スピーカー、マイク交換	
L	〃　　（〃　なし）	11	入力部ジャック交換	
M	楽器、音楽玩具、キーボード	12	付属電池容量不足交換	
N	水遊びおもちゃ	13	その他交換（　　）	
O	三輪、四輪乗用おもちゃ	14	操作ミス異状なし	
P	その他（　　）	15	修理不能（　　）	

治療完了日：　月　日　完治度：　％	担当ドクター名：　／
電話連絡日：　月　日　□留守電　□ＦＡＸ	修理材料、部品代：￥

図 4-1　おもちゃ病院診察申込書

おもちゃの思い出

どの家庭にでも、壊れてはいるが、高い費用を払うような修理は不要というおもちゃがある。しかしそれは、母親の思い出や祖父母からのプレゼントであり、子どもの心に大きな位置を占めている。具体的には図４‐１のような申込書で修理が始まる。

おもちゃ病院を立ち上げ、各地で継続してきた人々の多くは会社勤務経験者であるが、定年後にそれぞれの都市で「おもちゃの無料修理」というボランティア活動を始め、紆余曲折を経てボランティア全国組織「日本おもちゃ病院協会」として現在では一本化されている。

北は札幌から南は福岡や太宰府それに鹿児島まで、全国各地の児童会館や大手のおもちゃ販売店の一角を借りて、月に一回のペースで、壊れたおもちゃをその朝に受付けて、夕方には修理して返すという活動を、このグループは行っている。そこからは「得意」を活かした退職高齢者の生きがいづくりの要点が学べる。定年後のシニアによる社会参加活動として、理想的な内容を多く含んでいるからである。

これまで私は東京、千葉、札幌などでその活動を調べてきたが、ここでは佐賀県の鳥栖市の事例を紹介しておこう。活動場所は全国の社会福祉協議会が提供してくれる施設、ショッピングセンターの一角、おもちゃ販売のトイザらスのコーナーなどで、月に一回の頻度で開かれることが多く、鳥栖市ではその入り口には図４‐２のような旗があった。

「おもちゃ病院とす」の「案内」をみると、それまでのやり方と異なり、一件につき「初診料」一〇〇円が明記してあった(図４‐３)。これはやはり修理の小道具を自前で購入するためである。同時に、「治療代」は不要だが、部品代に費用がかかれば依頼者に相談するという条件が増えていた。また、「治療」ができないおもちゃの

図 4-2　おもちゃ病院の旗

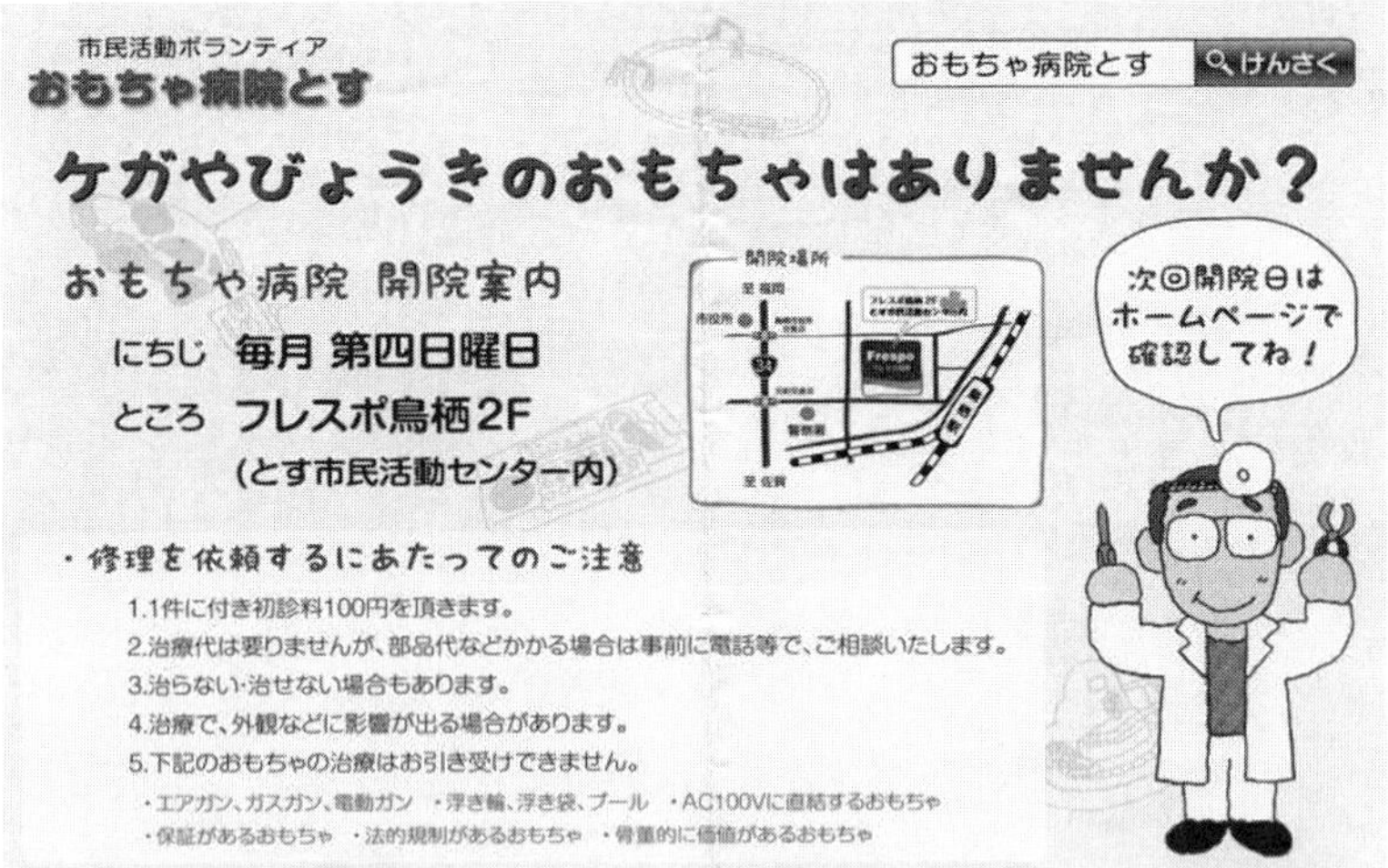

図 4-3　おもちゃ病院の案内

事例があらかじめ掲載してあることも、これまでとは異なる変化の一つになっている。確かに「エアガン、ガスガン、電動ガン」は使い方次第では危険物になり、「浮き輪、浮き袋」もプールや海や川での利用の際に危険が伴うために、「治療」できないとされたのは賢明であろう。

そして、充電ではなく、AC一〇〇Vに直結させて使うおもちゃも「治療」できない対象になったが、そのようなおもちゃを子どもが一人で使うことを考えると、この判断もまた支持できる。

おもちゃドクターの役割と生きがい

いくつかの会場でグループのリーダーにインタビューをすると、次のような回答が返ってくる。①対象が子どもと母親であるから、活動自体が三世代交流になる。②壊れたおもちゃの修理という成果を、目に見える形で確認できる。③修理できたという自分だけの達成感が味わえる。④無料で修理されたおもちゃに、子どもが喜び、母親が感謝するという二重の元気の素を直接味わえる。⑤自己資金の持ち出し覚悟の本格的ボランティア活動になっている。⑥廃棄寸前のラジカセなどを手に入れて、それを分解して、修理の小道具である各種のネジやニクロム線を用意するので、廃物利用という「エコ」になる。⑦これら小道具の調達をめぐり、シニア同士による情報交換コミュニケーションが増える。⑧おもちゃドクター希望者がまとまれば、無料の講習会を現地で開き、仲間が増やせる。

これらは「おもちゃの修理」という限定的「得意」分野で、目にみえる成果が得られ、依頼者の子どもがその場で喜ぶために、自らの達成感が強まるという「生きがい」の「善循環」の典型である。「生きがい」増進にはこれまでのような「趣味」でもいいが、「少子化する高齢社会」では、長年の職業に付随してきた技能を活用する「得意」もまた、「生きがい事業仕分け」に位置づけておきたい。

なぜなら、おもちゃドクターの活動がもつ魅力のなかでもっとも多かった回答は、「おもちゃが直ったときに喜んでくれる、感謝してくれる」だったからである。この理由はほとんどの人が回答としてあげていた。次いで、「おもちゃを修理する達成感がある」という回答や、「いろいろな人とふれあえる」、「仲間とコミュニケーションがとれる」といった人と人とのつながりに関する理由が多かった。

おもちゃドクター活動は生きがいを満たすか

ここで、神谷美恵子の七つの生きがいの分類を用いて、おもちゃドクターの活動が生きがい、特に高齢者の生きがいをどのように満たすかについて考察していきたい。ここでの七つの生きがいの分類とは、生存充実感への欲求、変化への欲求、未来性への欲求、反響への欲求、自由への欲求、自己実現への欲求、意味と価値への欲求という七分類である(神谷、前掲書：43-58)。

生存充実感への欲求

生存充実感への欲求は、審美的観賞(自然、芸術その他)、遊び、スポーツ、趣味的活動、日常生活のささやかな喜びなどによって満たされるが、ほとんどの人にとって、生存充足感を満たすためには、仕事や労働ということが大きな役割をもっており、仕事や労働をすることで「生存感」を満たしている。そのため、この「生存感」を満たす活動である仕事や労働をやめると、自己の生を空虚に感じてしまうという人が多い。このように、仕事や労働は生存充実感への欲求を満たすものの代表であるが、高齢者は定年退職によって、仕事という役割そのものがなくなってしまう。

つまり、高齢者は自分のなすべき仕事がわからないという空虚さに社会生活と精神生活の両面で襲われ、生存充実感への欲求を満たすことができなくなるのである。しかしおもちゃドクターはおもちゃを修理するという労働を行うから、高齢者が失うであろう仕事に代る労働を手に入れたことになり、「生存感」を得ることができ、生存充実感への欲求を満たすことは確実である。

変化への欲求

変化への欲求は、新しいことを学んだり、挑戦したりすることを欲する成長の欲求を伴っている。これは幼児のころから人間に備わっている基本的な欲求であるが、高齢者は、生活のなかで新たな経験をすることが少なくなるため、変化への欲求を満たすことが難しくなる。

ここで取り上げたおもちゃドクターの活動は、調査結果に「現在のおもちゃはどんどんハイテク化しており、おもちゃといえども最先端のものが取り入れられているため勉強になる」や「おもちゃを修理する際には、そのおもちゃがどう動いているかを理解しながら修理する」という回答があるように、活動していくなかで勉強になることや学習しなければならないこと、頭を使うことが多く存在する。そのため、おもちゃドクターとして活動するなかで新たな経験を積むことができ、変化への欲求を満たすことができるといえる。

未来性への欲求

未来性への欲求では、自己の未来の発展を望むだけでなく、人類の進歩や発展に夢を託し、それらの大きな流れのなかに、自己の未来性を感じることも含まれる。おもちゃドクターの活動はこの未来性への欲求を、次世代の子どもたちを育てるという形で満たすことができる。おもちゃドクターとして活動する目的として、「子どもに物を大切にする心をもってもらうこと。また、おもちゃを通して子どもの考える力を育むこと」という回答や

「おもちゃを通して親子の絆を深めてもらうことができる。おもちゃを修理することは、ただ壊れたものを直すというだけでなく、子どもの教育や育児の面でも役に立つ」という回答のように、おもちゃドクターは、おもちゃを通じてこれからの社会を担う子どもたちを応援するという目的ももっている。

社会的価値を有する活動

次に、「日常生活への積極的な関与」の実現のためには社会的価値を有する活動への参加が不可欠となる。おもちゃドクターはおもちゃを修理するボランティアであるとともに、おもちゃを通して子どもの考える力や物を大事にする気持ちを育む育児サポートも行っている。これらから、おもちゃドクターは社会的価値のある活動であると思われる。このほかにも、おもちゃドクターの活動は「ボランティアをするうえで重要なことは自発であり、できるできないということより、本人のやる気が重要になってくる」という回答のように、自分から自発的に選択して行動したボランティアである。したがってマニュアル通りに作業するのではなく、「おもちゃを修理する際にはただ直すだけでなく、それぞれのおもちゃごとに臨機応変に対応する」というように、自分で考えることが求められる。

自己実現への欲求

自己実現への欲求は、自分自身になる過程を経て、その人でなければできないという独自性を帯びることによって、この欲求を満たすことができる。「おもちゃの修理は、普通の修理とは勝手が違うことが多いため、まずやってみておもちゃの修理に慣れることが重要である」という回答からわかるように、おもちゃを修理できるということはその人の独自性であり、修理を通しておもちゃドクターは自分の可能性を伸ばし、自己実現への欲求を満たせるところがある。

意味への欲求が満たされるのは、自分の存在意味が感じられるような仕事や使命を行っているときである。(10) おもちゃドクター活動では、おもちゃドクターそのものが「おもちゃを修理する」という意味のある仕事を行っている。また、多くの人が「子どもから感謝されることが活動の魅力」と回答しているように、おもちゃの修理が終わったあとに子どもから「ありがとう」といってもらえることで、自分の存在価値を確認することができる。

このように、おもちゃドクターはそれぞれ七つの生きがいの種類を満たし、高齢者が生きがいを求める場合にも有効な活動であるといえる。

一般的にいえば、高齢者が家に引きこもりがちになり、他人との交流がなくなると、サクセスフルエイジングを実現するための「日常生活への積極的な関与」が難しくなる。このような状況のなかで、社会参加活動は、高齢者にとって生きがいを創出するための重要な手段であり、少子化する高齢社会ではますます高齢者の社会参加活動が求められるようになるであろう。

得意と社会参加

しかし実際に社会参加活動を行うとなると、何をすればいいのかわからない、今から新しいことを始めるゆとりはない、などの問題が残る。ここで、「得意」を利用した新しい社会参加活動は有効ではないか。「得意」は、誰しも仕事をしていくうえで必ず身につける技術や知識であり、高齢者はその技術や知識を蓄えた時間も長いため、「得意」を発揮しやすく、経験のある活動を行うこともあり、新たに始めるよりも精神的な負担も少ない。この「得意」を利用した社会参加がこれからの時代では重要になっていくと考えられる。

第四節　実証編　家族が人生の支え

社会とは諸個人間の相互作用である（ジンメル・清水幾太郎訳『社会学の根本問題』岩波文庫、一九七九年、三九頁）

（1）利尻島のコンブ漁

一九二二年（大正一一年）生まれで調査のときに七二歳だった杉岡リツさんは、北海道利尻島に生まれた。五人兄弟姉妹の二番目であった。両親は漁業に携わっていたが、母親を彼女が一二歳のときに亡くし、父親の手伝いと家事をした。中学を出ると、本格的に漁の手伝いを始めた。

リツさんが二六歳のとき、杉岡進次郎さんの後妻として、周りの勧めで結婚した。進次郎の父親は余市の人であったが、にしんを追って利尻まで移住してきたのだ。

冬があけ漁が解禁になると、コンブとり漁に出る。毎朝四時に天候や波の状態をみて、コンブ漁の旗が上がる。コンブ漁なら黒い旗、ウニ漁なら赤い旗が上がるのだ。旗をみて、漁の用意をして五時には漁に出る。コンブ漁であればリツさんがとってきたコンブを船から上げ、浜に一本一本広げて干し、ウニ漁であれば進次郎さんがとってきたウニを、一つずつ割って身を取り出した。とった物は最終的には漁協に出す。一一月に入り、漁ができなくなると、二人は組合に働きに出て、スケソウダラの加工をしていた。年収は、年によりかなりのばらつきがあったが、昭和四〇年代で二〇〇万円は必ずあって、比較的に豊かなほうであった。しかも冬に働く分は別にまた収入になっていた。

進次郎さんが徴兵される前に終戦を迎えた。ただ、彼の兄は徴兵され、帰国後に戦病死した。このころまでに、リツさんは病気で兄弟姉妹のすべてを亡くしてしまった。

進次郎さんとの間に女・女・男・女・男の順で子どもが生まれた。子育ての期間の生活は質素だった。子ども含めて家族全員が漁を手伝った。昭和四六年に、長女は組合で知り合った人と結婚したが、同じ利尻町に住む。昭和四七年には、札幌に働きに出ていた次女が結婚し、札幌に住むことになった。昭和四八年、同じく札幌に出ていた三女が結婚し、長野県へ行ってしまった。昭和四九年、横浜に出ていた長男が結婚した。相手は、千葉の小さな会社社長の一人娘だったので、彼は杉岡家の長男でありながら養子に入ってしまった。昭和五〇年、江別に住んでいた次男が結婚した。

夏は漁業で冬は出稼ぎ

こうして、老人夫婦のみになったリツさんと進次郎さんは、依然として夏は漁業を続けていたが、冬には千葉に二人で出稼ぎに行くようになった。リツさんは、千葉で工場現場の御飯づくりなどをして、月一〇万円ほどもらっていた。昭和五九年には進次郎さんが腹痛を訴えるようになったので、病院で検査したところ肝臓がんと診断され、入院となり、次女夫婦の家を頼り、リツさんは進次郎さんの看護を始めた。昭和六〇年の秋に、進次郎さんは他界した。

このころまでに、長女夫婦には女の子一人、次女夫婦には女の子一人と男の子二人、長男夫婦には男の子一人に女の子二人、三女夫婦には男女一人ずつ、次男夫婦も男女一人ずつと大勢の孫がいた。リツさんは利尻町で進次郎さんの葬式をすませ、一人暮らしとなり、長女夫婦が時折遊びに来るのを待つ身となった。長女の夫は漁業協同組合に勤めていたのだが、いくつかの悩みを抱えていた。貸し付けできないような人が、そっとお酒をもってきて、夜中に貸し付けを頼んだり、小さな村落なので、近所に住んでいる人々の貯金の額などをすべて知っているという気まずさなどを話した。昭和六三年には、長女の姑が糖尿病で亡くなった。

こうしたさまざまな事情があって、長女夫婦は長男夫婦の会社を頼りに千葉へ移る決意をした。リツさんは元来こわがりで、仏壇のある部屋に寝ることもできない。若いころ、人魂をみる機会があり、一緒にいた人達は珍しそうにみていたにもかかわらず、断固として彼女だけはみようとしなかった、という。そんな彼女が、頼りにしていた長女夫婦が千葉へ移ると聞き、ぜひ一緒に行くことを決心した。

長女夫婦と千葉で暮らす

平成元年に千葉へ行き、漁協から出た退職金により建てた新居に住むことになった。平成二年には、次男夫婦が離婚、同年に再婚をする。現在は、二人の男の子が生まれている。平成五年には、三女の娘が一〇代で結婚し、子供が生まれた。リツさんはこれで曾孫をもつことになった。翌年には、第二子も生まれている。現在、千葉の長女夫婦と暮らすリツさんは、得意の編み物と庭の小さな畑の世話、長女の家事の手伝いなどをして、楽しく暮らしている。

リツさんの家は漁師だったので、もちろん会費を払って漁業協同組合に入っていた。そこへ、海でとれたウニやコンブをもって行くと、それを買ってくれるのだ。卸売、加工などをやっている利尻町のなかでも港ごとの組合なので、彼女も組合に加入していた。このほかにも、リツさんは、婦人会にも入っていた。会費を集め、その会費を集会施設の維持にあてるのだ。そしてこの施設は、婚礼や葬儀のときに利用される。進次郎さんの葬儀も、雪のなかやはりここで行われている。夫婦で暮らしていたときは、利尻にいた長女夫婦とはよく行き来があった。次女夫婦が初孫を産んでからは、毎年夏には長い間遊びに来るようになった。

昭和五四年には、待望の長女夫婦にも子どもが生まれ、リツさんは大変かわいがっている。養子に入った長男の子どもにはあまり会うことはなく、長野の三女の子どもにもなかなか会えなかった。次男は江別に住んでいたので、子どもができてからは、次女夫婦ほどではないが、ちょくちょく遊びに来るようになった。そのため夏には、リツさん夫婦の周りもにぎやかになった。子どもたちが帰ってきて漁を手伝い、孫たちは海水浴や花火を近所の子どもとやっている情景はいいものだった。一年に一度、孫たちの成長をみることができるのは楽しみだった。しかし、冬は出稼ぎ先で、さびしく暮らしていたという。

特に進次郎さんは、自分の船を継いでくれる子どもが一人もいなかったことを自分なりにさびしく感じていたようである。子どもたちに強要するどころか、口に出すこともなかったが、自分が死んだあとの家のことや船のことや浜のことをリツさんに話していたときは、本当にさびしそうだったらしい。夫が亡くなり、リツさんが一人暮らしになると、こわがりの彼女はほとんど長女夫婦と一緒に暮らすようになった。長女夫婦の千葉移住に伴ったことにも、長い間暮らしていた利尻島をあとにしたことも、特に未練はないという。移住から一度も利尻に帰ってはいない。

孫と曾孫の成長が楽しみ

それどころか、毎日のつらい仕事から解放され、お気に入りの長女夫婦の孫と暮らしているのは楽しいそうである。さらには、あまり会えなかった千葉や長野にいる子ども夫婦や孫たちにも会うことができるのだ。

彼女自身は当時としては割と遅く二六歳で結婚したのだが、三女の娘が結婚して子どもを産み、七二歳で曾孫の顔をみることができた。三女の娘は高校を中退して働いたのち、会社の同僚と結婚し、子どもを産んだのだ。三女の娘は、二人の子どもを連れてよく会いに来てくれるから、リツさんは曾孫の成長する姿をみては目を細めている。

リツさんは、移住先では何かのグループや団体に入る気はまったくないという。彼女は毎日畑仕事をし、孫と曾孫の成長をみられるのならば、それで満足だといった。

(2) 痩せた土地からの移住

一九一六年(大正五年)生まれで、インタビュー調査時が七九歳だった山下マツエさんは、現在の滝川市にあった小さな村で生まれた。八人兄妹の三番目だった。彼女の父親はもともと秋田市に住んでいたが、北海道の旭川市に近い小さな村に明治の末に移住してきたのだ。この村に移り住み、開拓して広大な土地を手に入れたが、耕しても石が出てくるばかりで、作物をつくるのは大変難行した。生活は苦しく、彼女は小学校を出たあとは、家を手伝って畑仕事に従事した。

昭和一六年、二五歳のとき、現在の夫である邦行さんの後妻として結婚する。邦行さんの先妻は病気で他界していた。邦行さんは彼女の五つ年上の大正元年生まれで、三人兄妹の長男として同地に生まれ、暮らしていた。もともと山下家は富山県に住み、炭鉱の仕事をしていた祖父が移住してきたのだ。

結婚すると、まもなく徴兵令状が邦行さんに届いた。彼はまず白老町に出て、最終的には鹿児島市に行った。そこから南方の戦地に赴くはずだったが、輸送船がなかなか出港せず、待機している間に終戦を迎えた。

邦行さんが昭和二一年に無事帰ってくると、夫婦の間には五人の子どもができた。ただ、この土地は気候が厳しいうえに、土地が痩せていて、医者もいなかった。それで長男と末の女の子を幼いうちに病気で失ってしまった。

保証人倒産

昭和二七年、札幌の現在の場所である豊平区に移住する。そこでも畑を耕し、生活もやや安定した。新しく建てた家の前には小川が流れており、北海道大学にある有名なポプラ並木より大きなポプラの並木があり、よい景観だと満足していた。しかし、夫が友人の借金の保証人になって、その友人が夜逃げをしてしまったため大きな被害を受けた。その結果、夫は酒を飲む量が増え、子どもたちにまで暴力をふるった。このころ、マツエさんは、心労の絶える日がなかった。

昭和四五年に、次男が結婚し同居する。その翌年、長女が長い間文通していた相手と結婚した。ただ、長女はマツエさん夫婦にはまったく内緒にしていて、結婚することを決めてから、相手に会わせた。これには二人とも困惑した。しかし、あわただしく長女は結婚の相手と岡山へ行ってしまった。そこで彼の実家に住んでいて、それからはまったく札幌には帰ってこない。結局、マツエさんは相手の親族の誰にも会ったことがないそうだ。このとき、次男の嫁が男子を産んだが、親と長女の間の結婚騒動にはさまれ、母乳が出なくなってしまったという。家族のなかがかなり荒れたのだ。

その翌年は、三男も結婚した。マツエさん夫婦は、家の裏にもう一軒の家をもっていたが、そこはある会社の社宅として貸していたので、三男夫婦が住むわけにもいかず、恵庭市に家を建てた。しかし、四カ月ほどでその社宅が空いたので、三男夫婦はマツエさんの裏の家に移った。三男夫婦も二年後に女の子が生まれ、マツエさんの周りもにぎやかになった。

次男夫婦とともに

夫は若いころから町内会の役員をし、町内会長も務めたことがあったが、次男の嫁が町内会の仕事に出て、徐々に生計の担い手も夫から次男に代っていった。次男夫婦は、三人の男子に恵まれ、三男夫婦は男女それぞれ一人ずつ、長女夫婦も男女一人ずつ産み、マツエさんは七人の孫に恵まれた。あまり長女夫婦の孫と会うことはないが、次男夫婦と三男夫婦の孫に囲まれ、孤独とは無縁な生活をしていた。

しかし、昭和五七年に、次男が北見市に転勤することになり、期間も三年なので、次男家族全員で北見の社宅に転居した。

これにより、七人家族が住んでいた家は、老夫婦二人しかいなくなってしまった。昼間は、三男の嫁と話したりすることもできたが、夜は居間の一室しか電灯がともらなくなった。裏に住む三男夫婦の子どもたちが夜によく来たが、それは父親にテレビのチャンネル権を取られ、好みの番組を見に来ただけだった。孫たちは、来るそうそう二階に上り、番組を見終わると帰ってしまうのだ。

この期間、マツエさんは何もしていなかったのではなく、近所の人が所有する畑に働きに出ていた。編み物や折り紙なども好み、暇つぶしによくやった。

そして三年後に、やっと次男の家族が帰ってきてくれた。昼には、マツエさんと次男と三男の嫁の三人で集まりお茶を飲んで孫たちの話を聞き、そのあとで畑に仕事に出、夜は両方の孫たちが二階に集まり、笑い声が聞こえていた。

次男の嫁は料理が上手で、家事全般をそつなくこなす人だったので、マツエさんは洗濯をするくらいだった。そばに孫が五人もいたので、運動会も最初から最後までみて応援できたし、成績にも一喜一憂したりした。

夫の病気と死

ところが、平成元年に夫がすい臓がんとわかり、近くの病院に入院したが、すぐに亡くなった。平成二年、次男が今度は函館に転勤が決まった。期間は決まっていないが長期間のようだった。しかし、マツエさんを一人残して、家族全員で行くわけにはいかないと決まり、次男だけの単身赴任となった。彼の単身赴任は思ったより長く、父親不在のためか、中学生の二番目の子の成績は思わしくなく、末の小学生の子は登校拒否がちになった。マツエさんと次男の嫁との仲もしっくりいかなくなった。

次男一家には新居を建てる計画があったが、夫がいつ札幌に帰るかわからないため、函館に建てようかという案が浮上した。マツエさんは口を出さなかった。結局、次男夫婦はマツエさんが老いてから函館に移るのは問題だと気づかい、また子どもたちの将来のことも考え、札幌の家を建て直そうと思い始めていた。そこへ、たまたま道路拡張により、敷地が道路用になることが決まり、市から建て替えの費用が出るので、札幌での新築に決まった。平成五年に新居ができ、マツエさんも今まで働いていた畑仕事をやめた。平成六年には次男が札幌に戻ってきた。

マツエさんは七〇歳のときに脳血栓をした以外は大病もなく、関節が痛むくらいで、ほぼ健康であるといってよい。次男家族と三男家族との行き来も満足している。両方とも毎日会えるからである。夫が死んだときには、長女もさすがに帰って来た。長女の夫は来なかったが、写真でしかみたことのなかった二人の孫たちにも会った。自分の兄妹たちも、ほとんど死別してしまったが、弟と妹が近所に住んでいるので、お正月や盆には必ず集まってくる。

さて、家族関係から地域関係に移ろう。まず、町内会は月額三〇〇円で強制加入だった。マツエさんはしばらく婦人部の役員をやっていたが、今は町内会の集まりには次男の嫁が出ている。町内会では、葬儀のときや集まりのときの会館の貸し出し、祭りの手配、小さな講習、日帰り旅行などの活動をしている。

老人クラブの日本舞踊

マツエさんは老人クラブに入っていて、役員をしている。老人クラブでは、週に一度集まり、日本舞踊をしている。ある年のふるさと祭りの前には、週三回日本舞踊の練習に集まり、ステージで「岸壁の母」を踊った。嫁の二人は、町内会の役員として、その祭りを運営する係として参加してくれた。老人クラブでは旅行によく出る。泊まりがけ旅行では、白老と北湯沢の温泉に行ったのみだが、日帰りの旅行ならば、もっと頻繁に出かける。そのほかには、病院に慰問に出かけたりもしている。老人クラブに入ることで、新しい人に会うことになった。友人も増えたが、最初はなじめず、孤独感を感じたという。

あるとき、みなで次の集会は着物で出ようと話し合って、マツエさんが着物を着ていくと、ほかのみなは洋服だったということもあった。話の内容も嫁の悪口などが多く、次は孫の自慢話になるらしい。

嫁との不仲と和解

しかし、最近はクラブの友人ともなじみ、毎週木曜日の踊りの日を楽しみにしている。この春から、練習の回数が増えたときは、マツエさんは家に招いて練習してもらった。建て替えたばかりの家と、息子の嫁を友だちにみせたのだ。次男夫婦が建て替えた家に、マツエさんはもっとも陽あたりのよい部屋をもらったが、次男はまだ不在で、嫁との仲がうまくいかなかった。そしてついに、マツエさんは老人ホームに入ることを決意した。しかし、嫁がそれを許すはずがなく、三男の嫁も加わって大騒ぎになった。今まで一緒に住んできた愛着があり、姑を追い出したのだと世間にいわれることになってしまう恐れがあり、周りの説得により、なんとかおさまった。

このとき、マツエさんは「新しいよい家に住んでいても、そこでの家族関係が冷たいのならどうしようもない」と三男の家に行き、泣きながら老人ホーム行きを哀願している。そして、少しあとに、次男の嫁が来て、長い間つくしてきたつもりだったのに、と泣いていった。それで、三男夫婦が両方をなぐさめる役に回りなだめたのだ。

最終的にはすっかり落ち着いて、現在では両方の家族とうまくやっているという。次男の家でのんびりと暮らし、孫たちが社会に巣立っていく姿をみるのを楽しみに、元気に生活している。今の生活に「満足している」と笑顔をみせた。

（3）　長男の家と長女の家を行ったり来たり

斉藤スサさんは一九一四年（大正三年）に熊本県で生まれたが、スサさんが一歳のときに、スサさんの両親が北海道に移住してきて以来、夕張市で農業を営んでいた。インタビュー調査したときは八〇歳であった。彼女は六人兄弟姉妹の三番目で、兄が二人、弟が一人、妹が二人いたが、兄は一人すでに亡くなっている。

スサさんは二六歳のとき見合い結婚をしたが、夫とは四六歳で死別した。交通事故死であった。夫婦の間には五人の子どもが生まれていた。長男が結婚と同時に、札幌に行ったので、スサさんは夫の死後農地を売って、札幌市にアパートを買った。しかし、彼女が買ったアパートには長男夫婦が住むことになり、スサさんは長女のトシ江さんが同じく札幌に新しく建てたアパートに、一緒に住むことになった。昭和五三年、長男が一戸建てを新築するので、スサさんは長男夫婦と一緒に住むことになった。この家は、長女と長男のアパートの中間地点に建てられた。
長男がアパート住まいのころから、その嫁も働いていたので、二人の孫の面倒をみていたが、今度は一緒に住むことになったのである。ただその後に長男夫婦が離婚し、二人の孫は長男が引き取ることになったので、数年間スサさんが孫たちの親代りをして面倒をみた。彼女が六五歳のときであり、幼稚園の送り迎えなどで大変だったという。数年後、長男が再婚することになり、スサさんは再び長女の家族と一緒に暮らすことになったのである。

そのころから、スサさんは長女と一緒に伊達市に住んでいる自分の妹の手伝いをするようになった。盆と正月のみではあるが、JRで五時間もかけて通っていた。長女のトシ江さんは札幌市で働いていたので、あまり休みを取ることができなかったため、自分一人で行ったり、長男の孫娘を連れていくことも多かったという。妹夫婦は人柄のよい人たちだったので、楽しく仕事ができた。そのころはまだ身体も元気であったので、仕事もつらくはなかった。現在は妹の夫も亡くなってしまい、その一人娘も未婚のため、跡継ぎが得られずに、旅館をやめて、娘と一緒に森町に住んでいる。

女三代で楽しく

スサさんの長女も退職し、今はマンションを購入し、スサさんと長女と三人で暮らしている。長女には娘一人に息子一人がいるが、三五歳のときに夫を交通事故で亡くした。母も娘もともに夫を交通事故で喪ったわけだ。以来、女手一つで二人の子どもを育てたのである。娘はデパートに勤務し、息子は大坂の税務署に勤務している。ただ、二人とも三〇歳を越えているのに未婚のままであるというのが、長女の悩みであり、祖母としての心配だが、祖母、母、娘三人の暮らしは快適で、特に不都合はないという。

さて、札幌市内の長男の家からスサさんの家までは車で三〇分なので、長男夫婦はよく訪れる。また、スサさん自身も長男の家に泊まりに行くことがある。スサさんの三女も、車で一時間の南幌町に住んでいるのでよく遊びに来る。それで、今の生活について尋ねてみたが「不満は何もないし、快適な暮らしだ。そして人生のなかで今が一番幸せだ」と話してくれた。合わせて「生きがい」についても聞いてみたが、「特にない。気楽で自由だし、今は幸せだからそれでいい」といっていた。「やはり女性の高齢者の場合、自分の娘と暮らすのが一番幸せなのではないだろうか」ともいう。

息子と暮らす場合、お嫁さんに気をつかうし、お嫁さんのほうも気苦労が多いからだ。その点、娘の場合は気をつかうこともないし、婿がいても、仕事で家にいることは少ないだろうから。ただ、婿の本当の気持ちはわからない。彼は我慢しているのかもしれない。

スサさんの家では、彼女が今でもほとんど家事を担当している。ときどきは失敗をして、トシ江さんに注意されることも多い。たとえばガスコンロの火が消えていて、ガスだけ出ていたこともあった。

近所づきあいはないが、福祉センターには出かける

このような毎日なので、スサさんはほとんど近所づきあいをしていない。いつもは家事をしたり、暇なときはテレビをみたりしている。心がけている日課といえば、家から数分の距離にある老人福祉センターにお風呂に入りに行くことだ。彼女は福祉センターに行く以外、ほとんど家を出ることがない。現在住んでいるマンションに越してくるまでは、自宅から数分のところにスーパーがあったので、買い物にも行ったが、越してきてからは、二〇分ほど歩かないとスーパーがないためだ。スサさんは足が丈夫でないため、そんなに遠くまで歩くことはできない。しかし、外出しないと、ますます身体が弱くなると長女にいわれるので、福祉センターにお風呂に入り

に行く。

スサさんは、早くに夫を亡くしたせいか、あまり口数が多くなく、ほとんど自分から話しかけてくることはない。これには性格もあろうが、早くに配偶者を亡くした高齢者は無口になりがちなのかもしれない。やはり配偶者がいると、何かと世話をしてあげたり、一緒に外出することもできる。だから、配偶者を亡くした高齢者は、口数が少なくなって、そのうえ人前に出ることを好まないようになるのだろうか。

彼女も若いときには、そんなに消極的でもなかったのに、歳を取るにつれて、人前に出ることを好まなくなったという。現在では友だちもほとんどいない。ただ、家族のことには敏感である。最近でうれしかったことは何かと尋ねると、大学に通っている孫の就職が決まったことであるといった。

家族交流だけで十分

スサさんの収入は、アパート二軒分の家賃と年金で、年間四〇〇万円くらいにはなる。最近はよく財布などを置き忘れたり、物忘れがひどく、長女にも怒られる。

私はスサさんがほとんど毎日入浴しに行くという老人福祉センターを訪れてみた。彼女のマンションのちょうど裏にあり、ほんの数分で着いてしまった。建物は新しく、清潔感があり、入り口からのらせん階段が目立った。ロビーがあって、数人の高齢者たちがおしゃべりをしていた。

スサさんは入浴がすめばすぐ家に帰るといっていたので、お風呂しかないと思っていたのだが、小さいトレーニング室が二つもあり、片方では卓球をやっていて、もう一方ではダンスを踊っていた。らせん階段を登って二階へ行くと、いくつか部屋があって、将棋や囲碁をしている部屋や図書室もあった。

訪問が土曜日だったので、人が少ないほうだと事務員にいわれたが、それでもかなりの高齢者が来ていた。この老人福祉センターでは、多くの高齢者がたくさんの活動をしているのに、どうしてスサさんは入浴でしか利用しないのだろうか。

しかし、いくら施設が立派でも、押しつけるわけにはいかないのだ。なぜなら、こうした福祉施設は、利用したい人が訪れてはじめて価値があるからである。

やはり、トシ江さんを頼りに生きているのである。スサさんの場合は、家族間の交流は地域での交流を必然としないようである。

（4）家族がいたから仕事一筋

仕事続きの人生だった松本英明さんは、一九一六年(大正五年)二月に父親の三郎さん母親のトクエさんの長男として秋田県に生まれた。彼の兄弟姉妹は四男五女で、次男が一七歳で夭折した以外は今でも元気であり、年に一度は全員で兄弟姉妹会を開いて健康を確かめ合っている。幼少のころは叔母(昭和一二年没)が健在で、当時まだ武士階級意識が強く、総じて長男中心主義であった。ほかの家族の食事は一汁一菜でも、長男のみは尾頭付きの焼魚がついており、兄弟姉妹の後々の語り草になった。

尋常小学校を出て旧制中学校に汽車通学をした。昭和八年に本科五年を卒業した。秋田杉の美林のなかで育った関係で先輩にも「山役人」が多かったので、自然に高等農林学校に進学し、昭和一一年に卒業し、幸いなことに思想や素行調査の厳しかった宮内省に採用された。さっそくその年の四月から「帝堂扞野高技手補」として札幌出張所勤務を命じられた。最初の月給が六五円であったが、三食付きアパートがわずか二三円の時代だったので、札幌では青春を謳歌できたようだという。時折「すすきの」に出ては青春を謳歌したという。

昭和一二年一二月から小樽内分地区勤務となり、現在札幌市の水道の貯水ダム札幌湖の水源一帯の森林を管理することになった。昭和一三年には定山渓出張所が新設されたので、事務所主任を兼務することとなった。当時はトラック輸送が本格的でなかったので、冬場の山元から定山渓まで雪道約一二キロを五〇数頭の馬橇をつらねての木材輸送は本当に壮観なものであったし、地域への経済的貢献もまた大きかった。この時代の定山渓はひっそりとした落ち着いた名実ともに札幌市の奥座敷として栄えていて、東日本でも有名な遊興の温泉まちでもあった。

一カ月に三日しか帰宅できない

昭和一二年八月、上司の紹介でテルさんと結婚した。その後、昭和一五年八月長女の由子さんが誕生した。昭和一七年には夕張出張所に転任した。一二月には長男の道夫さんが誕生する。昭和一八年七月札幌支局事務課利用掛業務を命ぜられ、夕張市と札幌市の間の往復がはげしくなり、今から振り返ってみると、このころが一生のうちでもっとも忙しかったようだ。一カ月に三日くらいしか家に帰れなかったのだという。

昭和一九年七月臨時召集のため入隊し、朝鮮に至る。ここはリンゴの産地で目を楽しませるものがあった。一〇月二〇日召集解除、再び軍用材の代出に専念することになった。折から、ちょうど満州に渡っていたテルさんの実家が帰国して同居することになった。昭和二〇年一二月に次男の俊美さんが誕生した。食料事情がきわめて劣悪な時期でテルさんの苦労が多かった。

この時期、営林局勤務のまま定山渓に疎開し、軍用材のあと始末に専念することになるが、定山渓にて終戦の詔勅を聞く仕儀となった。その前夜、宿直室にいたところ、数々の雑多なデマがとび出し、札幌市内にも「敵に渡す武器があらば、国民に与えよ」というビラが貼り出され、騒然たる雰囲気であったことが今日でも忘れられないらしい。

営林署長になる

終戦とともに皇室財産である御料林は国に移管されて国有となり、昭和二二年四月に営林局署官制改正の林政統一が実現し、農林技官に任ぜられ、引き続き官行伐木業務を司ることとなった。林政統一後まもなく、昭和二三年九月には三男の信勝さんが誕生する。

昭和二六年一〇月、終戦直後の混乱期の官業の遂行はきわめて困難で、第一線での担当者の苦労は筆舌につくし難いものがあった。ただ、生活必需品の燃料であるマキの生産も行っていたのが幸いした。

世相も次第に落ち着いた昭和二七年三月、営林署長に任命され、現地の責任者としての活躍が始まった。営林署の収支を改善して、管内第二の規模の営林署にのし上った。

昭和二九年の洞爺丸台風は営林署管内で猛威をふるい、多数の人命と資材が失われ、惨憺たるものがあった。この時期、英明さんに糖尿病が発見され、一カ月間の入院治療を余儀なくされた。その後、血糖値が低下したので退院し、あとは家庭での食事療法による治療をすることになった。それから三〇有余年、食卓上に秤を置き、一五〇〇キロカロリーに制限する食事は並大抵の労苦ではなかった。テルさんの厳格だが適切な食事療法によって、今日まで生命を維持できたと思っている。妻には本当に感謝している。この時期が家族全員を含めて、公私ともにもっとも充実した日々だった。

業界団体の理事

高度成長時代の住宅ブームによる造林熱の効果と技術革新に支えられ、従来では想像もできなかった一万ヘクタール台の造林事業を新しく敢行できたことはまったく幸せなことであった。定年前に、北海道の木材業界から誘いがあった。熟慮の末、長年の公務員生活からの退職を決意し、業界団体の理事として再出発することとしたが、テルさんの積極的な理解と協力が得られたことはいうまでもない。

協会では専務理事として、また副会長として業界内の取り決めや官庁と業界との調整業務や第一次産業内の連絡協調や選挙協力等に東奔西走の有り様だったが、もっとも充実した生活を送りえた。しかし、この時期に最愛の娘由子さんが死亡するという事故があった。その孫が今では医大に進んでくれた。悲しいことだが、孫が英明さんの医学に対する不審を解消してくれそうである。

妻に先立たれる

七〇歳間近で一六年間の業界団体の生活に別れをつげ、退職した。そして待望の夫婦旅行を二回楽しめた。テルさんには苦労をかけっぱなしであったので、やっとその報いができると思っていたが、テルさんに先立たれた。これは生涯で一番の痛恨事であった。

息子三人はそれぞれに順調に生活をし、何の心配もなくなった。今はテルさんの供養と庭の手入れに余念のない毎日である。自分の人生を仕事中心に生きてきたため、テルさんがいなくなった今、ひっそりと暮らしていこうと思っている。楽しみとしてはどんどん大きくなる孫の顔をみることであり、会いに来る盆や正月といった時期が待ち遠しい。週二回身の周りの世話に来てくれる次男の嫁との会話もまた楽しみである。

家事一切をテルさんにまかせっきりだったため、町内でのつきあいもあまりないが、最近になって近所にも友だちが増えてきた。スポーツにも縁がなかった人生だが、ゲートボールもやるようになり、庭の手入れと合わせて仕事のときとは違う身体の使い方ができるようになった。

英明さんの人生はテルさんと営林局の仕事を中心に回転してきた。残された息子たち家族といつまでも仲よく生きていくしかあるまいと思うが、テルさんが側にいないことが本当に残念でならないという。家族と仕事が人生の支えになった英明さんである。

(5) 人生の達人の増加

農業高齢者には積極的な人生(positive life)の実践者がむしろ多い。これを「人生の達人」(expert)と表現したい。特に、第一次産業に長年従事してきた高齢者は強制退職としての制度上の定年がないだけに、職場からの離脱が自己決定できるよさをもっていて、元気な人が目立つ。

その一人である古田良吉さんは、一九一九年(大正八年)五月に愛知県の小さな町に生まれた。一人っ子で兄弟はほかにいなかった。そして、妻ののぶ子さんは大正九年一月に生まれた。兄弟は、下に弟が二人いる。二人とも、同じ町の尋常高等小学校へ通っていた。卒業後、良吉さんは町役場で、昭和一七年から昭和四〇年までの二三年間働いている。のぶ子さんは家で織物をしていたが、良吉さんと結婚後は、古田家の家業であった農業を義父母とともに手伝った。良吉さんは結婚後もしばらくは役場の仕事を続けて、仕事の合間に農業の手伝いをする程度だったので、「昔は兼業農家だった」という。役場を退職して久しいが、家業の農業を本格的に継ぎ「今はもう専業農家」である。お二人とも農業という自然が相手の仕事に愛着はありつつも、慣れるまでは大変であったとしみじみ語られた。

現在は、もう二人とも農業しかやっていないわけだが、良吉さんの役場時代の友人との関係は、「年が年」なので三人くらいしか残っておらず、しかも年に一度「年金友の会」が開催する会合で会う程度であって、どちらかといえば現在の農業を通した友人とのかかわりのほうが多い。たとえば、町の農業協同組合に加盟しているので、栽培した作物は共同出荷をしている。そのときに近所や同じ町内の農家の人たちとコミュニケーションをもつ。またその農業協同組合の主催の旅行も年に一回あり、それが楽しみである。のぶ子さんも同じように、農業を通じて知り合った友人が多い。

農業は一年中気が抜けないので、旅行はいつもどちらかのみであり、一緒には出かけない。農業では娯楽をする機会が非常に少ないので、本当は一緒に出かけたいのだが、仕方がないと思っている。

家族関係

良吉さん夫婦には二人の息子がいて、長男は医者、次男は中学教師をしている。最初のうちは、長男は岐阜県で勤務医をしていたので、二人は次男夫婦と一緒に暮らしていた。少したって次男夫婦はすぐ隣に家を建て、そこに移り住んだ。近居である。同じ家にいると何かと衝突があったからだ。それ以来、関係は良好であり、晩御飯のおかずのおすそ分けや、困ったときの相談などつかず離れずの関係が続いてきた。そして、一〇年ほど前に長男の勤め先が近くの病院に変わったために、同じ町内に引っ越してきた。その後七年前に、二人は長男夫婦と一緒に暮らすことに決め、同じ町内に新しく家を建てて、長男家族とともにそこで暮らすようになった。

農業の楽しさ

基本的には、二人でやっている農業であるが、高齢のために、次男夫婦が田植えや稲刈りなどの大変な時期になると、家族総出で手伝ってくれる。このように同じ仕事を一緒にすることは、家族内のよいコミュニケーションになっている。ただ、次男は中学教師だから、そう簡単に休みは取れないので、この手伝いは結構きついようだ。しかし、その分次男の嫁がもっとも積極的に手伝っている。

良吉さん夫婦にとって幸いなことに、二組の息子夫婦とも同居と近居なので、同じ町内のなかその関係はかなり密接である。収穫した農作物を届けに次男夫婦の家に行くことが多いが、それを家族全員で食べてくれるために、生きるうえでの張りになっている。また、現役で農業をしている自覚が子どもらに扶養されているという意識を追放してくれる。

その農業についてみると、まず農地面積としては全部合わせて五〇アールくらいであり、中規模である。おもな栽培作物はハウスもののイチゴで、加えてみかん、桃、梅、その他野菜そして米をつくっている。すべて家業として継続してきた作物である。

収入源の筆頭は年金であるが、同時に安定した農業収入も毎年得ている。「代々の家業であったので、深く考えることはなく、農業をやることにした」成果といえよう。ただ、歳を取るほどに実際には肉体的な疲労が残り、つらくなることも多くなった。しかし、「農業をやってきてみてどうですか」という質問に対しては、「仕事はきついけど、楽しみながらやっている」という回答だった。決して後悔はしていないようである。そしてそのあとに「自分でいつまでもできるから」が続いた。やはり引退さえも自己決定できる生業のもつ強さだろう。いつまでたっても引退しなければ、そのこと自体が元気な証明だし、結果的には個人的にも社会的にも医療費が減少する。

さらに、他人から何かをしてもらうよりも、自分の手で何かをつくったり、他人に援助ができるという喜びを農漁業では感じることができる。高齢者は自動的に援助を受ける存在になるわけではない。この支援の対象という固定化された高齢者ラベリングの除去は緊急の課題なのだ。人生の達人は全国にたくさんいるが、農漁業従事者こそその先頭にいる。いわゆるサラリーマン層もまた、五〇歳の誕生日を契機に人生の達人への道を目指して、それまでに身につけた技術や技能を優先して、生きがいを探求したらどうだろうか。

良吉さん夫婦との会話のなかでは老人福祉施設の話がまったく出てこなかった。お二人ともまだまだ現役だからだろう。元気な高齢者は老人福祉施設とは無関係なのである。人生の教訓は「一生一代を精一杯元気よくすごすこと」にあるという。二人とも若いころから余暇志向とはほど遠く、娯楽や趣味ともほとんど無縁だったが、人生の後半は農業一つで心に張りが出て、生涯現役を継続してきた。

そして農業従事者だけでなく、組織勤務者の生涯現役のためには、高速高齢社会での「老いを、高齢者を、『問題』として定義する」時代の風潮を壊すことである。農漁業に長らく従事した高齢者も会社人間だった高齢者も、ともにその四〇年間の職業生活を通して知識や技術を身につけたexpertなのである。このようなexpertのもつノウハウ、資金、経験を二一世紀の日本社会で最大限に活用する競争が、産・官・学三つ巴になって始まった。そこから日本の二一世紀における新しい「高齢社会の傾向と対策」も開始されるはずである。

(6) 家族全員が働く

一九一六年(大正五年)生まれの川上ヨシ子さんは、札幌から二時間の岩内町で生まれた。家は農家を営んでいて、家族構成は両親に、姉が二人、兄が一人、弟が二人に祖母を含め全部で八人という現在と比較すると大家族だが、当時としては珍しくない人数だった。しかし、兄は幼くして病死、弟の一人も戦争にかり出され戦地で病死して、男手が必要な農家としてはとても大変だったという。もちろん現在と違って、当時の農家は農業用機械の導入は一切行われていないので、家族全員朝五時から夜中の一二時近くまで働く日も珍しくはなかったらしい。男女を問わず、全員労働なのであった。ヨシ子さんも例外ではなく、小学校に行く前も帰ってきてからも一生懸命働いた。そのため、決して豊かではなかったけれど、非常に苦しかったともいえない生活だった。

そして小学校を卒業し、二年間の高等科（現在の中学二年生にあたる）に通ったあと、学校での成績はよかったので、父親が「女学校に行って勉強をしておくべきだ」と勧めたけれど、農家の忙しさと勉強を両立させるのは無理だと思ったヨシ子さんは進学をあきらめたのだった。当時は女学校に進学する子どもの数は決して多くはなかったので、彼女は最近「あのとき無理をしてでも進学していたら、今の私の人生は大きく変わっていたかもしれないねえ」と思うことがある。

こうして実家で働いているうち成人式を迎え、二二歳のときお見合いをした。当時はお見合いが一般的で、学校で男女がつき合うということもなかったし、まして恋愛の末に結ばれたなんていうことがうわさになったら後ろ指をさされた時代だった。そのときのお見合いの相手が鎌次郎さんで、年齢は三二歳だった。そのときの印象は「青白くて痩せていて弱々しい感じの人」だった。また、当時の三二歳での結婚はけっこう遅かったのではという質問に対し、「鎌次郎さんと結婚すると、いつも彼の面倒をみてる姑もついてきそうだから」と地元ではうわさされていたからと答えた。だから、縁談があっても鎌次郎さんは乗り気になれなかったらしい。

下駄づくりの職人

しかし、縁あってお互い魅かれるものがあり、二人は結婚し店をもった。鎌次郎さんは川上家の次男で、学歴はヨシ子さんと同じなのだが、川上家の方針は「今どき手に一つぐらい職をもっていなくては世の中を渡っていけない」というものだったので、二人の兄はお菓子づくりの職人、本人は下駄づくりの職人というわけで、はきもの店を開いたのだ。ただ、当時いくら職人としての腕があるからといって、自分で店を開いて生活をしていくことは決して容易なことではなかったので、結婚するにあたって、ヨシ子さんは自分の父に「帰ってきたくなったら、いつでも来い」といわれていた。もっともこの言葉は逆にヨシ子さんに「何としてでも二人で店を繁盛させよう」と決心させた。

けれども、現実は厳しかった。そのうえ、鎌次郎さんは根っからの職人で、もうけよりもお客さんに喜んでもらえて、自分が納得いく仕事をしなければ気がすまないタイプだったので、はきもの店の経営はかなり苦しかった。たとえば同業他店では、問屋からでき合いの品を仕入れてそれにいくらか値をプラスして売って利潤を得ていたのに、自分の店では問屋から原木を仕入れて、お客さんの足に合わせて、注文生産の方法で鎌次郎さんが下駄をつくっていた。そして、手間のかかる割に高くない値段で売るというあまり上手でない商売方法をとっていた。だから、客は多く来てくれたけれど、採算が合わず、借家だった店の家賃と日々の生活をやりくりするため信用金庫から借金していた。このため商売方法をめぐってよく夫婦げんかをし、鎌次郎さんが病気がちになったころから、他店と同様な経営方針をとり始めていった。

結婚三年後に長男、一〇年後に長女が生まれた。この二人の間に、死産になってしまった二人の女の子がいて、「あのとき自分の身体がもっと丈夫だったらと悔やんで、二人に申し訳ない」と今でも残念に思っている。

家族四人の暮らしは大変苦しく、鎌次郎さんは一生懸命夜中の遅くまで、一足一足の下駄に、それこそ情熱をかけて働いていた。しかし、その代償として四〇歳をすぎたころから体調を悪くした。昭和二〇年代当時は、病院にかかるにしても医療保険はきかなかったので、非常に医療費が高く、たいていの人は自宅で何とかしようとした。鎌次郎さんもその例外ではなく、だんだん身体の調子が悪くなる一方だった。ここにも昭和三六年からの国民皆保険制度の導入の意義がある。

夫の病気と死

そうして夫が病床につくようになったので、ヨシ子さんが店をまかされ、少しずつ利潤が得られるような経営に変えていって、昭和二九年には借金とやりくりで自分たちの店を建てることができた。しかし、運悪くその直後に、「市全域の大火」で全焼してしまった。当時は火災保険が一切なかったので、ヨシ子さん夫婦はどうすることもできず、それでも明日からまた生きていかなくてはならないという現実に何とかして対処していくしかなかった。彼女も気を取り直して、燃えた店の土地を売って、それにまた信用金庫からの借金を加え、新しく店を他の土地に建て、がんばろうと思った矢先、その大火から二年後に鎌次郎さんが亡くなってしまった。四九歳という短い人生だった。当時の平均寿命と比べると、決して早いわけではない。ただ、現在と違って病院にかかれなかったことと、まだ小さな子どもを残して死んでいったことを考えるとヨシ子さんはやりきれなかったという。

そのときの心境を尋ねると「確かに悲しかったし、幽霊の姿でもいいから会いたいと思ったけれど、それよりも明日をどう生きるか、高一の息子と小二の娘を食べさせていかなければと考えた」と語ってくれた。それから彼女は店の経営をよりしっかりしたものに変えたのだ。たとえば、鎌次郎さんが店を仕切っていたころは、客のうち半数ぐらいしか現金払いをしなかったのを、きちんと代金と品物をその場で交換するようにしたり、代金を払わない人の家には集金に歩いた。それでも当初はなかなかうまくいかず、子どもたちの授業料も一回でまとめて払うことができなかった。

一人で下駄屋を維持する

ただ皮肉なことに、大火で住民のはきものがすべて焼けたことと、そして今まで鎌次郎さんにいい下駄を作ってもらった恩返しということで、徐々に売り上げも上がって、娘が中学生になるころには店の借金も返し終わり、貯金もできるようになり、何とか二人の子どもに高校を卒業させてやることができた。息子は地方公務員になり、娘は借金がとりもった縁で信用金庫に勤めることになった。その後子ども二人が結婚して札幌に出ていっても、ヨシ子さんは一人で七二歳まで地元で店を営んでいた。

子育てが終わってからのヨシ子さんは、それまでよりもだいぶゆとりある生活を送り、町内の温泉旅行や老人クラブに参加したり、店にはいつも友だちが世間話のために集まってきて退屈する日はなかった。ただ数名の友だちが毎日押しかけて、勝手に家に上がり込んだり、お金を借りに来たりと図々しいことを行ったので、今でも見知らぬ人と友だちにはなれるが、あまり親しくなることにはつい警戒してしまう。

このような元気な生活をしていたのだが、やはり若いときからの疲労が重なって六〇歳くらいから次第に体調が悪くなってきた。昔からお金のありがたさをイヤというほど味わってきたヨシ子さんは、六五歳になり老人の医療費が無料になるという制度を使えるまで、なるべく通院を控え、六五歳になってから初めて入院した。消化器系疾患から始まり、だんだん心臓、肝臓、眼というように病気が増えてきて、通院しなくてすむ月はなくなり、年に数回は入院するようになった。さらに地元の病院だけでは不十分であり、札幌の大病院まで朝早くのバスで出かけ、日帰りで戻ることが増えてきた。

高齢になり、また病気がちでもあるので、札幌に住む子どもたちの勧めもあって、長男の家の近くに住むことにし、七五歳のとき札幌市に引っ越してきた。最初は長男と一緒に暮らすということで、その家を新築する際の土地代を彼女が貯金から出したのだが、やはり長年一人暮らしをしてきたので、健康上の不安などはあるにしろ家族のなかで暮らすことは気疲れするので、一人でアパートに暮らしている。だから、老人ホームは絶対いやだという。入院したときも同室の人に気をつかってしまって疲れてしまい、退院の日が待ち遠しく許可さえもらえれば、多少具合が悪くてもすぐ退院した。そのほかにも、公務員である長男は特有の堅苦しさがあるために、合わないなと思ったという。

札幌のアパート探しの苦労

ところでそのアパート探しにあたっては苦労続きであった。まず身体があまり丈夫ではなかったので、除雪などの作業がない二階以上を希望した。しかし、アパートの階段があまりに急角度であり、また滑りやすさを感じたために、それらを考慮しつつも、長男や長女の家や病院にも行きやすいように、交通の便のよさを重視し、食料品店が近くにあることも条件とした。

現在住んでいるアパートはひとまずこれらの条件を満たしているのではあるが、やや困ったこともある。一つは、ヨシ子さんは倒れたときのことを考え、大家さんが住みつきのアパートを選んだのだが、その大家さんが現在は自宅を遠くに建て、そちらに移っていったことがあげられる。二つはそれに伴い、アパートそのものが古いので、修理の必要があるのにそれをなかなかしてくれないという不満である。おまけにあまりしつこく大家に頼むと、借りたがっている人が多くいるために、大家はかなり横暴な態度になり、ヨシ子さんは泣き寝入りせざるをえなかったこともある。

ちなみにアパートの家賃は安いのだが、隣の部屋の会話もすべて聞こえるほどの壁の薄さなので、ヨシ子さんも朝早く起きてもあまり物音を立てられず、そのままじっとしていなくてはいけない。それでもやはりバス停まで歩いて五分、そこから娘のところまではバスで二〇分弱、息子のところまでは四〇分ほど、また病院が手配している送迎バス停まで五分、わざわざバスの時刻表をみてから家を出る必要のないほどの交通の便のよさから考えると、なかなかほかのところに移れない。

一度だけより家賃の安いところや市営住宅に入ろうとしたことがあったが、「市内といっても不便な市営住宅はいやだし、かといって近郊の住宅を探すと、ゴミ捨てや除雪が当番制になっていて、私のような年寄りにはとても無理で、せいぜい六〇代の健康な年寄りしか入居できないねえ」といってなげいた。「住むところを探すのに、たとえば市営住宅だと何度も役所に足を運ばなければいけないし、家賃の安いところを探すったってそんなに情報があるわけじゃないしねえ。私みたいな年寄りは、若い人と違って風呂がついてなきゃいやだとか、部屋数や部屋の大きさにこだわったりしないわけだから、そういう高齢者向けの住宅情報を提供してくれる機関があればねえ」という。そこまで苦労しても子ども世帯との同居を拒むのかと、インタビューの二時間ずっと私は考えていた。

無料の老人医療費に感謝

健康面では札幌に出てきてからもよく病院の世話になっていて、「医療費が無料ということは私みたいなものにとっては大変ありがたく夢のようだ」といっていたが、二年前弟がガンで亡くなり、今年長男がガンで手術を受けたことをキッカケとして、娘の家でも食べていた健康食品を、半年ほど前から自分も食べ始めた。その結果、最近では病院にかかるのは定期検診程度になり、身体の調子も猛暑に耐えられるほどにまでよくなったようだ。

ただこれまで病院通いをしていて一つ不満だったのは、「自分の病気からしてやっぱり大きな病院でみてもらわなきゃいけないこともあるんだけれど、朝一番で早く行っても絶対に昼の二時くらいまで待合室で待っていなくちゃいけないほど、患者さんで混雑していて、それが病気のときの身体にはとてもつらかった」という点だ。

住まいの問題や健康の不安などを相談する相手はやはり娘なので、娘の家を訪れる回数も必然的に多くなり、毎週木曜日から土曜日まで泊まりがけで、デパートでパートをしている娘に代って、食事の支度、掃除、洗濯に出かけている。この行き来がヨシ子さんにとって日常的に張り合いのあることであり、楽しみの一つでもある。息子のところへは月一回の訪問だが、クルマで二〇分くらいのところに住む姉や親戚のところへはそれよりも頻繁に行く。血縁のネットワークは健在である。

ヨシ子さんは札幌に出てきてからライフスタイルもかなり変わった。たとえば店をやっていたときのように、家に友だちが来るのを待たなくなった。むしろ積極的につきあいを求めて、町内の老人クラブの集まりにも出かけてはいる。その老人クラブは九〇人くらいの会員がいるのだが、週に一度の集まりには二〇名しか顔を出さない。ヨシ子さんも元気なころに「参加してもちょっとおしゃべりをするだけで、役員さんは先に帰ってしまうから私たちだけ残るわけにもいかないしねえ。本当は歌とか輪投げとか簡単なゲームでいいから何かやりたいんだけれど、新入りがあまり口を出すのもいい顔されないし」とあきらめたことがある。高齢者の社会移動に伴う地域的な適応が困難な事例といえよう。

法事で貯金が減少する

彼女は札幌では一切無駄遣いをしない。毎月、食事に三万円強、家賃と公共料金で四万円ちょっと、そして交際費(結婚式、法事が意外に多くて、最近ではやはり葬式が増えてきた)が五万円となり、全部合計すると一〇万円を越す。出費は店をやっていたときより確実に増加した。貯金は店を売って得た七〇〇万円などの総計が千五〇〇万円ほどあるが、収入が月二万円ちょっとの年金しかなく、貯金は減る一方で、「いくら貯金があっても、自分がいつ死ぬかわからないからいつも経済的に不安だ」という。年金の支給額は六五歳からもらえば月五万円くらいだったのに「どうせ早く死ぬんだからさっさともらえるものはもらっておこう」といって六〇歳から支給してもらったので、月額が少ない。

このような経済的状態にいるので、ヨシ子さんは「やっぱりほんの少しでもいいから収入がほしい。私だってまだ家事とかできるんだから、無償に近くたって何か自分にできる仕事がほしい」という願いをもっている。

「そのためにもっと老人クラブでそのような情報を提供してもらいたい」と私に伝言した。

最後にヨシ子さんの生きがいを尋ねると、「孫の成長」という回答だった。ヨシ子さんのライフヒストリーは血縁への思い入れに溢れた事例である。

(7) お乳をやりながら気を失い子どもを窒息死させた

一九九〇年にインタビューした松本タツエさんは一九〇二年(明治三五年)富山県で生まれ、家は人手を二人雇っている農家だった。そして六歳のとき両親が、富山で農業をやるより、北海道の広い土地で農業をやって収入を増やそうと決意したため、余市町に引っ越してきた。当時は北海道のより広い土地を利用して農業をやろうと本州から船でやってくる人が多く、余市町にもそういう入殖者は少なくなかった。もちろん国の保護などはまったくなく、成功するも失敗するもすべて自らの腕にかかっていた。

農家は忙しい。たとえば米の収穫時には夜遅くまでちょうちんを明かりとしつつ米を干したり、夏の暑い日に畑で倒れて意識を失ったこともあるという。米以外につくっていたものは、麦、なたね、えんどう、えんばく(馬が食べるもの)で、田畑自体さほど広くなかった割には、それなりに土地を活用していろいろな作物をつくっていた。これらは柳田國男の農民論を彷彿とさせる。そしてこの農家の忙しさにも負けず一生懸命勉強したので、学校では優等生で、高等科を卒業したのち女学校へと進んだ。勝ち気だったタツエさんはそこでも必死に勉強し、仲のよい友だちに成績が劣ると友だちにさえ食ってかかるような性格だった。しかし、家業を手伝わなくてはならず、女学校を一年間で退学せざるをえなかった。この退学はそうとう悔しく、しばらく泣いてすごし、家業の農業を憎く思った。

そして一九歳で松本家に嫁ぐまで、実家で農業の手伝いをしていた。この歳での結婚は別に早くなく、特に女性は「とうがたつ」といわれ、タツエさんの場合も両家の両親が話をまとめ、強制的に松本家に嫁ぐはめになったという。個人の意思でなく親の意思で結婚を決めるというあたりに時代の相違が感じられるが、当時は何も珍しくなかった。松本家は実家の近所にあり、同じく農業を水田二町、畑二町の土地で営んでおり、家族は四世代同居だった。そこの長男雄一さんと結婚した彼女は、姑・小姑が多くしかも同居していたので大変だったらしい。もちろん家族総ぐるみで農業をやった。子どもができても安静にしてはおられず、無事に出産したあとはすぐに農作業をしていた。ある日畑で働いていて生後四カ月になった子にお乳をやろうと休息をしていたとき、疲れ果てていて、お乳をやりながら気を失い子どもの上にふせってしまい窒息死させてしまった。これは当時の農家女性のライフスタイルがいかに大変であったかを教える悲劇だろう。

夫の病気で農業をやめ、精米業を始める

そのような多忙さのなか、貯金し、増収をみこして田畑を広げた年に凶作が起こってしまった。身体が悪くなり始めていた夫は、これ以上農業を続けることは不可能と見切りをつけ、田畑をすべて弟夫婦に譲り、自分は精米所を始めた。それが昭和九年である。精米所は家から少し離れたところに建てられ、初めの三年くらいは雄一さんが一人でやっていたのだが、身体の調子が悪くなるので、タツエさんも徐々に仕事を覚え夫婦で働くことになった。しかし雄一さんは身体が弱いくせに、タツエさんが仕事のことで何か口をはさむと、「お前に何がわかる」と常に自分の意見を押しつけてきた。

仕事は厳しく経営もなかなか順調にいかず、当初は一俵の米しか一度に精米できない機械を一台しか購入できなかった。それでも少しずつ大きな機械を購入し、昭和一八年ごろには農協の米を精米させてもらえるように

なった。しかし決して裕福ではなく、採算がかろうじて合うようになっただけだった。

この作業のなかで六〇キロの米俵をかついだり、機械のなかに米を入れるのに無理して重い米袋を持ったため、現在背骨が「くの字」に曲がっている。また、足も悪く、冬の寒い日には痛みが激しい。農家だけではない労働の苛酷さを垣間見た。

札幌に移住する

昭和三〇年に体力的に精米所の仕事がやれなくなったので、精米所を売ってその金で札幌の現在地に家を建てた。この家は借金をせずに建てた。タツエさん夫婦が札幌に出てくる二年前、すでに息子夫婦が札幌に出てきていたからであった。二八年に盲腸で入院した夫の代りに、精米所で臨時に働いた息子の仕事ぶりをみて、これでは将来やっていけないとタツエさんは判断したのだ。案の定、数日後に夜逃げ同然で札幌に出ていってしまった。そこで息子は運送業を、嫁は内職をみつけ、生活を始めたのだ。しかし、裸一貫で札幌に出てきた息子も現在は個人ハイヤーをやり、アパートを二軒もつほどの商売上手になった。人生とは何が幸いするかわからない。「息子夫婦はそれだけがんばったんだ。私は情けないことにお金の面で何もしてやれなかった」とタツエさんはいう。

札幌市に移ってから、タツエさんは洋服の箱づくりの仕事を始め、従業員は夫と自分だけだっだ。その後、数人は雇えるようになったが、昭和三八年に六九歳で雄一さんが亡くなった。「夫は血圧が高く、そのうえ胸を患っていて、それまでも何度も倒れ、その度に私が看病し、仕事も一人で全部やった」。現在、彼女自身はまったく健康なのだが、夫をはじめとして何人かの介護の経験がある。

娘の介護

タツエさんは、息子の嫁の介護の前に、皮膚ガンの娘の介護も経験していた。娘は地元の農家に嫁に行っていて、昭和四〇年ころから病状がひどくなってきた。そこで雄一さんの死からまもないタツエさんは週に二度世話をしに通ったが、一向によくならず、また満足な世話もできなかったので自宅に引きとることにした。「やはり自分のかわいい娘なんだし、向こうの家は農家で忙しかったので」。つきっきりで看病した。「娘の全身は指先から足の裏までヤケドのように真っ赤で、ひびわれができて血が流れるんです。痛々しくてみてられず、こんな身体に産んだ自分を責めました」。そして体中包帯を巻いて寝たきりの状態になったのだが、「息子夫婦に世話にはなれないから、私の内職の収入だけで何とかしなければと大変でした」。

そして四カ月間の看病の末やはり入院させることにしたが、病状は同室の患者がいやがるほどだった。入院してからもつきっきりで面倒をみて、一〇日後に娘婿の家族が見舞いに来て「自分たちもつきそう」といってはくれたが、「疲れるし、農家の人手が足りなくなるから」と気持ちだけ受け取り帰ってもらった。そしてその日、タツエさんが娘さんの洗濯物を干しに屋上へ行き戻ってくると「娘はあっけなく息を引きとっていたんです。私は娘の死を婿に看取ってもらうべきだった。あのとき帰さなければと後悔しました」。娘さんはまだ三九歳だった。

嫁の介護

昭和五〇年、住んでいた家を売り、息子の所有するアパートに大家として入居した。しかし息子の嫁としては、今までお金の面で何の世話もしてくれずにいたタツエさんを快く受け入れるはずなどなく、生活費を出すことも不満だった。肩身のせまい思いをして三年ほど暮らしていると、その嫁も苦労が重なったのか身体を壊し、病院にかかるようになった。ある日病院で検査中に突然脳血栓で倒れ、そのまま入院した。すでに身体の自由はきかなくなり意識だけある状態になっていた。病院では介護人もついてくれたのだが、あれだけ自分を嫌っていた嫁とはいえ「やはりかわいかったんでしょうね。それに何としても助けてあげたくて」毎日のように通い、看護師さんにも「介護の手本として見習われる」ほど献身的に努めたという。

やがて容体が安定したので、近所の病院に移された。この病院では身内の介護人はつけないのが原則であり、病院はその代りに高額の介護料金を取っていた。「当時の保険とかは知りませんが、介護人をつけるとなると月二〇万円の出費となり、とても払えなかった。それよりも他人にまかせられない、私がみてやりたい」という気持ちが強く、病院側にお願いした。「我々は別にかまいませんが、おばあちゃんに、四六時中つきっきりですべての世話をすることができるんですか」と脅しをかけられた。しかしやはり「私がやる」と決意すると、何故か涙がこぼれ、そのやりとりを聞いていた嫁と泣いた。それから八〇歳近いタツエさんの長い長い介護が始まった。

「病院には寝袋をもち込み泊まりがけで、いっときも嫁のそばを離れず、三度の食事は一口ずつスプーンで食べさせた。猛暑の季節には、汗だくになって一日に何度も身体をふいてあげた。それとこれが一番つらかったんですが、横になってばかりだと足や腰が痛くなるので、起こしたり寝かせたりしてやるんです。だけど私には力がないので、ベッドの上に上って嫁にまたがり全身の力でゆっくり起こすんです。ものすごい重労働で、たまに見舞いにくる息子ですら一人ではできませんでしたからね。あのころは、今みたいにハンドルで起こせるベッドが少なかったんでしょうかね」と感慨深く話してくれた。

五年四カ月の無休

そうして五年間も、大晦日も正月も関係なく看病しているうち「嫁のしてほしいことや身体の調子がわかるようになったし、発作を起こしても落ちついて対応できるようになった」。結局、嫁は長い闘病生活の末に亡くなった。入院直後は素直にタツエさんの介護を受け入れなかった嫁だけれども、死ぬ間際に何度も感謝していた。介護に費やした期間は正確には五年四カ月間で、その間一日も休まなかった。「足腰が痛んだり、疲労で歯痛とか目の前に星がチカチカして消えない日もありました。だけど代れる人がいなかったんですよ。同室の患者さんのなかには家族が交代で面倒をみる人もいたんですが、次第にみんなが自分の都合ばかり考え険悪な雰囲気になってきたんです。それがその患者さんにもわかるようで気の毒でした。私自身嫁にはそんな思いをさせたくなかった」。

強くなった精神力

このように夫、娘、嫁と三人の介護を一人で務めてきたタツエさんは「私はこの介護を通じて精神的に強くなったと思うんです。そして今の私の健康はこの介護という行為のご褒美だろうと思っています」。

現在六九歳の息子と四〇歳の孫と同居しているが、「みんなそれぞれ自分の生活リズムを大切にしています。食事は私がつくりますが、孫が一週間分の食料を買い出しに行ってくれてそれを私が適当に使っていくんです。みんな美味しいと食べてくれます。家事全般も私がやりますが、休みの日はそれぞれ自分で自分のことをしてくれます」という。

身体の調子を尋ねたら、「足は悪いんですが、それ以外は非常に丈夫で、あるときちょっと調子が悪くて病院に行ったんですが、どこにも異常がみつからずアリナミンを飲んで寝れば治るといわれた」。そのライフスタイルは意外にも「本当にぐちゃぐちゃで、夜中の二時までテレビをみてそれから風呂に入ったり、朝は老人体操なんかをして台所に出てくるのが八時過ぎですから、息子たちは前の日につくっておいたご飯を食べとっくに出勤してるんです。食事も一日二食で、間食したり、ご飯代りに甘いお菓子を食べる」毎日である。

タツエさんは沖縄流の大概主義(テーゲー主義)を先取りしていた生涯現役の実践者だった。

(注)

(1) 生きがい研究の大きな流れは、個人の主観的な「生きる喜び」の証明と、その結果社会的に発生する効果として、たとえば医療費の削減効果に分けられる。研究史からみると、研究者の専門領域に応じて、主観性を強調する心理学系、医療費削減などの社会的効果を前面に出す医学系、その両方を含みつつ、社会関係による生きがい増進効果を明らかにして、これを健康的な高齢社会づくりの条件とみなす社会学系に大別できる。

(2) その意味で、「高齢者生きがい」の増進の主力として社会関係が寄与していることの発見は、最終的な医療費削減にも結びついているために、社会学の現実的で政策的な有効性を証明するうえでも重要な位置づけにある。たとえば、「社会性の豊かな人の生きがいは強いというのは一般的な事実」(鈴木、1986：507)という総括も存在する。

(3) 後述する「アノミー論」を裏返した「生きがい論」では、無意味感、無力感、無規範性、孤立感、絶望感から構成されるアノミー指標の応用を行っている。

(4) もっとも「過去遡及の生きがい」では文字通り十人十色なので、比較研究の素材にはなりにくい。

(5) 連帯性にしても社会的凝集性でも、その概念の内容とともに測定のための指標化について、社会学界には長い間の論戦があるのだから、対象者の「語り」だけではすまされない。

(6) ジェンダー、ジェネレーション、階層、コミュニティを社会分析の四本柱とする視点は(金子、2009)に詳しい。

(7) 生きがいはもちろん高齢者だけの感覚ではないので、高校生、現役の医師、銀行員、教師、主婦などのあらゆる対象者に応用可能である。そして、高校生、銀行員、銀行業務で定年を迎えた高齢者というライフコースでみれば、それぞれに生きがいの様相が異なることは自然であろう。

(8) instrumental は道具的で手段的な特性を示し、expressive とは表出的で自己顕示的な特性を表すパーソンズ(1951＝1974)の用語である。

(9) おもちゃドクターの活動は長寿社会開発センターが行ってきた「助成事業」で発掘されたといってよい。

(10) この発想は神谷(1966)から得た。神谷は「らいの国立療養所長島愛生園」に入園している患者への「精神医学的調査」結果の分析において、その人々が「無意味感」(同右：9)にいちばん悩んでいるとしていた。その裏返しを「生きるよろこび」とみなせば、「無意味感」を含むアノミー指標の応用にたどり着く。なおアノミーの五指標は計量的研究の際には多変量解析のレベルでも威力を発揮するが、ナラティブ法も含めて質的調査のまとめにも活用できる。

第五章　アクティブエイジング時代の少子化問題

第一節　少子化の静かな進行

少子化

私はこれまで少子化関連でのテーマのうち①未婚率の上昇、②既婚者の子育て支援、を同時並行して研究を進めてきた。時代によってまたは自らの研究関心に応じて、ときとして①か②に収束しがちであったが、二〇〇九年に札幌市の児童虐待検証委員会を引き受けるに至って、③児童虐待についての認識も新たにして今日に至っている。少子化は高齢者を支える側を機能させるために、都市のアクティブエイジングにとっても見落とせないテーマとなる。

二〇一三年日本では、まず四月一日現在の年少人口数は一六四九万人まで減少したことがあげられる。年少人口数の減少は一九八二年に始まり、それ以降一貫して三二年間続いてきた。またその比率も同じ時期には一二・

九％まで落ちて、一九七五年以来三九年連続の年少人口率の減少を記録して、両指標合わせての少子化動向が完全に定着した。

さらに表5-1によれば、この年少人口減少という動向は、もう一つの少子化原因を深刻化させる。なぜなら、幼くなるほど出生数が少なくなるという事実を伴っているからである。ちなみに二〇一三年四月段階でも〇～二歳が三一六万人、三～五歳が三一七万人、六～八歳が三二〇万人、九～一一歳が三四〇万人などになった。それを裏づけるかのように二〇一二年の出生合計数が一〇三万七一〇一人を示して、これは一八九九年からの日本史上最低出生数であった[1]。

都市の少子化

また、二〇一〇年国勢調査に基づく主要な政令指定都市年少人口比率は表5-2の通りである。このうち、〇～四歳、五～九歳、一〇～一四歳のなかで幼くなるほど出生数が少ない都市は、札幌、さいたま、千葉、横浜、京都、神戸、広島、北九州の八都市である。8／14だから、五七・一％が該当する。日本社会の動向を先取りする政令指定都市では、全国平均よりも年少人口比率が低く、幼くなるほど出生数が少ない。

なお、合計特殊出生率の推移でみると、札幌市は政令指定都市では最低の値が続いてきた。札幌市の合計特殊出生率は昭和四〇年（一九六五年）の一・九三をピークに低下傾向を示しており、平成二一年は一・〇六であった（図5-1）。ではなぜ札幌市は他の地域に比べ少子化が進行しているのであろうか。私は札幌市の少子化の要因を大きく六点にまとめたことがある（金子、2010：115）。それは、

①他の都道府県に比べて一人暮らし世帯が多く、平均世帯人員が少ない。

②二人暮らしの快適さを求める夫婦が多い。

表 5-1　年少人口の 3 歳幅の合計

年齢幅	合計数
0～2 歳	316 万人
3～5 歳	317 万人
6～8 歳	320 万人
9～11 歳	340 万人
12～14 歳	355 万人

（出典）総務省発表資料(2013 年 5 月 4 日)。

表 5-2　政令指定都市年少人口比率(2010 年国勢調査結果)

(%)

札幌市	11.71	仙台市	13.08	さいたま市	13.66
千葉市	12.89	東京都区部	10.58	横浜市	13.18
川崎市	13.02	名古屋市	12.79	京都市	11.61
大阪市	11.56	神戸市	12.63	広島市	14.29
北九州市	12.94	福岡市	13.11		

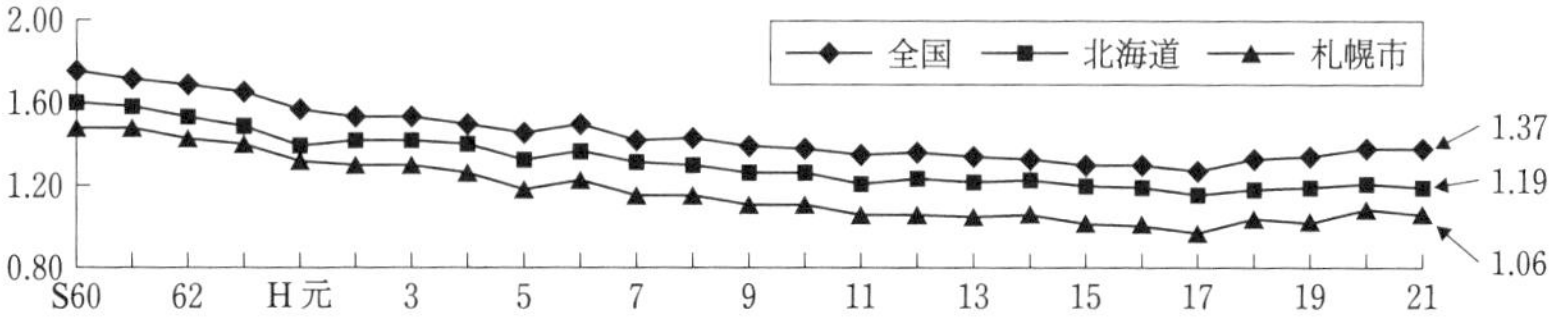

図 5-1　札幌市の合計特殊出生率の推移

（出典）「札幌市まちづくり戦略ビジョン」(2013)。
（資料）北海道保健福祉部総務課「北海道保険統計年報」，保健所健康企画課。

③三世代同居世帯が少ない。
④持ち家率が低く賃貸住宅が多いため、住宅が狭い。
⑤地縁のなかでの子育て活動と子育て支援が乏しい。
⑥子育てをためらうような貧困世帯が増加した。
になる。

もちろんこれらは相互に深く関連しており、全体としては家族力が弱いという札幌市や北海道の社会的特性に結びついてくる。(2)

合計特殊出生率

さらに、都道府県の合計特殊出生率は表5-3の通りである。二〇一二年のそれは一九九六年以降久々に一・三〇台から一・四一になったが、もちろん誤差の範囲を出ない。合計特殊出生率の高い県は沖縄県一・九〇、島根県一・六八、宮崎県一・六七であり、低いほうは東京都一・〇九、京都府一・二三、北海道一・二六であった。日本全体の微増に逆行したのは青森県、福島県、群馬県、京都府、岡山県、大分県、宮崎県の七府県が該当した。

昭和の後半から平成の世になってからの日本社会では、人間の行動を制御する社会規範は先細りして、社会全体の連帯性や凝集性が弱まり、国民全体が個別的な存在に特化する粉末化(powdering)の一途をたどってきた。それを私は「粉末社会」(powdering society)と表現してきた(金子、2011；2013)。国民各層が自らに近い組織や集団の規範を優先させ、社会全体を束ねる規範が細ってきた事例は、少子化現象を筆頭に各分野から簡単に取り出せる。

表5-3　都道府県の合計特殊出生率

	2011年	2012年		2011年	2012年		2011年	2012年
北海道	1.25	1.26	石川	1.43	1.47	岡山	1.48	1.47
青森	1.38	1.36	福井	1.56	1.60	広島	1.53	1.54
岩手	1.41	1.44	山梨	1.41	1.43	山口	1.52	1.52
宮城	1.25	1.30	長野	1.50	1.51	徳島	1.43	1.44
秋田	1.35	1.37	岐阜	1.44	1.45	香川	1.56	1.56
山形	1.46	1.44	静岡	1.49	1.52	愛媛	1.51	1.52
福島	1.48	1.41	愛知	1.46	1.46	高知	1.39	1.43
茨城	1.39	1.41	三重	1.47	1.47	福岡	1.42	1.43
栃木	1.38	1.43	滋賀	1.51	1.53	佐賀	1.61	1.61
群馬	1.41	1.39	京都	1.25	1.23	長崎	1.60	1.63
埼玉	1.28	1.29	大阪	1.30	1.30	熊本	1.62	1.62
千葉	1.31	1.31	兵庫	1.40	1.40	大分	1.55	1.53
東京	1.06	1.09	奈良	1.27	1.32	宮崎	1.68	1.67
神奈川	1.27	1.30	和歌山	1.49	1.53	鹿児島	1.64	1.64
新潟	1.41	1.43	鳥取	1.58	1.57	沖縄	1.86	1.90
富山	1.37	1.42	島根	1.61	1.68	全国	1.39	1.41

（出典）厚生労働省2013年6月5日発表資料。

粉末社会と並行する

たとえば「行政規範の粉末化」は無数にあるが、この数年でマスコミ報道により明らかになったものだけでも、①社会保険庁による年金記録紛失と改ざん、②農林水産省による輸入汚染米流通、③環境省が主導する偏向した二酸化炭素温暖化防止推進、④経済産業省による規模を無視した自然エネルギー施設の礼賛、⑤外務省によるODAや国費の垂れ流し、⑥文部科学省によるゆとり教育による学力低下、⑦各省による震災復興予算の目的外使用、などがあげられる。これらは日本国民および日本国益を損う反面、それぞれの省益に貢献するという特徴をもっている。省益には天下り先が確保されたり、責任の所在があいまいになり、出世の階段をそのまま上れるものまである。これらは国民に迎合するマスコミ世論においては「困ったこと」だと指摘されつつも、担当する官庁では「本気で」実行されてきた。

しかし同時に「国民規範の粉末化」も激しい。身近なところでは、①保育料未払い、②給食費未払い、③生活保護費の不正受給、④国民健康保険費未払い、⑤企業の利益隠

表 5-4　2500 年までの人口推計

年	推計人口
2010 年	1 億 2,800 万人
2050 年	9,300 万人
2100 年	4,800 万人
2150 年	2,500 万人
2200 年	1,300 万人
2300 年	351 万人
2400 年	95 万人
2500 年	26 万人

（出典）国立社会保障・人口問題研究所推計(2012)。
（注）合計特殊出生率を 1.39 として計算。

しなどがある。これらもまた少しずつ増加しているので、「正直者がバカをみる」事例が増えてきたことになる。この延長線に国民総数が一億人を割る二〇四〇年を迎えれば、官民ともに日本社会の疲弊は著しいであろう。

将来人口推計

社会保障・人口問題研究所が二〇一〇年に行った将来人口推計によれば、二〇五〇年が九三〇〇万人、二一〇〇年が四八〇〇万人となり、二五〇〇年には二六万人と予測されている（表5-4）。この急激な人口消失を社会全体とりわけ政治家全員が肝に銘じて、それを阻止するための政策策定を最優先する方針で合意することが望まれる。ヴェーバーが政治家に向けた規範である「情熱、責任感、見識」(Weber, 1921＝1962)は現在でも真実である。この先行き不安の突破口の一つにこれまでの少子化対策の改変がある。(3)

未婚率の上昇と既婚者の産み控えが二大原因

少子化の原因が未婚率の上昇と既婚者の産み控えにあることはすでに一〇年以上も前に指摘されている（金子、2003）。にもかかわらず、未婚率の上昇にはまったく配慮せずに、ひたすら既婚者の子育ての一部である保育所の充足を「待機児童対策」として最優先した国策が堅持されてきた。これでは少子化動向の解消は不可能である。しかし今日まで、子どもが生まれにくい少子化の原因は未婚者・未婚率の急増と既婚者の産み控えに大別されるのに、相変わらずの既婚者支援のみを見据えた少子化対策として、待機児童ゼロ作戦ばかりが突出している（金

子、2006a；2006b；2007；2014a；2014b)。

横浜市の待機児童の大幅減少

なかでも横浜市の待機児童対策は絶賛された。なぜなら、瞬間的であるにせよ二〇一三年四月には待機児童をゼロにしたからである。少し調べてみると、保育所に行ける年齢の児童を抱えた保護者への丁寧な聞き取りや子育てに関する地域情報を基にした施設拡充を推進して、それまでは社会福祉法人や学校法人が経営主体であった保育業界に、新しい試みとして企業参入を積極的に認めてきたことで、短期間で待機児童の大幅減少を実現したと評価されている。

しかし企業参入による「保育の質」の変化の問題にはまだ決着がついていない。また、待機児童ゼロという数字の背景にある課題として、別の福祉課題としては五二万人ともいわれている特別養護老人ホーム(特養)待機高齢者対応も行政には求められる。これは一人の高齢者が複数の特養に申し込みをしている事実を勘案しても、最低でも一五万人以上はいると推定されている。

保育所創設と特養設置の費用

ちなみに保育所創設と特養設置とを予算面を中心として概算で比較してみよう。たとえば、札幌市内に定員九〇人で、延長保育あり、一時保育ありの条件で、延床面積が約一〇〇〇平方メートル、うち一時保育用の部屋が五五平方メートルで、子育て支援の部屋が八〇平方メートルの施設建設費用の内訳を調べたことがある。まず「資金計画」としては次の三点が最低限不可欠になる。①施設設備費用(一億九〇〇〇万円)、②運営・運転資金(七〇〇万円)、③用地貸借契約は年間で二八八万円となり、合計すると約二億円が必要になる。

この財源の筆頭には札幌市補助金(九一〇〇万円)があるが、もちろん不足するので、医療福祉機構からの借入で七〇〇〇万円が充当されて、これに設置者の自己資金が三〇〇〇万円あれば一億九〇〇〇万円になる。あとは寄付金を一〇〇〇万円集めれば、合計で約二億円が揃う勘定である。

しかし地域密着型の特養施設ではこの三倍の予算が必要になる。通常の設備人員として、定員が三〇人、ショートステイ五人、デイサービス六〇人を予定すると、建物は鉄筋コンクリート地上四階建てになり、敷地面積四五〇〇平方メートルが求められるからである。二階に全室個室ユニットで、個別ケアの実践を行う施設にすると、利用者の個人負担は約一〇万円(居住費と食費、社会福祉減免を用いる)程度になる。もちろん個室ユニットではなく多床室ならば、月額六万円に収まる。

私が調べたある施設での「資金計画」の内訳は

①施設建築費　四億八三三八万円

②内部整備費　四八〇〇万円

③運営・運転資金　九八六五万円

この合計は約六億三三〇〇万円になる。この場合用地取得費はゼロとして、借地としてそれを五〇年契約とすると借地料は月額一〇三万になるという試算が得られた。

この財源の筆頭にも札幌市補助金(六〇〇〇万円)はあるが、設置者負担金五億二〇〇〇万円が大きな比重を占めている。さらに自己資金としては二三〇〇万円と医療福祉機構借入三〇〇〇万円が加わり、合計六億三三〇〇万円になる。

したがって、保育所新設よりも特別養護老人ホーム新築のほうが三倍の予算を必要とするし、数倍の敷地も前提とする。大都市ではこのための用地難も深刻であるから、特養待機高齢者が複数かけもちでは五二万人、一人一件に絞っても一五万人といわれても、なかなか増床することが難しいのである。加えて介護専門スタッフ不足もあるが、これについては給与面と長時間労働時間面を軸とした職場改善が喫緊の課題とみなされている（金子編、2011；金子、2013）。

専門スタッフ不足

もちろん専門スタッフ不足は保育所でも変わらない。日本全体では、株式会社でも二〇〇〇年から認可保育所事業への参入が法的には可能となった。横浜市はこれを積極的に活用して、〇二年から保育所への門戸を会社にも開いてきた。その結果、二〇一三年四月では株式会社や有限会社を問わず企業が経営する保育所は市内全域で一五二カ所に上り、民間保育所四九〇カ所の三割を占めるにまでに増加した。ちなみに二〇一〇年四月の認可保育所は四三六カ所だったが、二〇一三年四月には五八〇カ所（公立九〇カ所、私立四九〇カ所）となり定員も約一万人以上増加した。

もちろん、これは現在の横浜市長の強いリーダーシップの故であり、二〇一二年では全国的にみると株式会社経営は保育所全体のわずか一・六％にすぎない。たとえば同じ神奈川県内でも五カ所、首都圏で約三〇の保育所を運営していた企業が〇八年に経営難で撤退した例もあり、継続性などの懸念から企業参入に慎重な自治体も多い。

横浜市は専門家の診断を導入して保育所経営状況の把握に努めていて、その成果が待機児童ゼロという成果を生んだこともあり、政府は横浜にならい、各自治体に株式会社の参入を積極的に認めるよう通知している。

企業による保育所の新設・拡充

経営難という危険性とともに、企業による保育所の新設・拡充に伴い、大都市では保育士の獲得競争が激化している。横浜市も例外ではなく、単独の施策として保育士の復職を支援して、ハローワークとの共催の面接会では二年間で約一二〇人の新規再就労につなげた。保育士不足の背景には給料面と労働時間面での待遇の悪さが指摘される。このあたりは介護労働者と同じ構図が読み取れる。国の賃金構造基本統計調査(二〇一一年)によると、民間保育士の平均給与は月約二二万円で、他業種に比べかなり低水準となっている。政府は保育士給与の引き上げを示してはいるが、これもまた介護関連の専門家処遇の低さと同じであり、大幅な改善には届いていない。

さらに急増した保育所数のために、横浜市内の地区によっては定員割れの保育所が出てきた。二〇一一年には定員割れ対策として「送迎保育ステーション」事業を開始して、その対応も始まったが、需要と供給のミスマッチ解消は進んでいない。

「待機児童ゼロ」は少子化対策のうち既婚者子育て支援の一部に属する。保育所利用は保護者全員に機会均等ではなく、フルタイムパートタイムを問わず、働く母親、本人が病気がちで自らの保育ができない母親、保育よりも自らの親の介護を優先せざるをえない人々しか入所機会に恵まれない。しかも保育予算の九五%は専業主婦で子育てしている家庭には届かず、保育所支援に回される現実がある。

破格な税金投入

札幌市でいえば、ゼロ歳児保育には補助金(税金)が幼児一人当たり毎月四〇万円投入されるが、これはゼロ歳児のわずか八%にしかならない。一歳児保育では一八%が保育所に行くが、この一歳児保育のための毎月の補助金は二〇万円になる。平均すると、ゼロ歳から五歳までの就学前児童数の比率は札幌市では二三%程度であり、この保育予算は年間二〇〇億円程度であるから、平均して毎月一一万円が児童一人当たりの予算額になる。しかし、全体としては過半数を超える専業主婦が育てる就学前児童にはまったく使われていないのである。これは社会的にみて不公平ではないか。

今後の保育行政の課題としては「保育士の確保」と「保育の質の維持」があるのは当然だが、五〇％を超える就学前児童は専業主婦であるその母親により在宅で育てられているという実態についても積極的な考慮がほしいところである。

少子化の遠因にある高い教育費

さて、少子化の原因の遠因に高い教育費があることはもはや周知の事実になっている。特に高等教育のうち大学教育費用がかかりすぎている。全体としても教育費の割合は収入が低い世帯ほど上昇し、家計を圧迫する。日本政策金融公庫による二〇一〇年度(かっこ内は二〇一一年度)教育費調査では、公庫の教育ローンを利用する約二万一三〇二世帯(二万一三六八世帯)を対象にして、五四〇九世帯(五二〇〇世帯)からの回答が集約されている。そこでは六二・四％の家庭が「教育費以外の支出を削っている」という回答になっている。複数回答にみる節約のトップは「旅行・レジャー費」が六一・三(六二・二)％、「外食費」が五〇・八(四九・三)％、「外食以外の食費」が五〇・〇(四七・九)％と続いており、「衣類の購入費」も「保護者のこづかい」も四〇％を超えていた。

子ども一人当たりの年間教育費の平均は、大学が一五三・〇(一五二・四)万円、専門学校や高専が一四六・六(一四八・六)万円、短大が一四三・〇(一四〇・八)万円、高校が九九・五(九四・五)万円であった。急激な年少人口消失を放置すれば、事実としての格差と不安としての格差が社会全体でますます強くなる。(4)

その意味で少子化対策格差に直結するのは、所得に占める教育費率増大である。それによると、世帯年収の平均は五七二・五万円であり、小学生以上の子どもがいる全世帯の平均教育費は年収の三七・六(三七・七)%に達した。教育費高騰は変わらず、子どもを産み育てると家計が苦しくなる。とりわけ高校入学から大学卒業までに必要な費用は、子ども一人当たり一〇五九・八(一〇四二・三)万円にも上っている。

これらの事実を無視した「おひとりさまの老後」はまったく無意味であり、産んだら損して、産まなければ得するような社会は確実に破綻するので、日本をよくするための具体的提案は、社会全体に蔓延したフリーライダー感の払拭を政治によって開始し、各方面での「粉末化現象」を解消する社会規範を回復することとなる。

第二節　子育て支援環境づくりの考え方

子育て支援調査

二〇〇八年六月に、一〇名ほどの学生・院生と一緒に、札幌市子育て支援総合センターで詳細な調査を始めて五年が経過した(金子編、2009)。質的調査を通した子育て支援環境の実態を明らかにして、合計特殊出生率が政令指定都市では最低の札幌市での子育て支援に関する問題点を探り、行政や社会全体へのニーズを解明することが目的であった。二〇一〇年と二〇一一年は論文でまとめたい学生と院生が自主的に調査を続けて、所期の成果をあげたが、二〇一二年にふたたび八名で児童会館の利用者も含む子育て環境に関する詳しい調査を行った(金子編、2013)。

二回にわたる調査のテーマは、少子化が進む大都市札幌市においての「子育て支援の現状と課題」を明らかにすることであった。そのために専業主婦としての母親は自分を取り巻く子育て環境にどのような評価をしているか、望ましい支援とは何かについておもに調査した。同時に、働く母親が安心して預けられる施設とは何か、子どもの病気などに速やかかな対処ができる職場や施設のあり方についても調べた。二〇〇八年の調査でも、利用者からは「子育ての手伝いはせいぜい祖父母までで、他人まかせはいやだ」という意見が多く出ていた。経済面では教育費がかからない幼児期には「ゴミ有料化でオムツ費用がバカにならない」という切実な意見とともに、「子どもが生まれてからの支援とともに生まれる前の支援もほしい」という母体環境の改善にも強い希望が出されていた。これについては二〇〇九年度から全国一律で母子手帳に一四回の無料検診クーポンが付加されるようになり、札幌市でもかなりな前進をみた。

子育てのつらさばかりが強調されるなかで、些細な幸せとして「子どものお風呂の時間が幸せ、三人の子どもと一緒にお風呂に入って一〇数える間の数十秒が喜び」という二〇〇八年調査で得られた母親の感想は、私たちの問題意識にも大きな影響をもたらした。(5)

質的調査

「少子化する高齢社会」を解明するために一貫して行っている社会調査には、計量的手法とともに質的調査に属するインタビュー調査法があり、本研究の主軸となる子育て支援調査では後者をおもに用いた。(6)

質的調査法を学んだ北海道大学学部学生と大学院生の八名が、半年間に及ぶおもなインタビューの担当者である。インタビュー調査は、札幌市子育て支援総合センターとエルムの森児童会館を柱として、その他いくつかの児童会館にも訪問してそれぞれが繰り返し行った。子育て支援総合センターに最初に出かけたのは二〇一二年六月二七日(水)の午後であり、またエルムの森児童会館には二九日(金)の午後に私が全員を引率して出かけた。

両日ともその日の利用者である複数の母親に、「少子化」を調査テーマとした三〇分程度のインタビューを行い、合計で三時間の調査と観察を行った。それ以後は学生や院生たちの都合に合わせて、一二月末まで一人平均で八回訪問して、センターや会館利用者のなかから三〇人程度のインタビューを行い、その記録を一二月から作成した。

札幌でも新しく調査をした福岡でも、児童会館の活動は就学前の幼児にとって、歌って、踊って、簡単なゲームをして、体操をして、紙芝居をみて、みんなで楽しむ機能をもっていた。その姿をじっくり観察していると、一緒に遊ぶ子どもたちよりも、後ろや横に控えた母親の熱心さが伝わってくる。平日の児童会館に集まれる母親の階層は高く、専業主婦が大半である。児童会館の駐車場スペースはどこでも皆無か数台だから、札幌でも冬場を除けば徒歩か自転車かバスか地下鉄の利用者になる。もちろん雪が降っても子育て支援総合センターには親子連れが来るし、児童会館の子育てサロンにも参加者がいる。

インタビューから浮かび上がってきた特徴

母親はなぜ我が子をそこに連れて行くのか。いくつかの結果からまとめると、

①児童会館での遊びや指導に関心をもてない我が子に正対して、歌や踊りにかかわるように子どもを方向づける意欲が、そこに参加する母親には強く感じられる。
②紙芝居でも歌でも踊りでも、母親が一緒に楽しんでいる様子がうかがえる。
③自分の子どもにかかわりながら、周囲の母親とともに子ども全員への視線が行きとどいている。
④母親は幼児の介添え役というよりも幾分かは自らが歌や踊りの主役になっている。
⑤周囲と一緒に楽しむことで経験の共有に結びつき、そこからいわゆるママ友への機会が自然に増える。
⑥会場は市の施設の一部であり、社会的共通資本として理解できるが、そこでの歌や踊りによって、ママ友

や職員とのつながりが強化されて、結局は社会関係資本(ソーシャル・キャピタル)の拡大に寄与するという機能が歴然としている。(7)

⑦子育て支援総合センターや児童会館の機能が要するに「子どもの遊び」だから、少子化する時代にはその規模やスタッフの人数を縮小してもよいということにはならない。

⑧子どもの遊びは母親同士を密着させ、児童会館で社会関係資本をつくり出す大きな働きをしている。

⑨ただし、平日の午後にその会場に出かける階層の母親は限られていることには留意しておきたい。

⑩センターも児童会館も子どもの遊びを提供するが、母親のストレス解消とママ友へのきっかけになり、その経験は父親を含めたお茶の間の話題にもなる。

⑪行政により提供される公助が、市民同士の自助や共助を引き出す契機になっている。

⑫誰でもが自由に使える公的施設利用による子育て支援活動の意義はきわめて大きい。

⑬そのなかでの楽しさ、喜び、社会的機能を母親間で共有することを、すぐあとに控える結婚を考える世代としての男女に知らせることとの意義は大きい。

⑭なぜなら、子育てに伴う数多い「些細な苛立ち」がこれまでの調査結果から精選された情報の主流であったからである。

おもらし、食事中に席を立つ、ご飯をこぼす・残す、反抗する、反論するなどは、母親だけではなく、父親もまた子育て環境のなかで直面する幼児からの反応の一部であり、周知の事実に属する。もちろんこれは親としては不安であり、負担でもあるが、就学前の幼児の育みは決してそれだけではない。

負担や不安の解消

したがって、第二の課題はそのような子育てに伴う負担や不安の現状を理解して、その個人的社会的打開策を解明することである。専業主婦が子育てを自分一人でやっていると、孤立感が深まることが多い(8)。とりわけ札幌特有の三世代同居世帯が非常に少なく、夫の帰りが遅い家族環境では、専業主婦はその種の観念から逃れられなくなる。もちろん親と同居の場合でも、子育ての仕方で意見が合わず、世代間対立として嫁と姑の問題や母娘間のコンフリクトが強まることもある。

しかも一人での子育てに特有の負担感からも自由ではない。私たちは負担を経済面、精神面、身体面、時間面の四点に分けて、二〇〇八年も二〇一二年も精力的に聞き取り調査をした(金子、2006a)。その結果、負担の原因は二種類に大別されることがわかった。

一つには子どもの行動や態度に原因がある。二つには親として育児以外の時間が足りないなどの焦燥感が負担感に直結することがあげられる。これらの現状を踏まえて、その緩和の方策としては「交友関係の支えが負担を凌駕する」という事実が指摘できる。交友関係、俗にいうママ友、親密な関係などを一括するソーシャル・キャピタルは、信頼性を核にもつ人間関係を根本とするので、調査の際にもさまざまな聞き方を通して、現状の把握を試みた。

施設の評価

第三は「子育て支援総合センターの評価と要望」に関連する。私たちが確認しているのは、「センターは三六五日の開館が望ましい」、「センターは親同士が知り合うチャンスである」、「センターは母親も一息つける場所である」、「子どもを遊ばせるためでなく自分が休むため」、「遊びに来る感覚でセンターを利用している」、「曜日が限定される地域の施設は利用しにくい」などの回答であり、これらが利用する母親たちから頻繁に出される評価と要望でもある。そして、子育て支援総合センターでの出会いが、ママ友のキッカケになり、そこから新しいソーシャル・キャピタルが生まれ、子育てコミュニティ形成の軸になる協力的子育ての芽生えも期待できる。また、二〇〇八年も二〇一二年も、「子育て支援総合センターへの要望はなく、このままで最高という評価」をする利用者も多かったことも付言できる。

第三節　子育て負担感の現状分析

社会的ネットワークの機能重視

ここでは、社会的ネットワークと育児の幅広い社会化こそが、子どもの虐待を防止する決定的な手段であり、社会的ネットワークは、子どもたちを守るさまざまな機能を潜在的にもっているという立場を取る。虐待防止にも子育て支援にも被支援者を取り巻く社会的ネットワークの機能は有効であるから、二重の意味で実際に子どもをめぐる社会的ネットワークの現状を具体的な調査によって確認する。

一般に社会的ネットワークは、

①実際に日々の育児を援助して、両親の責任や負担を軽くする

②一時保護、施設措置、里親委託、養子縁組などにより、子どもたちを社会的に再配置する

③社会的ネットワークがもつ集団的標準を個々人に提供し、その基準が遵守されているかどうかを監視するという機能をもっている。ただし、逆に作用する社会的ネットワークもあり、一緒に虐待に加担する親族などの

社会的ネットワークも珍しくないから留意しておきたい。

この際に個人を識別できる情報として重要な項目は、性、世代、居住地、階層、親と同居の有無という五点があげられる。インタビュー調査でもこの五点を尋ねることにより、調査結果の精度が向上するために、意見聴取の際にも意を注いだ(9)。

育児の負担感

最初に「育児の負担感」についてまとめておこう。私はこれまでの調査結果を基にして、それを時間的負担、身体的負担、精神的負担、経済的負担として類型化してきた(金子、2006：31)。この観点からインタビュー結果をまとめると、母親たちからもっとも多くあげられた回答は、「育児の時間的な拘束」にかかわる負担であった。育児に追われ、自分の食事や身支度、趣味や買い物など、自分自身のことをする時間的余裕がなくなることや自分のペースが乱れることが、精神的負担の原因になっている。

まず負担に感じることとして、「自分の時間がもてない」が多く、次いで「一人になりたいと思うことがある」というように子どもから手が離せず、自分の時間を確保できないことがあげられた。複数の母親からは「子どもの夜泣きで、睡眠不足」もあげられた。「食材を買いに行くとき、あるいは試着するとき、不便なので、しょうがなく通販を利用している」は現代的消費の一面をのぞかせた。

「忙しすぎて、手が空いていないときもあるので、家事の間、子どもを泣かせるしかない」には罪悪感さえうかがえる。「ずっと子どもと近くにいると気が詰まってしまってイライラする」、「双子を育てているので、両方一緒に泣かれると『誰か助けて』と思う」、「自分が具合の悪いときに休むことができない」など、子どもに対して自分一人しか世話をする人がおらず、誰にも頼ることができない閉鎖的な境遇に負担を感じる人が多かった。

その延長上にはネグレクトが待ち構えているが、アノミー論ではこのような負担感は孤立感や絶望感に該当する。とりわけ孤立感は深刻であり、「子どもと二人きりで、リフレッシュの時間がない」、「自分が病気のとき、あるいは出かけたいとき、子どもをみてくれる人がそばにいない。頼りにできる人がいない」、「遊びたい気持ちがあって、一時保育も使えるけど、そこまでして遊びに行けない」というような言明がインタビュー記録には残っている。周囲でどこまで孤立感を緩和できるか。

しかし、「基本的に他人からの協力は得られないので、常に子育て中は閉鎖環境にいる。子どもには自分しかいないと思っている」というように、孤立感を甘受しつつも子育てに使命感を表す母親もいた。これはアノミー指標における無意味感の裏返しであり、そのまま子育ての幸せ感にも隣接する。この個人的応援が社会的に可能か。

たとえば「言葉を覚えて会話ができるようになった」、「全部ご飯を食べてくれたとき」、「笑ったり、ハイハイができるようになったとき」、「寝顔や笑顔をみているとき」など、子どもとの暮らしにある少しの瞬間に幸せを感じるという意見も多くみられた。

ただし、それでも負担感が重い。たとえば、夜泣きや、癇癪、反抗など「子どもの行動」に対処することが、寝不足などの身体的な疲労を伴い、最終的には「イライラ」といった精神的な負担感につながっている。さらに、妊娠や出産、授乳によって母親の身体に生じる「生理的な要因」も身体的、精神的な負担に関係している。「離乳食を食べてくれない」不安感も少なからずみられた。

身体的負担

子育てに対する身体的負担は、特定の状況で感じるものと常に感じるものの二つに分けることができる。特定の状況で感じる身体的負担は以下の通りである。

「自分が体調を崩した際、どこかに預けたくても預けられずに苦労した」、「子どもが暴れるとき」、「昼間、子どもを遊ばせないと夜中起きてしまい、自分の睡眠時間が足りなくなる」、同じく「ほぼ毎晩、夜中に母乳をあげなくてならないため、寝不足が続く」、「夜中起き出すと三時間くらい遊び出す」など、乳児期特有の昼夜逆転の苦労と負担が多くの母親から出された。

「子どもが風邪を引いたときと同様、自分が風邪を引いたときもつらい」という回答にも考えさせられる。「常に子どもにつきまとわれる」は喜びの場合もあるが、自分の時間が得られないというつらさとも同居している。しかも、親族が近居していない核家族の子育て世帯では、特に夫が長時間労働や単身赴任などで家にいない場合に、身近なサポートが得られないために、「孤立育児」の状態に陥り、これが大きな身体的・精神的負担を引き起こすと考えられる。それがますます大都市の「孤立感」を深め、「育児ノイローゼ」のリスクを高める原因ともなる。

働いていた母親からは、「自分が一人目を産んだあと、職場に復帰したが、長い間席を外していたので、後ろめたい思いをする。二人目をつくると、また迷惑になるし、職場もそういう雰囲気じゃないので、たぶん二人目が産めない」が代表的な意見である。

経済的負担

育児の経済的負担としては、子どもの「養育費」があげられる。全体的には就学前の子をもつ保護者が大半であったためか、「まだそこまで金銭的負担はない。幼稚園に入ったらかかるのかなと思う」など、大きな経済的負担はないという意見が多かった。また札幌市の「私立幼稚園保育料補助」を受けている保護者も、「幼稚園費用は、毎月助成金があるので、負担とはいえない」と回答した。しかし、市立幼稚園の月謝八七〇〇円に対し、私立は月額二～四万円かかることを受けて、「私立幼稚園が高すぎる。義務教育のようにしてほしい」、「幼稚園に二人入れるのは高い」など、費用負担に関する意見は少なからず聞かれた。確認できた大きな傾向を整理すると、

①自分の時間がない(精神的負担)

もっとも多くみられたのは、子どもと一時も離れられないため自分の時間がないという意見であった。ショッピングや美容院、レジャーなど、気分転換をしたり、自分のために時間を使う機会が減少するという悩みが多い。これらが子育てをする親にとってもっとも大きな負担であるということがわかった。また、余暇活動の時間だけでなく、子どもがいるために働きたくても時間がなく、働くことができないという意見も聞かれた。

②睡眠不足(身体的負担・精神的負担)

①に次いで多かったのが、子どもの夜泣きをおもな原因とする睡眠不足であった。子育てをするうえでは避けられない悩みではあるが、身体に負担がかかることにより結果として精神面でも悪影響が及ぶことが考えられるので、簡単に見過ごすことのできない問題となっている。

③子どものけんかやわがままなど、しつけ等に関しての悩み(精神的負担)

第三位の回答が、子どものけんかや外出先でわがままをいうなど、しつけに関する悩みだった。これに関しては、子育てをする親を取り巻く配偶者・友人・親族との連携が、問題解決のためには重要であると考えられる。「子どもが泣いていても、言葉がわからないためつらい」は「物事を教える際、子どもがなかなか理解してくれず苦労する」と同じ種類の不安感である。「自分の気分で我が子を怒るときがある。度々、後悔している」は親ならば誰でもが経験してきた後悔であろう。また、その他の少数意見としては、「複数人子どもがいるため子育

てが体力的に厳しい」(身体的負担)という回答もみられた。

ほとんどの調査員からは、「意外にも経済的な支援を求める声はあまり聞かれなかった」という報告が寄せられた。しかし、これは札幌子育て支援総合センターを平日の昼間に利用する母親は比較的経済的に余裕のある階層に帰属している可能性があるためと、子どもが乳幼児期に属しているので、教育費の負担がないからである。したがってこれらの結果から、札幌市における経済面での子育て支援は必要ないと判断することはできない。

第四節　子育て支援施設の評価の構造

施設の評価

利用者の満足度が高い子育て支援総合センターやエルムの森児童会館その他は、利用者によるどのような評価の構造をもっているだろうか。今回のインタビュー調査ではソフト面とともにハード面の内容までも項目に加えた。共通した回答として総合すると、開放型施設であることへの肯定的な評価が強いこと、利用する母親間にはママ友づくりの可能性に富むこと、そこからソーシャル・キャピタルの増加が予想され、そのまま利用者には新しい人脈の活用が期待されていることなどが指摘される。

各施設の評価項目としては以下の三点に絞った。
①公的施設そのものについての評価を尋ねる
②子どもの遊び相手の存在
③母親がママ友を得るか、あるいは獲得したママ友との親密な関係を維持できること

子育て支援施設内部だけではなく、そこまでの交通手段や隣接する設備についても話を聞いている。施設そのものに対する評価は、どの施設でも好意的なものが多かった。子育て支援総合センターでは、広いスペースや玩具の豊富さ、利用可能な日の制限が少ないことが高い評価につながった。内部の空間については、子どもが自分で動き回るようになると狭いかもしれないが、乳幼児ならば広さには問題がない。また、設備の清潔さ、安全性があげられていたことも特徴で、「施設の清潔さは、利用を決める一番重要な条件」や「広くて見通しがよいので、子ども二人を同時に遊ばせられる」と評価された。

遊ぶための空間と遊び相手の存在への期待や、「一人ではつまらないから兄弟姉妹がいるようにしたい」といった回答からも、空間とそこを利用する人々の存在が重視されていることがうかがえる。特に冬期は、各施設の利用者から異口同音に遊べる場所が減ることを危惧する声が聞かれたので、乳幼児期の子どもが思い切り遊べて、運動することができる街中施設は、今後とも札幌の子育て空間として貴重な存在である。

内部設備については、自宅などでは保有していないために、そこでしか使えない玩具や道具がたくさんあり、自由に利用できる開放性が高い評価を得た。これは母親による種類の多さと清潔さなどの設備面の評価を押し上げるとともに、乳幼児がそれらに飽きないし、スタッフの努力によりそれを用いた新しい経験が得られるという連結した回答に結びついた。また、「子どもの成長は日々実感できる」が、それが公的な施設や設備を経由した「遊びのなかで成長を実感する」という意見も得られた。これは将来への絶望ではなく希望につながり、アノミー論の裏返しとしても重要な評価である。

スタッフの真摯な姿勢にも評価

また、施設での人間関係についても好意的であり、スタッフの真摯な姿勢には評価が高く、乳幼児でも施設スタッフを慕う傾向があることが繰り返し語られた。したがって、「少し目を離してもスタッフがみているから安心」という回答も出た。スタッフが施設内で行う対応全般が好意的に捉えられている。これは札幌だけではなく、新しく調査した福岡市の中央児童会館の実際の場面でも確認された。

どこでもリピーターは確実に存在しており、そこでは新たな人間関係としてのママ友の獲得があげられた。母親同士の会話の機会を得られることが、親同士の関係の維持とともに子ども同士の関係もまたできることも評価された。同年齢の子ども間では、母親同士が「子どもにも兄弟姉妹がいるようにしてあげたい。一人ではさびしいから」と積極的にかかわろうとした事例も複数存在する。

人は良薬

その延長にママ友をはじめとする母親の人間関係がある。「人は良薬」だから、良質なソーシャル・キャピタルは双方の安心感や満足感を増幅させ、子どもの病気やしつけなどを相談できて、不安解消に結びつき、孤立感を減少させる。「他の母親と話ができるから気分が楽になった」、「子どものしつけで、話し合えるので安心」、同年代の「子ども」の直近の情報を共有できるなどの利点があげられた。

相談相手としては祖父母もあげられているが、相談の内容はママ友と祖父母で異なっている。祖父母の場合には、子育て関連情報が古いこと、または近くに居住していない場合には実際に子どもをみていないために、話が伝わりにくいなど、内容や個人の状況によって、日常的な支援にはならないことがある。ただし、インタビュー相手の多くは親の支援があることは有利だと認識しており、近居・同居の場合には、積極的な利用がみられる。祖父母が預かるなど、手を貸せる状態にある場合には、それが支援として認識されていて、無力感には至っていない。

いずれの施設でも、身内と他者を問わず人との接触が重要な要因となっていて、母親が家族以外の他者と接触することによる負担解消がうかがえる。また、「施設では子どものことだけみていればよいので、家事などから離れられる」というように、施設利用の積極的意味をあげる人もいた。接触会話する他者とは、ママ友、別居の両親、義理の両親、施設のスタッフが含まれるが、部外者の院生調査員でさえも「話をすると気分転換になる。話ができてよかった」という感想が寄せられたことには驚きを禁じえない。これもまたアノミー指標「無意味感」の裏返しといってよい。

施設自体に対する不満はあまり聞かれなかった。若干の不満としては、「駐車場から施設内に直接入れるようにしてほしい」、「サロンの時間を変えてほしい」があった。サロンの時間については、「この時間は、子どもは寝ていることが多く、来ても寝てしまうから、家にいても同じ」という理由であった。また、児童会館子育てサロンについては、もっと時間や回数を増やしてほしいという要望が聞かれた。実際に、期間や回数が他の児童会館に比べて多いことが、いくつかの児童会館では利点の一つにあげられている。また、小・中学校の長期休暇期間には子育てサロンが開催されない。しかし、全体としては公的(専門的)支援への評価が明確に示されている。

行政への要望

施設についての不満は少ないものの、行政による育児支援全体への要望は存在している。各施設で共通してあげられたのは、そこに通う親子の移動への配慮不足である。出された例としては、「地下鉄駅のエレベーターはすぐ使える場所にはないことが多い」、「百貨店などで、入るのは比較的楽だがそのあとが動きにくい。地下歩道も便利だが、出入りは大変」などであり、おもに上下方向への移動による負担がのべられた。

次にあげられたのは、一時保育など保育施設の機能整備である。今後、母親が再就職する際など、一時的にでも子どもの預け先として使える施設が少ないことへの危惧や改善への要望が繰り返し聞かれた。

子育て施設の利用目的には、今回のインタビュー調査結果からは、育児支援施設そのものへの評価と、そこを活用した友人関係の形成などによるおもに精神的な安定感に関する評価の二機能が確認された。前者が公的な面であるのに対し、後者の支援は、非専門的な内容で自分の利用意思に左右される支援形態である。

施設に対する評価は、施設の利用者は、スペースやスタッフの質、設備など、公的な面から保障された安全な空間として施設を認識しているとまとめられる。そのなかで、個人の関係を利用・形成することで、施設そのものに加え、ネットワークへの接触、利用機会を得ていると考えられる。

後者については、育児において家庭外との接触が親子双方にとって重要なために評価されたのであろう。母親の精神面での負担解消という意味でも、ママ友を含む他者との接触を得て、その関係を維持することで、それを提供してくれる支援施設への肯定的な評価につながる。また、子ども同士の関係をみてわかる「初めて」の相手への関心や、同じ年の子ども同士が自然に関係を結ぶ機会を得る場所としてみられている。同時に、そこは親同士での子育て情報交換などが飛び交う空間でもある。

自らの育児で感じたことを、他者しかも同じ状況にある母親と共有することで、子育てに伴う精神的な負担感が緩和できる。すなわち、親同士・子ども同士のネットワークの窓口として、子育て規範の標準化への接触の場として施設が捉えられる。子どもにとっては社会化の初期段階の経験として、母親にとってはいったん途切れた社会とのつながりを得るための機会を提供する機能を、センターや児童会館という施設が担っている。

同時に、「あまりに長い間、子どもだけとのかかわりが続くと、お互いに参ってしまう」という母親からの回答にもみられるように、親と子・夫と妻など、関係が単一でごく近しい対象だけの場合は、その内部的な関係を強める結合(bonding)効果はある一方で、外部との橋わたし(bridging)効果が得られずに、自己閉鎖性につながる恐れがある。

「アクセス」の重要性

ここで、必要な支援にあげられた「アクセス」の重要性に着目したい。まずは施設までのアクセスとしては、公共交通、駐車場、施設内エレベーターの位置などが問い直される。

交通面に加えて、施設や支援などの情報面へのアクセスを同時に考察すると、「外出する(遊びに行く、日常生活として子どもと一緒に出かける)ことでアクセスの大変さが認識できた」という回答になる。その他の交通機関や移動に関する質問をすると、「交通手段の不足や不備を認識している」こともわかった。居住地から施設までの移動は、施設来訪だけではなく、その途上における日常的に必要な買い物などのニーズ充足を含んでいる。

施設内で実際に会う相手はどのような属性にあるか。まず子育て支援総合センターでは、同じ年ごろの子どもをもっている母親同士およびその子ども同士の関係がみられる。そこから子育て支援ネットワークに育つかどうかはわからない。なぜなら、一人の調査員の場合、質問で得られた実際のネットワーク形成は、一四人中一人のみとなっていたからである。また、「ちあふる」など他の同じ形式の公営施設の利用についても、「知人と一緒ならばよいが、知らない人しかいなければ行きにくい」、「仲間と連絡を取り合って、行く場所を決めている」というように、知人の存在が想定されている。既存関係を利用する際には、事前に何らかの手段でコンタクトを取り、利用時間の調整がなされる。年中無休であることの逆機能として、特定の個人との接触機会は限定されているからである。

出会いの機会の限定

出会いの機会の限定は、子育て支援総合センターの場合個人的な事情によるが、逆に児童会館では開催日が設定されているため、それに合わせるという意味での公的な制約が認められる。しかし、「木曜日には乳幼児用の遊具コーナーが設置されるので、これを目当てに来ている。他の施設ではいつ誰がいるかわからない」という回答もあるように、児童会館の独自の方針による制約は個人の事情を優先することで若干は回避される。

また、いくつかの児童会館では、来訪者の居住地が徒歩圏内であったのに対し、子育て支援総合センターでは遠距離に拡大している。とりわけ徒歩圏内の児童会館では、地域の子育てサロンなどでの出会いをきっかけに、子どもを得てから形成されたネットワークが利用されている。この関係は、子どもにとっては第一次集団への発展が期待されるもので、親にとっても「親密な他者」とみられる第二次関係である。ここでは、センターとは逆に、元からの友人関係を利用するケースはほとんどみられない。その意味で全市の中学校区にある児童会館は「移動の負担」が少なく、そこで形成される「ママ友」もサロン以外の日常においても確実に機能する。(10)

全体の傾向としては、多くの利用者が現在の施設の状況に満足していた。区民センターや児童会館と併用しているという利用者も、子育て支援総合センターほどの設備が充足された施設はないとのべていた。特に評価が高かったのが以下の二点である。

まず開館時間が長いことが指摘される。午前中のみ・午後のみというのでなく、九時〜一七時と長時間開かれている点、および年末年始を除き土日・祝日も開館しているという点で評価が高かった。

内部的にはおもちゃが豊富という評価基準が示された。子育て支援総合センターには、各種おもちゃや絵本など子どもを遊ばせる道具が多く用意されているという意見も複数聞かれた。

子育て支援総合センターに対する要望

一方、センターに対する要望としては、以下のような声が聞かれた。食事のできるスペースが狭いことが筆頭にあげられる。センターで昼食をとる利用者からは、もっと食事のできるスペースを増やしてほしいという要望が寄せられた。

また、近くまで自動車で来館する利用者にとっては、駐車スペースに問題があるという意見がみられた。センターや子ども未来局の方針もあり、駐車場の拡張は困難であろうが、遠方からの利用者のなかにはそのような声を出す人もいた。

さて、道外から転居してきた母親がもっとも行きやすい場所として、近場の施設として児童会館を選んでいた。「来たばかりで何もわからなかったが、ここ（児童会館）に来るようになって、話ができる人をみつけることができた。知らない土地だったから、もし（話せる）人がいなければ、どうなったかわからない」というように、「新参者」にとっては、近所にある施設が精神面の負担軽減に大きく作用していることがうかがえる。新たな日常のなかでも人間関係を得られていることから、児童会館は新たなネットワーク形成に寄与していることがわかる。以上のことから、社会的共通資本が社会関係資本のインキュベーター（孵卵器）機能をもっているという証明が得られたといってよい。

第五節　支援構造とママ友ネットワーク

直接支援と間接支援

子育て支援構造は、地域組織や民間企業・NPO、そして国や自治体が行っている「制度的支援」と、夫や親族、ママ友、近隣の人が母親に対して行っている支援である「関係的支援」に大別される。それらから引き出される支援機能は、(A)母親の育児行為を直接的に肩代りする「直接的支援」と、(B)母親がそのまま育児行為を行えるように援助する「間接的支援」に分類できる。さらに、それぞれの支援機能は、パーソンズの行為論における「道具性」と「表出性」の区別を用いて、①目的達成のための労働、情報、物資、手段の提供が主機能である「道具的支援面」と、②情緒や認知、知能への働きかけが主機能である「表出的支援面」から捉えられる(Parsons, 1951＝1974)。これらを表5-5でまとめた[11]。

行政にとっての子育て支援の筆頭は、支援総合センターや児童会館や保育所など制度に基づく施設がどのように機能しているかにあり、表5-5ではAに分類される直接的制度的支援がその代表例になる。すでに施設そのものについての評価は紹介したので、インタビューの際に特に要望が強く出た一時保育を含む「預かり」機能についてまとめてみよう。

道具的な支援

子どもの一時保育に関しては、発達教育など表出的側面を含みつつ従来の幼稚園や保育所による道具的な支援が一般的に求められている。ある時間帯で、どうしても二時間程度の一時保育がほしいという日常は珍しくない

表5-5　支援の分類

		直接的支援	間接的支援
制度的支援	道具的	A	E
	表出的	B	F
関係的支援	道具的	C	G
	表出的	D	H

からである。自治体の保育所や民間保育所などで実施されている一般的な一時保育については、すでに関係的支援の代替として緊急時や母親のリフレッシュ目的でかなり頻繁に利用されている。

それに対し、NPOなどが運営する活動型一時保育については、母親が週に一回自由な時間の確保を目的に活用したり、再就業のきっかけや幼稚園入園前の集団保育を目的として活用されていた。

札幌市でももちろん一時保育の問題点は多い。たとえば、「結構料金が高いので、自分のリフレッシュのために利用するのは贅沢と思う」は代表的な意見である反面、「買い物などで利用したいので家の近くよりは、街中にあってほしい」などもある。総じて、立地場所やサービスの利便性さらに受け入れる側の一時保育の質への不安などが指摘される傾向は、二〇〇八年の調査以来変わっていない。

次に、制度面における間接的支援についてまとめておこう。支援総合センター、児童会館、保育所などで日常化されている保育士・看護師・栄養士による子育て講座、情報紙・誌、子育て支援情報サイト、家事ヘルパーサービス、遊具施設などへの利用者満足度は総じて高い。これらは道具性に富んでいて、利用者に情報提供、育児講座、家事支援、遊び場を提供してくれる制度的支援の核をなす。

表出的支援

他方、表出性に富む専門的相談や母親のリフレッシュ支援などもまた、保育士や保健師による講座が用意されているので、こちらもまた利用者による評価が高い。たとえば支援総合センターでは、離乳食や遊びなど育児に関する各種の講座や母親のリフレッシュ講座、専門家による育児相談を実施するなど、道具面でも表出面でも必要な支援活動を提供している。

また、表出的サポートとしては、「保育所の先生には毎日会うので、子どもの行動などについて話す」、「下の子ができてから、上の子と下の子の仲がよくなくて困ったときに、子育ての電話窓口に相談したことがある」など、専門家による育児相談に対するニーズは大きい。ここには保育の専門性への信頼が認められる。ただし、「家の近くのサロンは狭く、開放時間が短い」、「保健センターの育児相談を予約して数カ月待った」なども聞かれたので、制度的支援は地域間のサービス差の是正や利便性の向上が今後とも行政の課題としてあげられる。

どの施設に託児をするかを尋ねたところ、多様な回答が得られた。たとえば「子育て経験者に預かってもらいたい」という人のレベルでの要望が一方にあり、他方には「保育所などの公的施設の保育士にお願いしたい」という制度重視のニーズが拮抗した。「安全なところがよい」のはどちらも当然だが、「お金はかかってもよい」という意見とともに「できるだけ安いほうがありがたい」までの幅が認められる。

一時保育の施設としては圧倒的に「保育所」が多い。そのうえで「目が行き届く人数で託児しているところに預けたい」や「家族で店を営業しているので、店の都合から夜一〇～一一時まで預かってほしい」などばらつきも多く、専門性、料金、安全性、緊急性、託児人数、時間帯などさまざまな要望が聞かれた。

保育施設以外に「預ける相手はいる」と回答した場合では、直接的関係支援として表5-5のCに収斂する傾向がある。「下の子の出産のときには主人に預かってもらったが、ほかはよっぽどのことがないと預かってもらえない」、「年に二回くらい夫に預け、美容院に行く」、「友人の結婚式などがあれば、母にみてもらう」、「半年に一回ずつ、友人と兄嫁に預けて、自分は病院に行く」といったように、年に数回どうしても外せない事態や一人になる必要があるときのみ、この直接的関係支援を活用しているというのが実状であった。

直接的関係支援による「支援の代替」

直接的関係支援による「支援の代替」の実態については次のことが明らかになった。その支援が直接的な応援となりうる道具的支援面に関しては、夫や親族、ママ友による子どもの世話、送迎、預かりが、母親の支援を直接的に代替する。「夫が子どもの寝かしつけや、おむつの交換をしてくれる」、「休みの日などは、着替えなど上の子のことは夫がしている」、「平日にできるときは夫がお風呂に入れさせたり、ご飯を食べさせたりしている」、「資格の勉強をする二時間くらいの間、主人に預ける」などは、配偶者が直接的で道具的な場面での支援を行う事例である。

親族もまた道具的支援に関与する。「子どもが風邪をひいたときなど保育所に預けられない場合で、仕事があるときに、親に預ける」、「美容室に行くときや結婚式など用事のときに実家の親に預ける」、「実家でお風呂に入るときは、母に子どもを渡してタオルで拭いてもらい自分はゆっくり入る」などは親族が道具的な支援としての有効な機能を果たしている例となる。

子育て支援の認知や満足度に関連する表出的支援面に関しては、子どもの遊び相手や、子どもの教育、しつけを母親に代って行う応援が母親自らの負担を軽減していることが指摘できる。「家にいるときには夫が子どもと遊んでくれる」、「土日に公園に連れていき、遊んでくれる」などは表出性に富む支援になる。

支援の代替にみえる限界

しかし、道具的でも表出的でも支援の代替にはいくつかの限界がある。なぜなら、夫の職場における長時間労働や休暇を取りにくい環境がまだ残っており、夫による家庭内支援を不定期的で時間限定的なものにするからである。子どもや妻が病気の際の休暇は「忙しい時期でなければ有給を取れる」という意見がある一方で、「病児休暇も絶対無理」、「夫の休みは不規則なので、いつ預けられるかは定かでない」という現状は広く認められるから、全体として母親が必要なときに夫から道具的・表出的支援を受けられる可能性は高くないと考えられる。

また、親族による支援も近居の有無のほかに、親の年齢や健康、就業状況などに制約される。ソーシャル・キャピタルとして位置づけられるママ友による支援も、預け先の近さや子ども同士の年齢などの条件のほかに、ママ友同士の育児観が一致しなければ、簡単に頼めるものではない。

また、関係的間接的支援として、夫が日常的な家事で支え、親族が炊事を手伝い、助言をし、ママ友が子育ての情報を提供する形で道具的サポートが行われている。「夫婦ともに働いているが、夫はお風呂の掃除を受けもつなど、料理以外のことは育児も家事もすべて分担している」、「妻方の両親には週に数回一緒に夕食を食べたり、助けてもらっている」、「二人目だからあまり困ったことはないが、一人目のときは姉に聞いたりした」などは、日常的に関係的間接的道具的支援が健在な事例になっている。

表出的側面については、「夫や周りの人、ママ友にしゃべって、すっきりする」のように、夫や親族が育児中の母親の相談相手となり、育児の大変さを理解し、苦労を評価することで支え、ママ友同士で育児の悩みや大変さを共感することで、母親の負担感が軽減されている。これには「子どもに怒りすぎたときなど、夫に相談している」、「子どもの性格など内面的な成長について相談している」、「育児でつらいときは夫が車で連れ出してくれる」などが該当する。親族にも「両親に悩みを聞いてもらったりする」ので、関係的間接的表出的支援は認められる。

ママ友関連では「児童会館は毎週会う人がいるし、子どもも同じくらいの年齢なので、子どもの成長や育児で困っていることを話して、（おたくもそうなのねー）」と共感する経験が普遍的な表出的支援になっている。

表出的支援は、「近所の人とはあまり深入りしたくない」などにみられるように、母親が近所で親密なママ友関係を求めているとは限らない。むしろそこには、コミュニティ間における距離を感じさせる事例も多い。

第六節　児童虐待分析のための理論

アノミー論

社会学のキーワードの一つにアノミー(anomie)がある。これは社会的には秩序や価値体系の崩壊、個人的には自己喪失感や崩壊感を意味する専門用語である。元来はギリシャ語の廃語であったが、一九世紀末にデュルケムが社会学の専門語として復活させた(Durkheim, 1897＝1985)。aはnonを意味する接頭辞であり、nomieは学や法を表し、したがって合成語としては法が貫徹しない状態として、通常は「無規範性」と訳して用いられてきた。

デュルケムのアノミー論を継承したマートンは、文化構造(特定の社会ないしは集団の成員に共通な行動を支配する規範的価値の組織体)と社会構造(特定の社会または集団の成員がさまざまな仕方でかかわり合う社会関係の組織体)に分け、アノミーは文化構造の崩壊、とりわけ文化的規範や目標と集団成員が、これらに応じて行動する社会構造上の能力との間に甚だしい食い違いがある場合に生ずるとした(Merton, 1957＝1961)。

デュルケムやマートンの理論をより実証的な指標として再生させたものがシーマンのアノミー指標である

(Seeman, 1959)。これは順不同であるが、無規範性(normlessness)、無力感(powerlessness)、無意味感(meaninglessness)、孤立感(isolation)、自己疎隔感(self-estrangement)に大別されるが、自己疎隔感がわかりにくいために、多くの場合は絶望感(hopelessness)に変えられてきた。[12]

児童虐待とアノミー論

すなわち、家庭内での児童虐待をアノミー論でまとめると、貧困や病気などの理由により、将来を悲観して子育てに絶望し、毎日の暮らしに意味を感じ取れず、無力感が増幅する。さらに、いくら頑張っても子育てに伴う孤立感が拭い取れずに、まずます無意味感が強くなる。もちろんこのような状態は一つの理念型であるから、程度の差はあれ、この五つのアノミー指標に該当する虐待が発生しない子育て家庭でもいくつかはみられるに違いない。

「子育ては主として母親が行う」や「他者は子育て家庭内に介入できない」というような規範が強い社会では、子育て家庭の経済的貧困や親の病気などにより、社会的に期待される子育てが困難になると、それからの甚だしい逸脱が発生する。それが最終的には児童虐待として社会的には顕在化する。

児童虐待件数

図5-2は全国の児童相談所が対応した児童虐待件数であり、二〇〇〇年以降の増加率には目を見張るものがあり、二〇一〇年度の全国調査によれば五万件を超えている。

相談件数が五万件を超えたなかで、図5-3で示したように、二〇一一年に全国の警察が摘発した児童虐待事件は、前年比三二件増の三八四件、被害児童は三八人増の三九八人で、いずれも統計を取り始めた一九九九年以降最多であった。

虐待で死亡した子どもは前年より六人増えて三九人であり、ゼロ歳児が一〇人と約四分の一を占めた。このほか、心中事件に巻き込まれたり、出産直後に遺棄されたりするなどして三三人が死亡した。過去一〇年間の趨勢をみても五〇人前後が亡くなっていることがわかる。合計特殊出生率が低位安定して、年少人口数と年少人口率が毎年減少している少子化時代に、せっかく誕生してきた子どもを実の親が虐待したうえで死亡させるという事件は、悲惨というしかない。

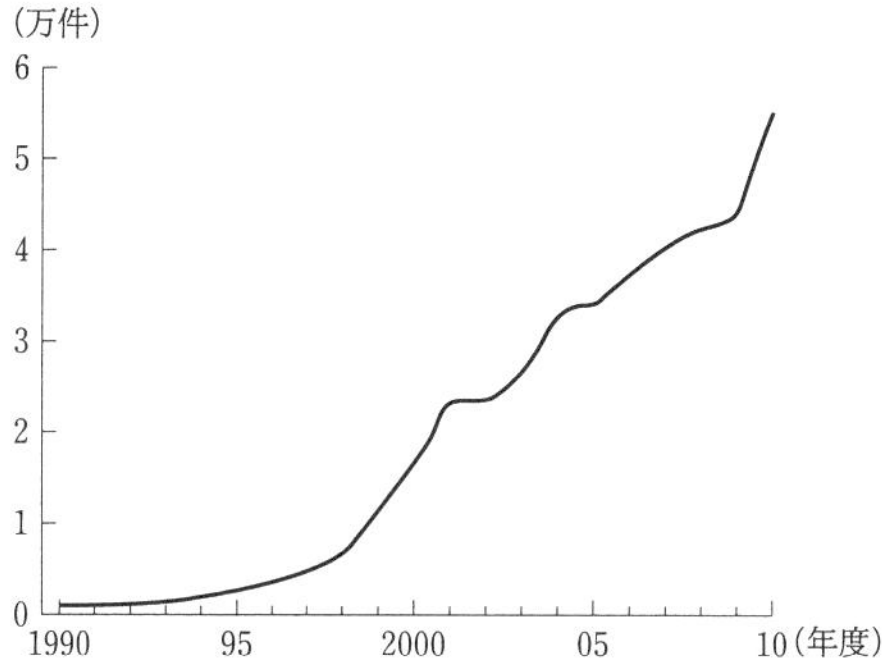

図5-2　児童相談所が対応した児童虐待件数

(注) 厚生労働省調べ。

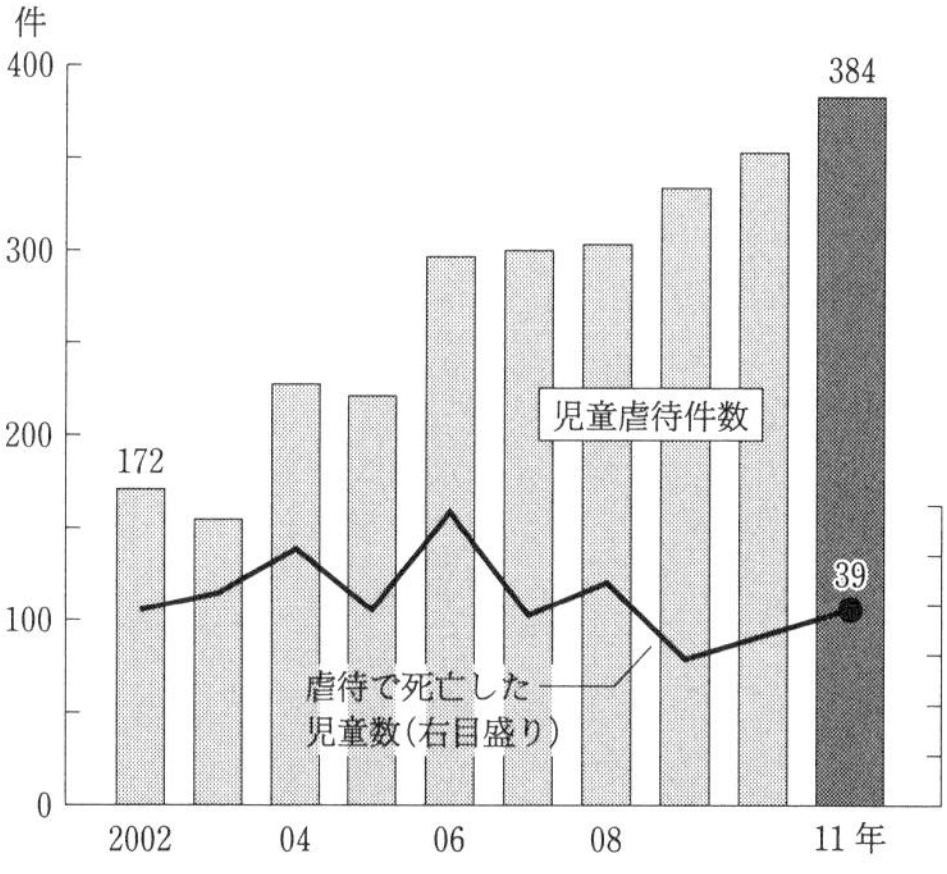

図5-3　児童虐待の摘発件数と死亡児童

全国のいくつかの事件を検証すると、以下のような事実が浮かんでくる。(13)

①虐待の事実の捉え方が児童相談所や市役所や警察などの公的機関によって統一されていない。ネグレクト、身体的、性的、精神的虐待は融合しがちであるために、機関によって力点の置き方が違い、そのために統一的な対応が難しくなっている。

②市役所内部にさえも多くの組織（健康・子ども課、介護障がい担当課、保護三課、児童相談所など）が関与しているから、事件のどこかの時点で課題ごとに問題点の共有ができずに、組織ごとにそれぞれで対応する傾向にあり、情報の共有のきっかけが得られていない。

③虐待する側の精神状態に対する主治医の判断が二転三転するような症状があり、病状を特定化できないことが多い。

④精神疾患を含む統合失調症が当該の家族員複数に認められることがあるのに、その全体像の認識が弱く個別の対処に終始することも多い。

⑤対応の主軸に「多次元的なきめ細かいアセスメント」（飛鳥井・杉山、2012：343）が頻繁に指摘されるが、実際のところこれは何をどうすることか判然としない。

⑥おそらく「処置」(treatment) することは、望ましいと考えられる状態を手に入れるために、対象となる虐待者および被虐待者に適切な取り扱いをすることであろうが、依然として言うは易く行うは難しの段階にあることが多い。

⑦同じ暴力でも素手の場合と道具を使う場合とでは重症度が異なる。周知のように、貧困がネグレクトや虐待暴力の根底にあるのは間違いないが、階層的には中流上位層でも同じくネグレクトや虐待は生じるから、貧困だけではなく文化的要因にも留意しておきたい。

介入のためのリスク判断基準

事例の検討を通して私が得た介入のためのリスク判断基準は、以下のいくつかの原則による。

①通告ケースを調査するかの判断
②通告への対応時間の判断
③子どもの現在の安全性に関するアセスメント
④子どもを保護する必要性の判断
⑤今後のリスクへのアセスメント
⑥リスク軽減支援計画の作成
⑦リスクの再アセスメント
⑧家族の再統合
⑨ケースの終結

この一連の介入(intervene)とは、一定の状況のなかである結果を変えたり、予防したり、よいと思われる方向に結果が得られるように影響力を行使することである。(14)

この理論的支柱には、社会的ネットワークと育児の幅広い社会化こそが、子どもの虐待を防止する決定的な手段であるという認識がある。なぜなら、社会的ネットワークは、子どもたちを守るさまざまな機能を潜在的にもっているからである。(15)

なぜなら高齢者だけではなく、子どもの社会的ネットワークでさえも、実際に日々の育児を援助して、親の責任や負担を軽くするし、一時保護、施設措置、里親委託、養子縁組などにより、子どもたちを社会的に再配分する機能があるからである。

顔見知りの密度が予防に有効

すなわちネットワークやソーシャル・キャピタルは「顔見知りの密度」(density of acquaintanceship)を増やすので、虐待や犯罪予防にも有効であるという立場から虐待問題にアプローチしたい。

したがって、ここでの図式は、虐待はまず家庭の貧困(家族の粉末化・家庭内暴力の日常化・所得の低さ・住宅の狭さ)に起因することが多いことを確認するところから始まる。次いで行政にみる貧弱な社会福祉政策の現状と、地域社会における連帯性や相互性の弱まりが指摘できる。その結果としての地域社会レベルでのソーシャル・キャピタルが低下して、社会的な荒廃も進む。その意味で、高齢社会でも子どもの虐待死は地域社会の核心的な問題の指標になりうる。一人暮らし高齢者の支え合いもまた、地域社会レベルでのソーシャル・キャピタルの現状から構築されるからである。そのため、子どもや高齢者への虐待の発生は、少子化する高齢社会におけるリトマス試験紙の役割を果たすものと考えられる。

札幌での児童虐待相談件数

さて、札幌での児童虐待の相談件数は二〇〇九年度が六二〇件、二〇一〇年度が四七八件、二〇一一年度が四三七件、二〇一二年が四三五件であった。これらを具体的に分けると、ネグレクト、身体的虐待、性的虐待、心理的虐待にまとめられる。

図5-4は札幌市の過去五年間のそれらの内訳である。全体的基調は変わらず、ネグレクトが七〇%で第一位であり、以下、身体的虐待、心理的虐待、性的虐待の順になっている。ネグレクトは単一次元ではなく、分野が

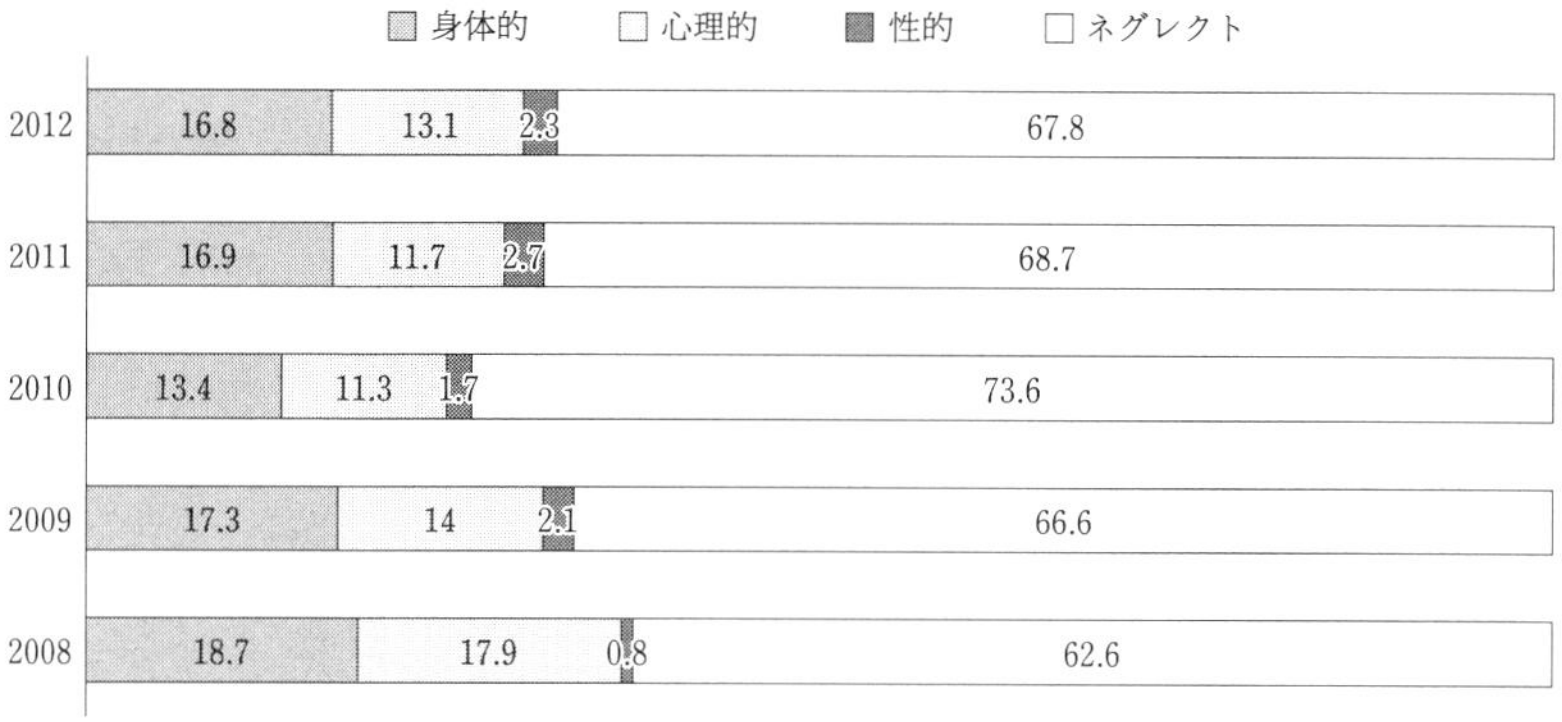

図5-4　札幌市の児童虐待の内容5年分

複合することが多い。それは子どもの身体的、知的、情緒的な能力の発達に不可欠であると考えられている育児関連行為を放棄したり、サービスを子どもに提供しないことである。具体的には、食物、衣類、住まい、安全の確保、身体的および情緒的養育、家庭教育、医学的ケア、学校教育などが該当する。これらの提供や確保は親の義務であり、子どもの権利である。

　通常の子育てとは、これらを万遍なく親が子どもに与えることを意味する。したがって、子育て支援とは親が行う食物、衣類、住まい、安全の確保、身体的および情緒的養育、家庭教育、医学的ケア、学校教育などの一部を、行政を軸として社会的に肩代りする行為を指す。

虐待される児童の年齢構成

　虐待される児童の年齢構成は図5-5の通りである。札幌市の五年間の動向に大きな変化はなく、三歳未満が二〇%弱、三歳から就学前が二〇%強、小学生が三五%前後、中学生が二〇%弱という傾向は変わらない。就学前まではネグレクトと身体的虐待が多く、小学生以上になると、心理的虐待が増加する。これは中学生以上では体格の点で親よりも大きい場合もあるために、身体的虐待が難しくなるためである。逆に就学前の乳幼児には言葉の理解力が不十分であるから、心理的虐待は少数に止

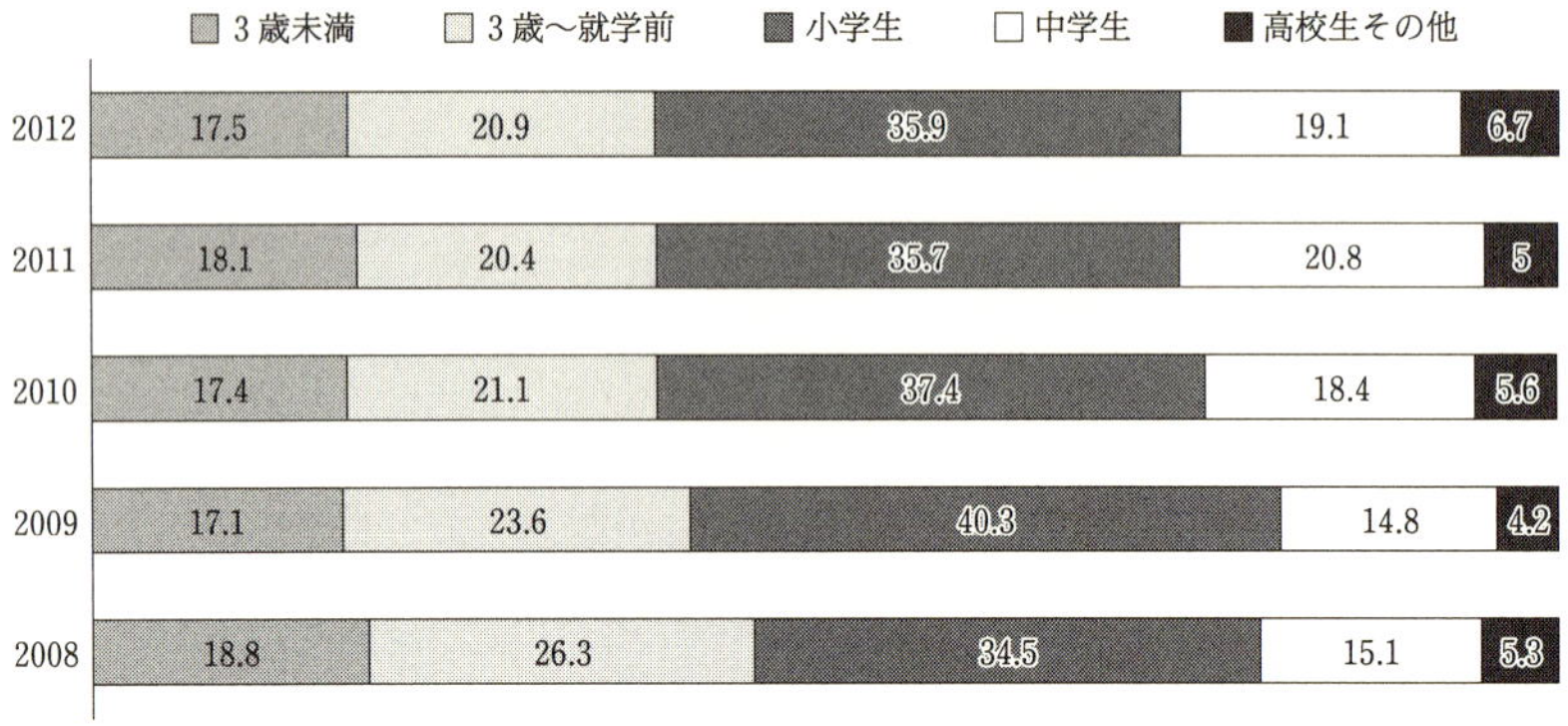

図 5-5　札幌市の被虐待児童の年齢構成５年分

まるが、中学生以上ではそれがむしろ増加する。

この内訳は全国調査と同じ傾向を示しており、虐待者では実母が七〇%、実父が二〇%は不変であり、残りがいわゆる義理の父母になる（図５－６）。児童虐待の主犯の七〇%が実母という事実は衝撃的である。家庭内外で発生する子育てに伴うさまざまな不安、負担、痛み、困難がその子の母親に収斂する家族環境が想定される。

すなわち、子育ての主役は母親であるという社会規範のなかで、貧困、家庭不和、病気などの理由によって、十分な子育てができず、その裏返しとしてネグレクトや暴力的な虐待に向かうという構図がそこに読み取れる。貧困そのものが個人の怠慢、病気、労働意欲の低下とともに、もう一方の社会的原因として勤務先の人員整理や倒産による失業がからんでくる。そのために生活保護やその他の社会的支援も一応は用意されてはいるが、もちろん子育て家庭がもつすべてのニーズを満たせるわけではない。

児童虐待通告経路

児童虐待そのものの予防にとって、児童相談所がもつ機能の重要性は指摘するまでもない。図５－７は過去五年の札幌市における児童虐待通告経路である。強調したいのは近隣知人の通告が半数を超えてきた事実

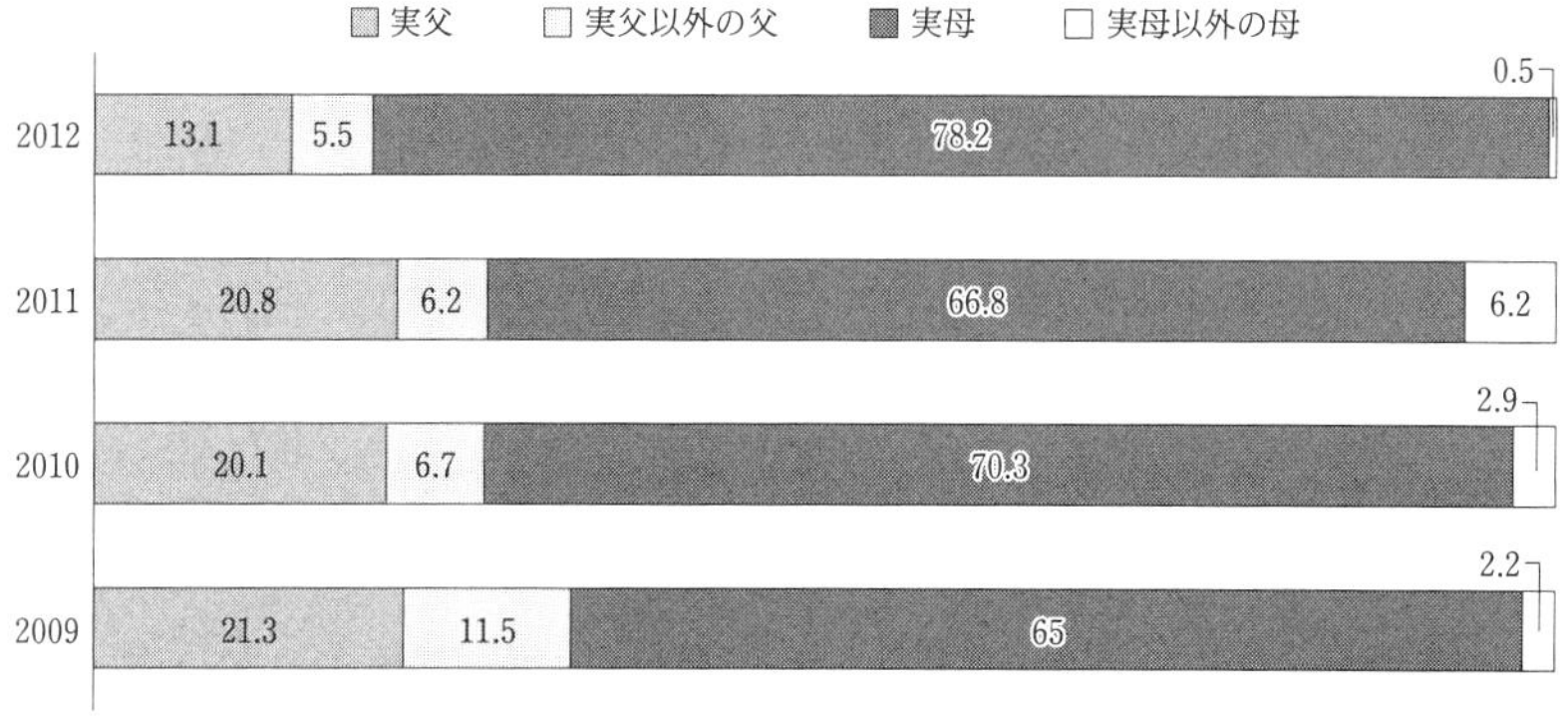

図 5-6　札幌市の主な児童虐待者 4 年分

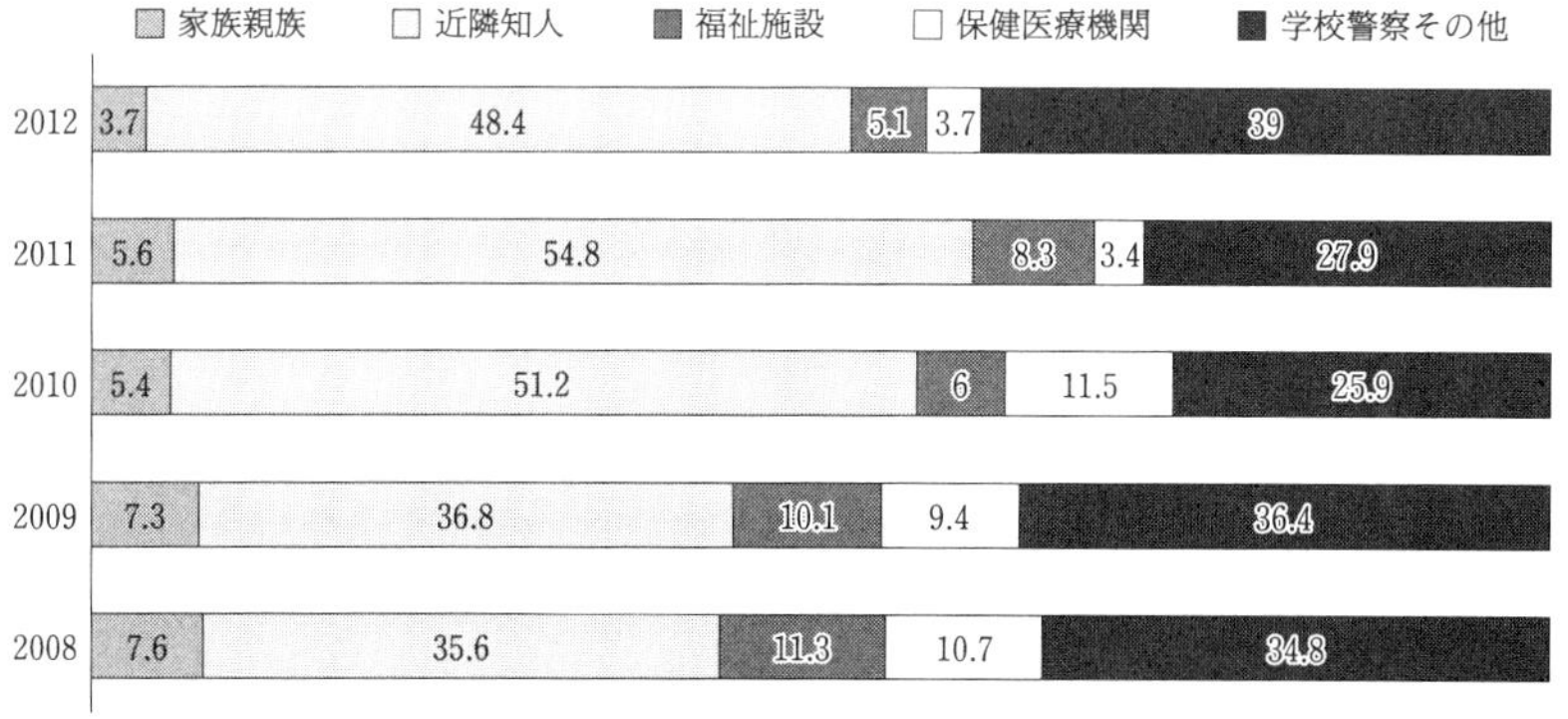

図 5-7　札幌市の児童虐待通告経路 5 年分

である。[16]ただし、この通告件数は複数回答の集計結果であり、二〇〇九年度が七三六件、二〇一〇年度が八一四件、二〇一一年度は七一九件となった。

病気や怪我により医者の診察を受けた際に児童虐待の事実が顕在化して、児童相談所に通報されるとともに、近隣からも同じ児童の虐待の可能性について児童相談所に連絡があることは珍しくない。その場合は二件とも計上されるのである。

学校ではいじめと虐待が不可分になって発生することがあり、学校から直接に、または警察が学校から虐待やいじめの事件発生の通報を受けて、警察から児童相談所に連絡されることもある。このような児童相談所制度を通して、社会の側から子育て家庭や育てられる児童への支援の一部が提供されている。

しかし、ほとんどの子育て家庭では通告に値するような犯罪的な児童虐待は発生しない。これはその家庭が子育てに関して幾分かはアノミーを感じていても、それを払いのける総合的家族力があるためである。無力感を感じても孤立感に苛まれても絶望感が押し寄せても、家族内部の力とともにその家族がもつソーシャル・キャピタルとしての親族、行政、近隣、友人、地域社会などの支援の輪が全体として有効な機能を発揮して、何とか自らの子どもを育てていく。

人間関係の機能による救い

図5-8ではソーシャル・キャピタルを人間関係として捉え、その機能を大分類として六項目に分けて整理した(金子、2013)。

まず「救われる」機能は、人間の生命、生活、人生の全般において、他者の存在が本人の健康面での支えになり、他者から金銭面での支援を受け、生きる意欲や喜びさえも引き出すような関係に内在する。人間関係のなかでたとえば肺がんの原因をタバコとして言及し合えれば、その関係性のなかで「人は良薬」になる。知識や情報面で等価の関係を維持するには、それなりの学習や努力が前提になる。

金銭面での融通もまた人間関係に付着する機能の代表例であるが、そこには安心と信頼という意識媒体が不可避である。個人がもつソーシャル・キャピタルには、金銭面での支援をもたらす関係が含まれる場合もあるから、かりに信頼が得られるなら、そのままそれは金銭関係にも転嫁できる。さらに親密な他者の存在が金銭だけではなく、自らの仕事全般の励みになるという経験は、人生のなかでは珍しくない。ここにいう親密な他者は、家族、親族、友人、同僚、近隣、医師、看護師、ケアマネージャー、ヘルパーなど無数の関係のなかで得られるが、実質的には数名もいればいいほうである。

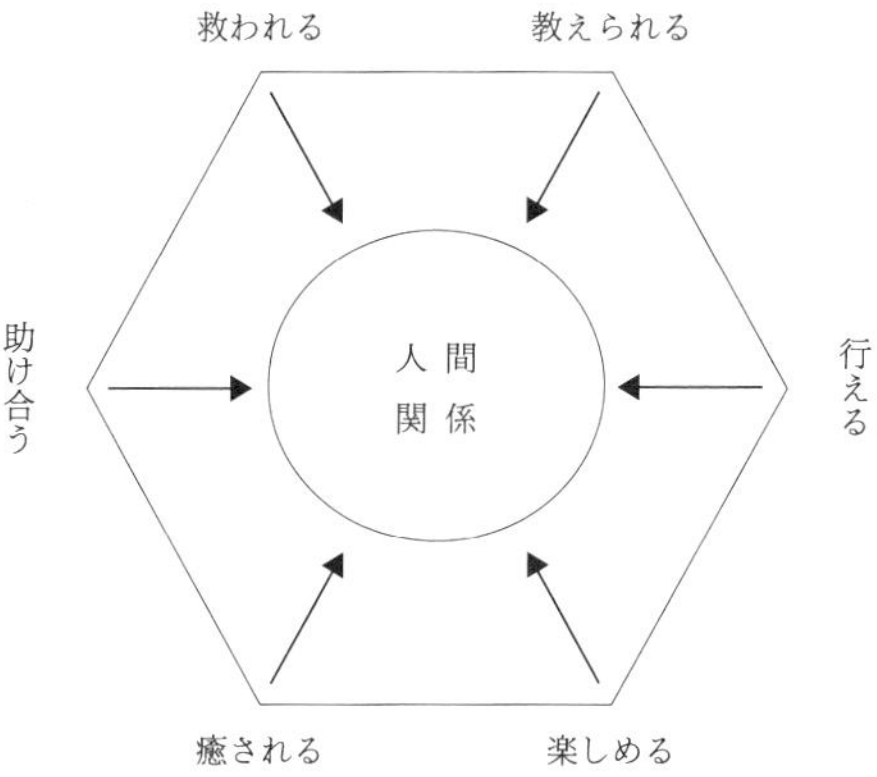

図 5-8　人間関係の機能

「救われる」関係はまた「教えられる」関係でもある。生活でも人生でも必要な生活の知恵は自らの努力で手に入れるとともに、家族を含むさまざまな他者から教えられることが多い。それによっていくつになっても生き方や暮らし方にも幅ができて、人生が楽しくなる。現代社会では家族、友人、隣人、教師、マスコミなどがこの機能を果たしている。

日常的なストレスが人との交わりのなかで「癒される」ことも多い。家庭生活、学校生活、職業生活などでは、家族、友人、親密な他者、マスコミなどによって、心が豊かになり、気持ちに張りが出て、それらが生きるという意欲を引き出す。

「楽しめる」人生は自分だけではなく、家族、友人、同僚、学友、親密な他者、仲間、隣人とともにつくり上げられる。なぜなら、人間関係のなかでのみ、積極的な支援(positive help)、援助(assistance)、行動(action)、建設的な示唆(positive suggestion)、積極的美徳(virtue)などが互いに与えたり貰ったりできるからである。

積極的な支援

たとえば積極的な支援が身近にあれば、仕事、労働、活動、学業も「行いやすい」ので、支援を受けた人の生活でも人生でも、生きるうえでの楽しさが追求できる。これには家族、親族、友人、同僚、教師、親密な他者、仕事の相手、生産流通消費における二次的関係などがあり、ほとんどの人間関係で潜在的には可能な機能とみられる。

また人間関係には、一方的に「助けられる」だけではなく「助け合う」場面もあり、これは家族、近隣、コミュニティ、企業職場、学校生活、入院生活などのあらゆる人間関係に存在する。すべての老若男女の人生においても、家族、友人、親密な他者、同僚、仕事の相手、生産流通消費における二次的関係、乗り物で隣合わせた人、そして仕事、労働、活動のすべてで「助け合う」関係が生じるところからも明らかである。

まさしく「人間の社会関係は、絶えず結ばれては解け、解けては再び結ばれるもので、立派な組織体の地位に上ることがなくても、永遠の流動及び脈搏として多くの個人を結び合わせる」(Simmel, 1917＝1979: 21)ものである。

その意味で、ソーシャル・キャピタルを軸とした人間関係による子育て支援の事例分析を行い、「人は良薬」であるという命題を論証して、今後の大都市における子育て環境づくりの方向性を探究することは有効であろう。

(注)

（1）ドイツのカウフマンも以下のような少子化に伴う社会的問題を提示している（Kaufmann, 2005＝2011: 105）。すなわち、少子化による人口減少の影響は
①経済圏における投資機会を縮小し、経済成長を減速させる
②後継者不足や就業人口更新の遅れは、イノベーション達成と国民経済の生産性上昇を阻害する
③高齢化は社会サービスへの需要を高めるが、その価格の高騰が他の消費財に対する潜在需要を低下させる
④就業人口と非就業人口比率のシフトは、国民所得配分上の軋轢を高める
⑤政治家は高齢世代の要求を優先させる
⑥再生産年齢女性人口の減少が、出生減退を指数関数的に加速させる
⑦無子割合の増加は、親族ネットワークを希薄にするとともに、高齢者単独世帯の増加をもたらす
⑧退職と老衰時期の間に、「人生の第三期」が新たに発生している
を引き起こすことは、先進国では共通の理解になっている。

（2）世界で少子化対策がもっとも成功したフランスでは、合計特殊出生率が低迷していた一九九九年にＰＡＣＳ（pacte civil de solidarité）という、実際は事実婚でありながらも、同性のカップルを含め、婚外同棲者にも一定の民法上の権利を認める民事契約制度が誕生した。そして、二〇一三年五月には同性カップルの結婚と養子縁組の合法化法が成立した。もっとも同性婚の反対運動も根強く行われている。この同性婚を合法化した国は世界の一九五国のうち、北欧諸国をはじめベルギー、スペイン、ポルトガルなどのヨーロッパに多く、フランスは一四番目の国になった。日本を含む東アジアの文化ではそうはいかないであろう。

（3）必要十分条件の発想による速やかで網羅的な少子化対策がほしい。従来、少子化の原因には未婚率の高さと既婚者の出生力の低下が指摘されてきた。過去十年間の保育を最優先した「新旧エンゼルプラン」も仕事と家庭の「ワークライフバランス」政策も後者への対策であった。しかしこの両者は少子化対策の「必要条件」にすぎない。小学生の下校時における犯罪被害防止などを考慮すると、ワークライフバランスだけではなく「コミュニティライフバランス」実践者であり、「地域ぐるみ」の見守りなどの主力となる専業主婦の存在も、社会的な重要な機能を担っていることは明白である。

このような現状を踏まえると、これまでの政府主導の少子化対策は、「保育充実」や「ワークライフバランス支援」を中心とした必要条件にすぎなかったとみなせる。だから本気で少子化克服を目指すならば、速やかに未婚者も含め「社会全体」で

取り組む「十分条件」を考えたほうがいい。原因が二つあるのだから、両者に対応するのが自然である。そしてその試みは社会全体で取り組む「十分条件」への配慮へとつながる。

少子化に関連する法律には「社会全体で子育てに取り組む」とわざわざ明記してあるのに、肝心の「社会全体」が定義されていない。私は、既婚未婚の区別もなく、子育てをしていてもしていなくても、三〇歳以上の「社会全体」構成員は次世代育成に一定の義務があるとみてきた。国民に子育てのつらさを尋ねると、経済的な負担の重さがもっとも多い回答として寄せられる。この負担を社会全体で共有する制度をつくることが「社会全体」からの取り組みの「十分条件」の事例になる(金子、2006a)。

(4) おそらく世代共生論に不可欠な論点は、社会的不公平性の緩和ないしは解決である。日本の少子化対策では一九九四年の「エンゼルプラン」から今日に至るまで、この社会的不公平性の緩和という発想は皆無に近かった。子どもの教育費にかかる費用負担を免れて「おひとりさまの老後」をいくら高唱しても、社会的な共鳴は得られない。教育費の負担をめぐる社会的不公平性は限界に近づいているからである。

(5) 子育てに伴う負担とともに、喜びもまた多方面から明らかにしておきたい。

(6) 質的調査と量的調査の方法論的な比較については金子(2013)に詳しい。

(7) 社会的共通資本論と社会関係資本論との接合は今回の調査で浮かび上がった新しいテーマである。

(8) 孤立感(isolation)はアノミー指標でも大きな比重を占める。

(9) これらは社会分析の基本的軸である(金子、2009)。

(10) コミュニティの広域性と狭域性は施設の評価にとっても不可欠の項目になっている。

(11) パーソンズの道具性(instrumental)と表出性(expressive)は支援学の場合にも重要な枠組みを提供する。

(12) アノミー論は疎外論とも隣接しており、そのような使い方もある。

(13) 次のような児童虐待報告書である。福岡県『児童虐待死亡事例検証報告書』(2006)、東京都『近年の東京都内における児童死亡事例検証のまとめ』(2007)、千葉県『児童虐待死亡ゼロに向けて』(2008)、高知県『高知県児童虐待死亡事例検証委員会報告書』(2008)、北九州市『児童虐待事例等検証委員会報告書』(2008)、札幌市『札幌市児童虐待予防緊急対策本部会議報告書』(2008)。

(14) ヘルファらの大著(Helfer, Kempe & Krugman, 1997=2003)は児童虐待分野における文字通りの聖典である。

（15）高齢者支援でも防災活動でも児童虐待見守りでも、社会的ネットワーク論の応用範囲は非常に広い。その意味でネットワーク論の繰り返しの学習が求められる（森岡編、2012a）。
（16）ここに札幌市におけるコミュニティ再編の可能性を読み取ることも可能であるが、あくまでも非日常の世界に限定されたものである。

おわりに

数年前に、いずれ来る北海道大学の定年退職を目標にして、大学院を終えて断続的ながら一貫して研究してきたマッキーバー以降のコミュニティ論をまとめ直すことをまず考えた。合わせて日本の高度経済成長期を音楽で支えた吉田正メロディを取り上げて、ヴェーバーが晩年に示した音楽社会学の手法で読み解く作品を具体化しようと決意した。三〇年近くお世話になったお礼として、それが私にできることだと思われたからである。

たくさんの関係者のご援助とご協力によりいずれも定年までに上梓できて、その後は環境問題の知識社会学に取り組み、環境論のエッセンスを凝縮したような小さな本を刊行できた。並行して気になったのは、コミュニティ論の応用として調査を継続してきた「少子化する高齢社会」の総括であった。このために「混合的方法」とはいえないまでも、量的調査と質的調査の両方で高齢者関連のデータを蓄積してきてはいたが、体系化する余裕がないままに最終年度を迎えてしまった。

ところが、特任教授・名誉教授となった六月半ばに、はからずも「文学研究科研究叢書」の企画に本書の原案を採用していただくことになった。たまたま二〇一三年四月から開始された厚生労働省による「健康日本二一(第二次)」と類似した研究テーマでもあったので、この健康づくり政策に寄与できそうな内容としてこの数年間書き溜めていた原稿を活かして、新たに書き下ろした部分を加えて全体を調整したのが本書である。

さて、日本社会学の実証性を開拓した明治生まれの有賀喜左衛門や鈴木栄太郎から大正生まれの内藤莞爾や中野卓までの家族や村落の研究業績には、調査対象の生の姿が含まれている。後続の私たちは、その集積され公表されたデータの量と質から、問題意識に応じたさまざまな社会学的想像力と創造力を触発された経験を共有する。もちろん個人情報保護という社会的規範がない時代と今日とでは、収集された社会学的データの提示の方法は異なる。しかし、仮名を軸に丹念に個人情報保護に留意すれば、生に近い形の調査資料を読者に提供する方法は、読者の想像力を喚起させ、新しい方法や理論の創造にも有効かもしれないという判断で、本書のような方法を採用した。

二〇年近く、日本各地の都市高齢者インタビューを通して学んだことはたくさんある。本書は、それらを「健康日本二一（第二次）」に沿う形で、いろいろな機関団体の紹介によりインタビューに応じていただいた全国各地の高齢者のライフヒストリーを基にして、その学術的な分析も試みた内容を含んでいる。登場する高齢者は、自らの人生経験を活かしながら、自分に適した高齢期のライフスタイルを樹立されていた。

大いなる発見は、ボーボワールのいう「もっとも恵まれた老年をもつのは、多方面の関心事をもつ人びとである」（Beauvoir, 1970＝1972: 535）の確認であった。あるいは、「老いがそれまでのわれわれの人生の哀れなパロディーでないようにするには、ただ一つの方法しかない。それはわれわれの人生に意義をあたえるような目的を追求しつづけることである。それは個人、共同体、公共福祉などへの献身でもよいし、社会的あるいは政治的な仕事、知的、創造的な仕事でもよい」（同右：637）という結論であった。

この二〇年間にわたり継続してきたインタビュー相手の高齢者はほとんどが七〇歳代から八〇歳代であったが、現役時代は主婦、教師、農業、公務員、民間企業勤務などの違いはあるものの、退職後も自分の家族と上手につき合いながら、地域社会を基盤とするかもしくは地域社会をはるかに超えたインフォーマルネットワークやソーシャル・キャピタルを拡大して、ライフスタイルの幅を広げておられた。

本文で紹介しえなかった手元のインタビュー記録も参考にして、大正期生まれの日本人によるアクティブエイジングの特徴を箇条書きで整理しておこう。

- 友人が最大の財産
- 身体を動かし、働くことが楽しい
- 信仰が生きる張り合いを与える
- 元気な高齢者はますます多忙
- 夫の死で地域のサークルがみえてくる
- 自宅から外に出ないと、友人は得られない
- さみしいから自分で忙しくする
- 若いころの老人像より老いた現在がずっとよい
- 家庭が冷たいなら、新居も冷えてしまう
- 身体を動かして働きつつ、孫の成長を楽しむ
- 働き好きで、病院は遠い世界だった
- 授乳で気を失い、赤ちゃんを窒息死させた重労働があった
- 家族交流を優先すると地域交流は後回しになる
- お金と健康と余暇が人生を楽しくさせる
- 高齢者の政治への関心は強い
- 楽に歳を取れる社会システムを願う

・仕事続きの人生では、筋目の日時まで記憶している
・孫に会うのも旅行になってしまう
・信仰が能動的ライフスタイルの原点
・俳句に打ち込む毎日
・歳を取ることで人生は悪くはならない
・多方面の興味が健康を促進する

まるで「生き生きライフ」の見本のように思われる。各自の人生における試行錯誤のあとで得られた教訓からのライフスタイルはまことに魅力的であり、私たちを圧倒する迫力をもっている。

本書が高齢者人口三二〇〇万人を超え、高齢者比率が二五％を突破した時代において、少子化と児童虐待への考え方、高齢社会への対策とライスタイル面での個人的適応に役に立つところがあれば、たいへんうれしい。

北海道大学大学院文学研究科
研究叢書

2	万葉歌人大伴家持 ――作品とその方法――	廣川晶輝著	A5判・330頁 定価 5000円
4	海音と近松 ――その表現と趣向――	冨田康之著	A5判・294頁 定価 6000円
7	人麻呂の方法 ――時間・空間・「語り手」――	身﨑　壽著	A5判・298頁 定価 4700円
8	東北タイの開発と文化再編	櫻井義秀著	A5判・314頁 定価 5500円
11	北魏胡族体制論	松下憲一著	A5判・250頁 定価 5000円
12	訳注『名公書判清明集』 官吏門・賦役門・文事門	高橋芳郎著	A5判・272頁 定価 5000円
13	日本書紀における中国口語起源二字漢語の訓読	唐　煒著	A5判・230頁 定価 7000円
14	ロマンス語再帰代名詞の研究 ――クリティックとしての統語的特性――	藤田　健著	A5判・254頁 定価 7500円
15	民間人保護の倫理 ――戦争における道徳の探求――	眞嶋俊造著	A5判・186頁 定価 3000円
16	宋代官僚制度の研究	宮崎聖明著	A5判・330頁 定価 7200円
17	現代本格ミステリの研究 ――「後期クイーン的問題」をめぐって――	諸岡卓真著	A5判・254頁 定価 3200円
18	陳啓源の詩経学 ――『毛詩稽古編』研究――	江尻徹誠著	A5判・216頁 定価 5600円
19	中世後期ドイツの犯罪と刑罰 ――ニュルンベルクの暴力紛争を中心に――	池田利昭著	A5判・256頁 定価 4800円
20	スイスドイツ語 ――言語構造と社会的地位――	熊坂　亮著	A5判・250頁 定価 7000円
21	エリアーデの思想と亡命 ――クリアーヌとの関係において――	奥山史亮著	A5判・330頁 定価 8200円
22	日本語統語特性論	加藤重広著	A5判・318頁 定価 6000円
23	名付けえぬ風景をめざして ――ランドスケープの文化人類学――	片桐保昭著	A5判・218頁 定価 7000円
24	立憲民政党と政党改良 ――戦前二大政党制の崩壊――	井上敬介著	A5判・344頁 定価 6000円
25	ローマ帝国の統治構造 ――皇帝権力とイタリア都市――	飯坂晃治著	A5判・250頁 定価 5000円
26	郭店楚簡『五行』と伝世文献	西　信康著	A5判・196頁 定価 6000円
27	戦国秦漢出土術数文献の基礎的研究	大野裕司著	A5判・322頁 定価 7200円

〈定価は消費税含まず〉

北海道大学出版会刊

金子　勇（かねこ いさむ）

1949年　福岡県生まれ
1977年　九州大学大学院文学研究科博士課程単位取得退学
現　在　北海道大学名誉教授，神戸学院大学現代社会学部教授
文学博士（九州大学，1993年）
第1回日本計画行政学会賞（1989年），第14回日本都市学会賞（1994年）
北海道大学研究成果評価「卓越した水準にある」SS認定（社会貢献部門）（2010年）
著　書『コミュニティの社会理論』アカデミア出版会，1982年
『高齢化の社会設計』アカデミア出版会，1984年
『都市高齢社会と地域福祉』ミネルヴァ書房，1993年
『高齢社会・何がどう変わるか』講談社，1995年
『地域福祉社会学』ミネルヴァ書房，1997年
『高齢社会とあなた――福祉資源をどうつくるか』日本放送出版協会，1998年
『社会学的創造力』ミネルヴァ書房，2000年
『都市の少子社会』東京大学出版会，2003年
『少子化する高齢社会』日本放送出版協会，2006年
『社会調査から見た少子高齢社会』ミネルヴァ書房，2006年
『格差不安時代のコミュニティ社会学』ミネルヴァ書房，2007年
『社会分析――方法と展望』ミネルヴァ書房，2009年
『吉田正――誰よりも君を愛す』ミネルヴァ書房，2010年
『コミュニティの創造的探求』新曜社，2011年
『環境問題の知識社会学』ミネルヴァ書房，2012年
『「時代診断」の社会学』ミネルヴァ書房，2013年
『「成熟社会」を解読する――都市化・高齢化・少子化』ミネルヴァ書房，2014年　ほか

北海道大学大学院文学研究科　研究叢書28

日本のアクティブエイジング
「少子化する高齢社会」の新しい生き方

2014年8月29日　第1刷発行

著　者　金子　勇
発行者　櫻井義秀

発行所　北海道大学出版会
札幌市北区北9条西8丁目　北海道大学構内（〒060-0809）
Tel. 011(747)2308・Fax. 011(736)8605・http://www.hup.gr.jp/

アイワード/石田製本

ISBN978-4-8329-6808-0

事項索引

サ　行

タ　行

ナ　行

ヤ　行

ラ　行

ワ　行

参照文献

朝倉隆司，1995，「慢性腎不全患者のクオリティ・オブ・ライフ」園田恭一・川田智恵子編『健康観の転換』東京大学出版会：119-153.

飛鳥井望・杉山登志郎，2012，「被虐待児の治療」町野朔・岩瀬徹編『児童虐待の防止』有斐閣：343-357.

Bailly, A. S. et al. (eds.), 2000, *Socially Sustainable Cities*, Economica Lid.

Bass, S. A. (ed.), 1995, *Older and Active: How Americans over 55 Are Contributing to Society*, Yale University Press.

Baur, R. A., 1966, *Social Indicators*, The MIT Press.（＝1976　小松崎清介訳『社会指標』産業能率短期大学出版部）.

Beauvoir, S. de, 1970, *La Vieillesse*, Édition Gallimard.（＝1972　朝吹三吉訳『老い』（上・下）人文書院）.

Bellah, R. N. et al., 1985, *Habits of the Heart*, University of California Press.（＝1991　島薗進・中村圭志訳『心の習慣』みすず書房）.

Bentham, J., 1789, *A Fragment on Government and an Introduction to the Principles of Morales and Legislation*.（＝1979　山下重一訳「道徳および立法の諸原理序説」関嘉彦責任編集『ベンサム　J. S. ミル　世界の名著 49』中央公論社：69-210）.

Bergson, H., 1934, *La Pensée et le mouvant*, Presses Universitaires de France.（＝1998　河野与一訳『思想と動くもの』岩波書店）.

Bernard, C., 1865, *Introduction à l'étude de la médecine expérimentale*.（＝1970　三浦岱栄訳『実験医学序説』岩波書店）.

Blau, P. M. (ed.), 1975, *Approaches to the Study of Social Structure*, The Free Press.（＝1982　斎藤正二監訳『社会構造へのアプローチ』八千代出版）.

Boulding, K. E., 1984, *The Economics of Human Betterment*, The British Association for the Advancement of Science.（＝1989　嵯峨座晴夫監訳『ヒューマン・ベターメントの経済学』勁草書房）.

Brock, D., 1993, "Quality of Life Measures in Health Care and Medical Ethics", in M. C. Nussbaum and A. Sen, (eds.), *The Quality of Life*, Clarendon Press.

Burawoy, M., 2005, "2004 American Sociological Association Presidential Address: For Public Sociology", *The British Journal of Sociology*, 56-2: 259-294.

Butler, R. N., 1975, *Why Survive? Being Old in America*, Harper & Row, Publishers, Inc.（＝1991　内薗耕二監訳『老後はなぜ悲劇なのか？』メヂカルフレンド社）.

Campbell, A. and Converse, P. E., 1972, *The Human Meaning of Social Change*, Russell Sage Foundation.
Carley, M., 1981, *Social Measurement and Social Indicators*, George Allen & Unwin.
長寿社会開発センター，1999，「生きがい活動が老人医療費に与える影響に関する調査研究」『生きがい研究』第5号：192-198.
張勇，2001，「健康長寿・長野県と保健指導員制度」『長野県短期大学紀要』第56号：29-40.
張勇，2002，「長野県須坂市の保健補導員制度について」『長野県短期大学紀要』第57号：17-32.
張勇，2003，「須坂市保健補導員制度について」『長野県短期大学紀要』第58号：75-87.
Comte, A., 1822, "Plan des travaux scientifiques nécessaries pour réorganiser la société".(＝1980　霧生和夫訳「社会再組織に必要な科学的作業プラン」清水幾太郎編集『コント　スペンサー　世界の名著46』中央公論社：51-139).
Comte, A., 1844, "Discours sur l'esprit positif".(＝1980　霧生和夫訳「実証精神論」清水幾太郎編集『コント　スペンサー　世界の名著46』中央公論社：147-233).
Drewnowski, J., 1976, *On Measuring and Planning the Quality of Life*, Uitgeverij Mouton & Co. B. V.(＝1977　阪本靖郎訳『福祉の測定と計画』日本評論社).
Durkheim, É., 1897＝1960, *Le Suicide: étude de sociologie*, nouvell édition, Presses Universitaires de France.(＝1985　宮島喬訳『自殺論』中央公論社).
遠藤英俊，2002，「高齢者の生きがいとQOLについて」『生きがい研究』第8号，長寿社会開発センター：38-47.
Estes, R. J., 2004, "Toward a Social Development Index for Hong Kong", in M. J. Sirgy, D. Rahtz, D. J. Lee, (eds.), *Community Quality-of-Life Indicators: Best Cases*, Kluwer Academic Publishers.
Fineman, S., 2011, *Organizing Age*, Oxford University Press.
Fischer, C. S., 1984, *The Urban Experience*, Harcourt Brace & Company.(＝1996　松本康・前田尚子訳『都市的体験』未来社).
Franklin, A., 1890, *L'hygiène: état des rues-égouts-voiries-fosses d'aisances-épidémies-cimentières*.(＝2007　高橋清徳訳『排出する都市パリ』悠書館).
Friedan, B., 1993, *The Fountain of Age*, Curtis Brown Ltd.(＝1995　山本博子・寺澤恵美子『老いの泉』(上・下)西村書店).
藤崎宏子，2004，「高齢期への移行と『生きがい』」『生きがい研究』第10号，長寿社会開発センター：41-51.
福武直編，1963，『現代人の社会学』河出書房新社.
Giddens, A., 1989, *Sociology*, Polity Press.(＝1992　松尾精文ほか訳『社会学』而立書房).

Glaser, B. G., and Strauss, A. L., 1967, *The Discovery of Grounded Theory*, Aldine Publishing Company.(＝1996　後藤隆ほか訳『データ対話型理論の発見』新曜社).
合津文雄監修, 2012,『長野県まるごと介護の本』信濃毎日新聞社.
Guggenmoos-Holzmann, I. et al., 1995, *Quality of Life and Health*, Blackwell.(＝1996　漆崎一朗・栗原稔監修『QOL――その概念から応用まで』シュプリンガー・フェアラーク東京).
原田正純, 1972,『水俣病』岩波書店.
林知己夫, 1984,『調査の科学』講談社.
Helfer, M. E., Kempe, R. S., and Krugman, R. D., 1997, *The Battered Child*, (5th), The University of Chicago Press.(＝2003　坂井聖二監訳『虐待された子ども』明石書店).
平野順子, 2002,「わが国における高齢者のQOL研究の文献的考察と展望」『生きがい研究』第8号, 長寿社会開発センター：71-89.
平野隆之, 2001,「コミュニティと福祉資源」平野ほか編『コミュニティとソーシャルワーク』有斐閣：1-22.
冷水豊編, 2009,『「地域生活の質」に基づく高齢者ケアの推進』有斐閣.
保坂恵美子, 2001,『高齢者と女性の福祉社会学』あきみず書房.
飯田俊郎, 2013,「書評　金子勇著『コミュニティの創造的探求』」北海道社会学会編『現代社会学研究』Vol. 26：133-136.
今村晴彦ほか, 2010,『コミュニティのちから』慶應義塾大学出版会.
印南一路, 2009,『社会的入院の研究』東洋経済新報社.
井上勝也, 2007,「『老年期と生きがい』の考察」『生きがい研究』第13号, 長寿社会開発センター：4-15.
石井毅, 1995,「高齢者の自立能力と生きがい」『生きがい研究』創刊号, 長寿社会開発センター：54-78.
Jany-Catrice, F., and Marlier, G., 2013, "Regional Indicators of Well-Being: The Case of France", in M. J. Sirgy, R. Phillips, D. Rahtz, (eds.), *Community Quality-of-Life Indicators: Best Cases VI*, Springer: 19-44.
介護・医療・予防研究会編, 2000,『高齢者を知る事典』厚生科学研究所.
梶田孝道編, 1992,『国際社会学』名古屋大学出版会.
神島二郎, 1960,『近代日本の精神構造』岩波書店.
神谷美恵子, 1966,『生きがいについて』みすず書房.
神谷美恵子, 1982,『こころの旅』みすず書房.
金子勇, 1982,『コミュニティの社会理論』アカデミア出版会.
金子勇, 1989,『新・コミュニティの社会理論』アカデミア出版会.
金子勇, 1993,『都市高齢社会と地域福祉』ミネルヴァ書房.
金子勇, 1995,『高齢社会・何がどう変わるか』講談社.
金子勇, 1997,『地域福祉社会学』ミネルヴァ書房.

金子勇，1998,『高齢社会とあなた――福祉資源をどうつくるか』日本放送出版協会.
金子勇，2000,『社会学的創造力』ミネルヴァ書房.
金子勇，2003,『都市の少子社会』東京大学出版会.
金子勇，2006a,『少子化する高齢社会』日本放送出版協会.
金子勇，2006b,『社会調査から見た少子高齢社会』ミネルヴァ書房.
金子勇，2007,『格差不安時代のコミュニティ社会学』ミネルヴァ書房.
金子勇，2009,『社会分析――方法と展望』ミネルヴァ書房.
金子勇，2010,『吉田正――誰よりも君を愛す』ミネルヴァ書房.
金子勇，2011,『コミュニティの創造的探求』新曜社.
金子勇，2012,『環境問題の知識社会学』ミネルヴァ書房.
金子勇，2013,『「時代診断」の社会学』ミネルヴァ書房.
金子勇，2014a,『「成熟社会」を解読する――都市化・高齢化・少子化』ミネルヴァ書房.
金子勇，2014b,『コモン・センスとしての子育て共同参画社会』全国知事会.
金子勇・長谷川公一，1993,『マクロ社会学――社会変動と時代診断の科学』新曜社.
金子勇編，1986,『クオリティ・オブ・ライフ』福村出版.
金子勇編，2002,『高齢化と少子社会』ミネルヴァ書房.
金子勇編，2003,『高田保馬リカバリー』ミネルヴァ書房.
金子勇編，2009,『札幌市における子育て支援の現状と課題』北海道大学大学院文学研究科社会システム科学講座.
金子勇編，2011,『高齢者の生活保障』放送大学教育振興会.
金子勇編，2013,『札幌市における子育て支援環境の調査研究』北海道大学大学院文学研究科社会システム科学講座.
片桐雅隆，2006,『認知社会学の構想』世界思想社.
Kaufmann, F. Z., 2005, *Schrumpfende Gesellschaft*, Schrkamp Verlag.（＝2011　原俊彦・魚住明代訳『縮減する社会』原書房）.
Kawachi, I., Subramanian, S. V., and Kim, D., 2008, *Social Capital and Health*, Springer Science＋Business Media, LLC.（＝2008　藤澤由和ほか監訳『ソーシャル・キャピタルと健康』日本評論社）.
河合克義，2009,『大都市の一人暮らし高齢者と社会的孤立』法律文化社.
萱場一則，1997,「老年者 QOL 評価の実際」『GERONTOLOGY』10-1：27-32.
経済企画庁国民生活局編，1999,『新国民生活指標』大蔵省印刷局.
Kelling, G. L., and Coles, C. M., 1996, *Fixing Broken Windows*, The Free Press.（＝2004　小宮信夫監訳『割れ窓理論による犯罪防止』文化書房博文社）.
きだみのる，1967,『ニッポン部落』岩波書店.
きだみのる，1981,『気違い部落周游紀行』冨山房.
菊谷武編，2006,『介護予防のための口腔機能向上マニュアル』建帛社.
国立社会保障・人口問題研究所編，2003,『人口の動向　日本と世界』厚生統計協会.

国立社会保障・人口問題研究所編，2012，『平成 22 年度社会保障給付費』同研究所．

国立社会保障・人口問題研究所編，2013，『平成 23 年度社会保障費用統計』同研究所．

小室直樹，1976，『危機の構造』中央公論社．

近藤克典，2006，「社会関係と健康」川上憲人ほか編『社会格差と健康』東京大学出版会：163-185.

近藤勉，2011，「生きがい感を測る」『生きがい研究』第 17 号，長寿社会開発センター：4-20.

厚生労働省編，2009，『平成 21 年版　厚生労働白書』ぎょうせい．

厚生労働省編，2012，『平成 24 年版　厚生労働白書』日経印刷．

倉沢進編，1986，『東京の社会地図』東京大学出版会．

Land, K. C., and Spilerman, S., 1975, *Social Indicator Models*, Russell Sage Foundation.

Lofland, J., and Lofland, L., 1995, *Analyzing Social Settings*, Wadsworth Publishing Company.（＝1997　進藤雄三・宝月誠訳『社会状況の分析』恒星社厚生閣）．

Lynd, R. S., and Lynd, H. M., 1929, 1937, *Middletown: a Study in Contemporary American Culture. Middletown in Transition: a Study in Cultural Conflicts*. Harcourt, Brace & World, Inc.（＝1990　中村八朗訳『ミドゥルタウン』青木書店）．

Madsen, B., and Olesen, P., 2005, *Eldre om Ensomhed*, Kroghs Forlag.（＝2008　石黒暢訳『高齢者の孤独』新評論）．

松林公蔵，2008，「老いの人類誌と生きがい」『生きがい研究』第 14 号，長寿社会開発センター：4-24.

松下圭一，1971，『シビル・ミニマムの思想』東京大学出版会．

Merton, R. K., 1957, *Social Theory and Social Structure*, The Free Press.（＝1961　森東吾ほか訳『社会理論と社会構造』みすず書房）．

Merton, R. K., 1966, “Social Problem and Sociological Theory”, in R. K. Merton and R. A. Nisbet, (eds.), *Contemporary Social Problems*, (2nd).（＝1969　森東吾ほか訳『社会理論と機能分析』青木書店）．

Michalos, A. C., 2003, *Essays on the Quality of Life*, Kluwer Academic Publishers.

三重野卓，1984，『福祉と社会計画の理論』白桃書房．

三重野卓，2000，『「生活の質」と共生』白桃書房．

Mills, C. W., 1956, *The Power Elite*, Oxford University Press.（＝1969　鵜飼信成・綿貫譲治訳『パワー・エリート』（上・下）東京大学出版会）．

Mills, C. W., 1959, *The Sociological Imagination*, Oxford University Press.（＝1965　鈴木広訳『社会学的想像力』紀伊國屋書店）．

三隅一人，2013，『社会関係資本』ミネルヴァ書房．

宮川公男，1994，『政策科学の基礎』東洋経済新報社．

水野肇・青山英康，1998，『PPK のすすめ』紀伊國屋書店．

Moody, H. R., 1994, *Aging: Concepts and Controversies*, Pine Forge Press.
Moore, W. E., 1965, *The Impact of Industry*, Prentice-Hall, Inc.(＝1971　井関利明訳『産業化の社会的影響』慶應通信).
藻波良太，2004，「統計で見るスウェーデンの高齢者最新事情」『生きがい研究』第10号，長寿社会開発センター：86-115.
森岡清志，2008，「事例調査の魅力を高める」新睦人・盛山和夫編『社会調査ゼミナール』有斐閣：187-204.
森岡清志編，2012a，『パーソナル・ネットワーク論』放送大学教育振興会.
森岡清志編，2012b，『都市空間と都市コミュニティ』日本評論社.
むなかた介護サービス研究会編，2009，『口からはじめる健康づくり介護予防マニュアル』.
長嶋紀一，1997，「老年者の心理とQOL」『GERONTOLOGY』10-1：19-25.
長嶋紀一，2009，「高齢者にとっての生きがい」『生きがい研究』第15号，長寿社会開発センター：4-19.
永田勝太郎，1992，『QOL』講談社.
内閣府編，2011，『平成23年版　高齢社会白書』印刷通販.
内閣府編，2012，『平成24年版　子ども・子育て白書』勝美印刷.
中川薫，1995，「クオリティ・オブ・ライフ(QOL)の意味するもの」園田恭一・川田智恵子編『健康観の転換』東京大学出版会：105-118.
中野卓，2003，『生活史の研究』東信堂.
日米LTCI研究会編，2010，『在宅介護における高齢者と家族』ミネルヴァ書房.
Niles-Yokum, K., and Wagner, D. L., 2011, *The Aging Networks*, Springer Publishing Company.
日本健康開発財団編，2002，『高齢者の「自立意識」向上支援に関する研究報告書』同財団.
日本健康開発財団編，2003，『「高齢者の自立意識評価指標」を活用した自立意識向上支援モデル事業報告書』同財団.
Nisbet, R. A., 1953, *The Quest for Community*, Oxford University Press.(＝1986　安江孝司ほか訳『共同体の探求』梓出版社).
新田功，2011，「クオリティ・オブ・ライフ測定の枠組みと方法論」『生きがい研究』第17号，長寿社会開発センター：30-45.
Noll, H. H., 2002, "Towards a European System of Social Indicators: Theoretical Framework and System Architecture", *Social Indicators Research*, 58: 47-87.
野沢肇，2009，「書評　金子勇著『格差不安時代のコミュニティ社会学』」北海道社会学会編『現代社会学研究』Vol. 22：49-54.
小田利勝，2004，『サクセスフル・エイジングの研究』学文社.
尾高邦雄，1981，『産業社会学講義』岩波書店.
OECD, 1977, *Subjective Elements of Well-Being; 1977, Measuring Social Well-*

Being.(＝1979　小金芳弘監訳『「暮らし良さ」測定法の研究』至誠堂).
Ogburn, W. F., 1923, *Social Change: with Respect to Culture and Original Nature*, Huebsch.(＝1944　雨宮庸蔵・伊藤安二訳『社会変化論』育英書院).
沖縄タイムス「長寿」取材班編, 2004,『沖縄が長寿でなくなる日』岩波書店.
奥田道大・有里典三編, 2002,『ホワイト「ストリート・コーナー・ソサエティ」を読む』ハーベスト社.
小野弘一, 2011,「働く人々の生きがいの構成要素と測定尺度」『生きがい研究』第17号, 長寿社会開発センター：46-68.
Palmore, E. B., 1990, *Ageism*, Springer.(＝1995　奥山正司ほか訳『エイジズム』法政大学出版局).
Parsons, T., 1951, *The Social System*, The Free Press.(＝1974　佐藤勉訳『社会体系論』青木書店).
Poincaré, H., 1905, *La Valeur de la Science*.(＝1977　吉田洋一訳『科学の価値』岩波書店).
Putnam, R. D., 2000, *Bowling Alone: The Collapse and Revival of American Community*, Simon & Shuster.(＝2006　柴内康文訳『孤独なボウリング』柏書房).
連合総合生活開発研究所編, 1993,『生活の豊かさ指標』同研究所.
櫻井義秀, 2012,「宗教研究とソーシャル・キャピタル」櫻井義秀ほか編『アジアの宗教とソーシャル・キャピタル』明石書店：38-59.
佐野(藤田)眞理子, 2012,「文化と老後の生きがい」『生きがい研究』第18号, 長寿社会開発センター：4-13.
Seeman, M., 1959, “On the Meaning of Alienation”, *American Sociological Review*, 24-6: 783-91.
盛山和夫ほか編, 2012,『公共社会学2　少子高齢社会の公共性』東京大学出版会.
Seligman, M., 1990, *Learned Optimism*, Knopf.(＝1994　山村宜子訳『オプティミストはなぜ成功するか』講談社).
瀬尾佳美, 2005,『リスク理論入門』中央経済社.
柴田博, 1996,「高齢者の Quality of Life」『日本公衆衛生雑誌』43-11：941-945.
清水幾太郎, 1966,『現代思想』(上・下)岩波書店.
清水幾太郎, 1972,『倫理学ノート』岩波書店.
清水幾太郎, 1978,『オーギュスト・コント』岩波書店.
Simmel, G., 1917, *Grundfragen der Soziologie*.(＝1979　清水幾太郎訳『社会学の根本問題』岩波書店).
塩原勉, 1976,『組織と運動の理論』新曜社.
白澤卓二, 2013a,『長寿県長野の秘密』しなのき書房.
白澤卓二, 2013b,『長寿エリートの秘密』角川学芸出版.
袖井孝子, 2002,「老後の設計」『生きがい研究』第8号, 長寿社会開発センター：

4-14.
総務省統計局，2013，『統計でみる都道府県の姿　2013』同統計局.
Spitzer, W. O., 1995, “Quality of Life and Functional Status as Target Variables for Research”, in I. Guggenmoos-Holzmann et al., (eds.), *Quality of Life and Health*, Blackwell.（＝1996　加藤温・小林国彦訳「研究法としての QOL と機能」漆崎一朗・栗原稔監修『QOL――その概念から応用まで』シュプリンガー・フェアラーク東京：79-90）.
Stark, W., 1958, *The Sociology of Knowlegde*, Routledge & Kegan Company.（＝1960　杉山忠平訳『知識社会学』ミネルヴァ書房）.
鈴木栄太郎，1969，『鈴木栄太郎著作集Ⅵ　都市社会学原理』（増補版）未来社.
鈴木栄太郎，1977，『鈴木栄太郎著作集Ⅶ　社会調査』未来社.
鈴木広，1986，『都市化の研究』恒星社厚生閣.
鈴木隆雄，2012，『超高齢社会の基礎知識』講談社.
橘木俊詔，1998，『日本の経済格差』岩波書店.
高橋勇悦，2000，「高齢者の生きがいに関する国際比較研究」『生きがい研究』第 6 号，長寿社会開発センター：18-40.
高野和良，2003，「高齢社会における社会組織と生きがいの地域性」『生きがい研究』第 9 号，長寿社会開発センター：69-89.
高田保馬，1927，『人口と貧乏』日本評論社.
高田保馬，1948＝2003，『階級及第三史観』（新版）ミネルヴァ書房.
高田保馬，1949＝2003，『社会学概論』（新版）ミネルヴァ書房.
高田保馬・新明正道・尾高邦雄，1951，「社会学に対する私の立場」『社会学評論』1-4：79-104.
武川正吾編，2013，『公共性の福祉社会学』東京大学出版会.
富永健一，1965，『社会変動の理論』岩波書店.
富永健一，1986，『社会学原理』岩波書店.
富永健一，1996，『近代化の理論』講談社.
鶴若麻里，2012，「高齢者のナラティブを通してみた高齢期の生きがい」『生きがい研究』第 18 号，長寿社会開発センター：16-34.
上田敏・大川弥生，1998，「老年脳卒中患者のリハビリテーションと QOL」『GERONTOLOGY』10-1：53-60.
Vaillant, G., 2002, *Ageing Well*, Scribe Publications.
Veblen, T. B., 1899, *The Theory of Leisure Class*, George Allen & Unwin.（＝1998　高哲男訳『有閑階級の理論』筑摩書房）.
Vogel, J., 1997, “The Future Direction of Social Indicator Research”, *Social Indicators Research*, 42-2: 103-116.
Vogel, J., 2003, “Preface”, *Social Indicators Research*, 64-3: 5-23.
和田修一，2006，「高齢社会における『生きがい』の論理」『生きがい研究』第 12 号，

長寿社会開発センター：18-45.
若月俊一，1971，『村で病気とたたかう』岩波書店.
若月俊一監修，1999，『佐久病院史』勁草書房.
Walker, A., and Hennessey, C. H., 2004, *Growing Older*, Open University Press UK Limited.（＝2009　山田三知子訳『高齢期における生活の質の探求』ミネルヴァ書房）.
Wallace, P., 1999, *Agequake*, Nicholas Brealey Business Ltd.（＝2001　高橋健次訳『人口ピラミッドがひっくり返るとき』草思社）.
Warren, R. L., 1972, *The Community in America*, (2nd), Rand McNally & Company.
Weber, M., 1904, *Die 》Objektivität《 Sozialwissenchaftlicher und Sozialpolitischer Erkenntnis*.（＝1998　富永祐治・立野保男訳，折原浩補訳『社会科学と社会政策にかかわる認識の「客観性」』岩波書店）.
Weber, M., 1905, *Die Protestantische Ethik und der 》Geist《 des Kapitalismus*.（＝1989　大塚久雄訳『プロテスタンティズムの倫理と資本主義の精神』岩波書店）.
Weber, M., 1921, *Polotik als Beruf*.（＝1962　清水幾太郎・清水礼子訳「職業としての政治」『世界思想教養全集 18　ウェーバーの思想』河出書房新社：171-227）.
White, W. F., 1955, *Street Corner Society*, The University of Chicago Press.（＝1974　寺谷弘壬訳『ストリート・コーナー・ソサイエティ』垣内出版）.
White, W. F., 1993, *Street Corner Society*, The University of Chicago Press.（＝2000　奥田道大・有里典三訳『ストリート・コーナー・ソサエティ』有斐閣）.
Wirth, L., 1964, A. J. Reiss, JR. (ed.), *On Cities and Social Life*, The University of Chicago Press.
山崎朋子，1972＝2008，『サンダカン八番娼館』文藝春秋社.
矢野恒太記念会編，2002，『日本国勢図会　2002/03』同会.
吉澤國雄，2009，『吉澤國雄先生業績集』浅間総合病院.
Zehner, R. B., 1977, *Indicators of the Quality of Life in New Communities*, Ballinger.
全国知事会，2013，『自立可能な地域経済社会の構築』同会.